JN035245

やりがい搾取以降の
「批判」を考える

消費と労働の文化社会学

永田大輔
Daisuke Nagata
松永伸太朗
Shintaro Matsunaga
中村香住
Kasumi Nakamura
編著

Cultural Sociology of
Work and Consumption

ナカニシヤ出版

目　次

序　章　消費と労働の文化社会学
　　　　「やりがい搾取」以降の労働を捉える新たな視座 ──────────── 永田 大輔　*1*

　　1　消費と労働の関係を捉え返す文化社会学的視点　*1*
　　2　やりがい搾取を再考する　*2*
　　3　フレキシビリティとアイデンティティ（感情）労働　*6*
　　4　非標準的労働編成における「当事者の論理」　*9*
　　5　個人化した労働における批判と運動　*11*
　　6　本書の構成　*12*

第1部　消費社会と労働者社会

第1章　消費社会における認識問題
　　　　社会変動と〈日本共同体〉のゆくえ ─────────────── 石川 洋行　*19*

　　1　消費社会論の基礎的問題構制　*19*
　　2　産業構造の過渡的変容と「消費文化」の登場　*21*
　　3　「第二の社会変動」への自己意識としての消費社会論　*24*
　　4　「産業社会論」からみる成長の斜面：
　　　　ポストフォーディズムと日本型消費社会　*27*
　　5　現状を乗り越えるための「道具」を手に入れる　*31*

第2章　労働問題の源泉としての「新自由主義」？
　　　　労働者／消費者としての私たちをめぐって ───────────── 林 凌　*35*

　　1　労働問題の社会学的記述と社会理論　*35*
　　2　批判的労働研究における問題のありか：「新自由主義」と「消費者主権」　*36*
　　3　繰り返される構図：「消費社会」批判と「新自由主義」批判の相同性　*39*
　　4　「消費者主権」のルーツとしての「国家問題」：
　　　　労働者の権利と消費者の権利の対立　*41*
　　5　労働問題の源泉を探り出すために　*45*

第3章　なぜ「二次創作」は「消費」と呼ばれたのか
　　　　大塚英志の消費社会論を中心に ──────────────── 永田 大輔　*49*

　　1　「データベース消費」と「物語消費」をめぐる理解　*49*
　　2　「創作」を「生産」と論じないこと　*52*
　　3　大塚英志の「消費」論　*55*
　　4　「物語消費」と「製作者」　*59*
　　5　物語消費論の射程再考　*62*

第4章　サラリーマン雑誌の系譜学

　　　　戦後日本の「中間文化」 ——————————————————————— 谷原 吏　*65*

　　1　サラリーマンと「教養主義」　*65*
　　2　サラリーマンと週刊誌　*67*
　　3　サラリーマンと月刊雑誌：1980 年代という転換点　*70*
　　4　1990 年代以降の動向　*74*
　　5　2000 年代におけるビジネススキルの一般化　*75*
　　6　サラリーマンの新たな「知」　*79*

第5章　「仕事で自己実現」を語ることはいかに可能になるのか

　　　　日経連『能力主義管理』を事例に ——————————————— 井島 大介　*81*

　　1　経営者が自己実現を語る社会　*81*
　　2　『能力主義管理』を通して社会を見る方法　*82*
　　3　「意欲」評価を正当化する「効率」　*86*
　　4　「効率」のための「人間尊重」　*90*
　　5　自己実現人をめぐる社会学的研究の可能性　*98*

第2部　現代社会における生活とマネジメント

第6章　「やりたいこと」と〈仕事〉の分離・近接・管理

　　　　美術作家と音楽家の実践を事例として ——————————— 髙橋 かおり　*103*

　　1　「やりたいこと」と安定の天秤　*103*
　　2　「やりたいこと」と〈仕事〉の区別　*105*
　　3　芸術や文化に関わる人たちにとっての「やりたいこと」　*109*
　　4　「やりたいこと」と〈仕事〉の相互作用　*110*
　　5　〈仕事〉に基づいて「やりたいこと」を定める　*118*

第7章　夢を追うために正社員になる

　　　　文化・芸術活動者の労働を問う ————————————————— 野村 駿　*121*

　　1　問題の所在：夢追いフリーターはもう古い？　*121*
　　2　使用するデータ　*125*
　　3　夢追いバンドマンのフリーター選択・維持プロセス　*127*
　　4　正社員になった理由：「バンドマンはフリーターでなければならない」？　*129*
　　5　正社員バンドマンの困難と対処方法　*134*
　　6　まとめと考察：文化・芸術活動と労働の両立という難題　*137*

第8章　芸能という労働

　　　「アイドル・ワールド」において共有される情熱の価値 ————— 上岡 磨奈　*141*

　　1　アイドルという仕事　*141*
　　2　アイドル研究で語られてきたもの，こなかったもの　*142*
　　3　研究の対象と方法　*144*
　　4　アイドルの世界における時間，報酬，感情　*145*
　　5　むすびにかえて　*156*

第9章　メイドカフェにおける店員と客の親密性のマネジメント

　　　「親密性の労働」としての「関係ワーク」の実践 ————— 中村 香住　*159*

　　1　経済が介在するパターンの「親密性の労働」　*159*
　　2　「親密性の労働」の分析枠組みとしての「関係ワーク」　*161*
　　3　メイドカフェ店員の親密性のマネジメント実践：
　　　　インタビューデータの分析　*164*
　　4　「キャラ」を介した「親密性の労働」と「生活」　*176*

第10章　学校における「心のケア」のマネジメント

　　　心の教室相談員による実践の「外部性」と「限定性」に着目して ——— 鈴木 優子　*179*

　　1　ケアワーカーという管理的ワーク　*179*
　　2　本章の目的と問い：「心のケア」のマネジメントを捉える　*181*
　　3　分析視角　*183*
　　4　調査の概要　*185*
　　5　「外部の人」としての相談員　*186*
　　6　「できないと言っていい」：外部性と限定性　*191*
　　7　「心のケア」のマネジメント　*195*

第3部　個人化した労働と「批判」

第11章　親密性を基盤にしたネットワーク型の職業実践

　　　建築系フリーランサーを事例に ————— 松村 淳　*201*

　　1　建築家界の変容と多様なプレイヤーの流入　*201*
　　2　不安定職業としての建築職人　*205*
　　3　建築系フリーランサーのライフヒストリー　*207*
　　4　施主との関係性をつくる　*209*
　　5　フリーランス同士がつながるとき　*213*
　　6　彼らは新しいキャリアモデルを構築しうるのか　*216*
　　7　結　論　*219*

第12章 「労働」カテゴリーに抗う音楽家たちによる連帯への模索
　　　　芸術性と労働性の間にある「労働的なもの」のジレンマをめぐって ── 中根 多惠　*223*

　　1　芸術と労働との距離をめぐるジレンマと労働運動　*223*
　　2　現代社会におけるカテゴリカルな連帯の困難性　*225*
　　3　労働運動のアクターとしての音楽家　*226*
　　4　「労働的なもの」を問い直す　*229*
　　5　希薄な労働者意識と労働者アイデンティティ　*231*
　　6　共鳴なき「労働」という運動フレーム　*235*
　　7　「労働」フレームに抗う音楽家と連帯への模索　*236*

第13章 労働者評価がもたらす個人間競争
　　　　熊沢誠の「強制された自発性」論とその含意 ──────── 松永 伸太朗　*241*

　　1　労働批判と労働者の自発性　*241*
　　2　消費文化と労働者評価　*244*
　　3　日本的経営における能力主義と「強制された自発性」　*247*
　　4　労働者評価と対人関係　*250*
　　5　いかにして労働者評価を透明化するのか：実践的な示唆　*252*
　　6　労働者評価をめぐる企業・職場要因とその改善　*254*

第14章 フランクフルト学派にとっての「文化と労働」とは何か
　　　　第一世代による社会批判に着目して ──────────── 馬渡 玲欧　*257*

　　1　フランクフルト学派第一世代の問題関心　*257*
　　2　プロレタリアートと全体性に対する逡巡／文化制度による社会統合：
　　　　ホルクハイマー　*259*
　　3　「文化産業」における労働批判の可能性：アドルノ　*260*
　　4　ワイマール労働者調査における労働者文化の実態：フロム　*263*
　　5　肯定的文化と労働国家，および感覚と身体化による抵抗：マルクーゼ　*266*
　　6　結　論　*270*

終　章 『消費と労働の文化社会学』の達成と広がり
　　　　────────────────────────── 松永 伸太朗　*273*

　　1　本書の要約と到達点　*273*
　　2　労働社会学との接続　*274*
　　3　カルチュラル・スタディーズとの接続　*275*
　　4　個別性に即して消費と労働の結びつきを記述する　*277*

　　事項索引　*278*
　　人名索引　*282*

序　章

消費と労働の文化社会学

「やりがい搾取」以降の労働を捉える新たな視座

永田　大輔

1 消費と労働の関係を捉え返す文化社会学的視点

　本書は『消費と労働の文化社会学』と題されているとおり，現代社会における「消費」と「労働」と「文化」の関係性を社会学の観点から読み解くことを意図している。では，そもそもその三つの言葉にはいかなる関係があり，なぜそれらをひとまとまりのものとして考えようとしているのだろうか。例えば「消費」と「労働」（≒生産）の関係はしばしば対立的なものと捉えられがちであるが，はたしてその理解は適切なのだろうか。また消費や労働の関係を考えるために，なぜ「文化」に注目することが必要なのだろうか。

　こうした三つの言葉の関係を考えるための糸口として，日本国内の社会学の一つの金字塔である，見田宗介による論文「まなざしの地獄」が参考になる。

　同論文はある殺害事件の加害者（永山則夫，N・N）をめぐる周辺資料や加害者自身の自伝等の言説を収集し，集団就職で上京し都市という巨大な消費社会に取り込まれていった労働者の少年の「文化的な実存」に注目している。この論文には様々な論点の拡がりを示す印象的なエピソードがいくつも含まれている。

　なかでも重要なのが「新入社員の研修がおわりに近づくころ，「給料は誰からもらうか」という質問がだされた。きかれた者はみな「社長から」と答えたのだが，N・Nだけは「お客様から」と答えてほめられた」（見田 [1973] 2008: 9）というエピソードの分析である。見田はN・Nが「上京」にかけていた熱意と彼に求められていた「金の卵」という労働者像とそこで捨象される実存のあり方の関連を丁寧に読み解いている。見田によると，上京は当時の青年たちにとって衰退する故郷からの離脱であり，「生まれ」から抜け出し新たな文化圏に参入していくモメントをもつもので

あった。一方で「金の卵」として要求された学歴の必要とされない労働者とは，「お客様」の気持ちという消費環境の変容等で調整可能な存在であった。こうした労働者としての役割と，青年の文化的な実存を満たすことの間にはギャップがあった。

そのため，彼は自分の出自（深層）を知られることを避け，「履歴書のいらない」日雇いの仕事を選び，新しい服を買うなどの「消費」で自らを塗り固めることで匿名の都市的な生活を営むことを繰り返していく。見田がある研究会でのエピソードを挙げ，職業を分類するうえで「社会学者の例にならって自営業主と被雇用者，ホワイトカラーとブルーカラー」（見田 [1973]2008: 54）といった分類を考えていたところ，「履歴書の要る職業と要らない職業」（見田 [1973]2008: 55）という分類の仕方を知って感銘を受けたことを語る。N・N は出自を知られることを避けるなかで履歴書の要らない職業を積極的に選び，彼がなりたかった「サラリーマン」から遠ざかっていき，そのことが彼の実存的不安をさらに募らせていくのである。

このようにあえて本書のキーワードに沿う形で同論文を整理してきたが，見田の議論は，労働と消費のなかで揺れ動く若者の文化的な実存が記述された，優れて社会学的なモノグラフである。こうした文化的な価値観が労働や消費の問題と結びつくということは文化研究の主題の一つでもあった[1]。

消費社会と労働者の関係をめぐって文化に注目することは，こうした意味で一定の意義をもつ。一方でこうした見田の議論は消費と強く関連した労働が不安定であることや，その労働の状況を規定するものとして文化的な規範が存在することは教えてくれるが，そうした条件が所与となった近年の動向のなかで，仕事を続けるとはいかなることであるかは教えてくれない。特に実存を労働が満たしてはくれないことを見田は問題とみなしたが，近年の日本社会ではむしろ実存が満たされてしまうことが搾取の問題と結びつけられる形で批判的に語られてきた。次節ではその問題に踏み込んでいくこととしたい。

2　やりがい搾取を再考する

2-1　はく奪される労働の「やりがい」と埋め合わせる文化

前節で問題にしたような労働と消費と文化の関係を考えるうえで参考になるのが，近年の福間良明による戦後日本の勤労青年をめぐる研究である。福間（2020）は，家

---

1) 例えば P. ウィリスの労働者文化を描くところからスタートした一連の議論はそうした重要な一局面を描いている。

庭の事情などで早い段階で労働者として自律せざるを得なかった青年たちの（教養）文化に対する欲求を論じている。

　福間が描くのは，学歴を取得できなかったがゆえに余暇の間に教養を身につけようとしていた青年たちの姿であり，進学を一度は断念したがゆえに教養に対する独自の文化を発展させていった様子である。「まなざしの地獄」で描き出されたように，「金の卵」と称揚されながらも単なる労働力として取り扱われた労働者にとって，実存を埋め合わせるものの一つとして教養的な文化があったことが福間の議論でも示されている。だが，こうした教養主義的な文化は労働者が一定の豊かさを獲得し，消費文化が浸透するなかで徐々に形を変えて衰退していく。また，労働者文化と結びついた教養文化は，学校文化からの疎外経験を実存で埋め合わせるものでもあり，自らの労働者としての不利な境遇や労働疎外とも合わさって進展したものであったといえよう。

　一方で近年では，こうした労働者の実存が教養ではなくむしろ労働によって埋め合わされる傾向にあり，そのことが学校文化・消費文化とそれぞれいかに結びつくかが問題化されるようになった。近年の労働を問題にする教育社会学のいくつかの研究ではこのことが主題にされてきた。

2-2　「やりたいこと」を仕事にすることの問題化

　ここで問題となるのが消費文化と職業が結びつくことである。荒川は消費生活と強く結びついた ASUC 職業と呼ばれるいくつかの職業が若者を引きつけている状況を指摘し，そうした職業になれることをうたう様々な専門学校の存在を批判的に検討している（荒川 2009）。

　実際に就職して生計を立てていくためにきびしい競争にさらされるにもかかわらず，生徒がそうした職業を目指すことに高校の進路指導などが加担し，実際にその職業について生活できるか保障されているわけではない専門学校などへの進路選択をさせてしまうことを，荒川は「夢追い型」の進路指導と位置づける。こうした人気があり希少性が高い仕事を本人の「やりたいこと」として尊重することで，結果として生徒にとって不利な進路選択につながってしまうことを荒川は問題化している。こうした「やりたいこと」，すなわちアイドルや声優，小説家といった職業は消費文化と強く結びついたものであり，労働者になるだけでは満たすことができないとされた実存は，まさに消費文化を経由して「やりたいこと」として労働と強く結びつけられることになるのである。

2-3 「やりがい搾取」論の可能性と限界

こうした労働者の「やりたいこと」の尊重という名の下に搾取が生み出されることを問題化したのが教育社会学者の本田由紀である。

本田由紀のやりがい搾取の議論は日本の現代社会の労働全般を射程に入れているが，主要なターゲットは個人化されたフリーランスに近い労働者である。本田はまず，多様で高度な商品とサービスの生産が求められる「ニュー・エコノミー」下での労働者の経済合理性について論じたロバート・ライシュの議論を紹介する。ライシュによれば，ニュー・エコノミードでは高い知的柔軟性を備えた知的労働者と低スキルの単純労働者に二極化し，前者は働かないことで手放す所得が大きいため，後者は生活の維持のため，いずれも長時間働くという。これが経済合理的な説明であるが，サービス残業のような賃金と直に結びつけられない過剰労働に関して明らかにできない。それに対して組織の集団圧力によって労働にのめり込んでいき搾取されていくことの説明に適しているのは「強制された自発性」(熊沢1989)と呼ばれる議論だと本田は位置づける。本田によれば，現代の労働は熊沢がいうような自発性の側面を残しつつも，現代の労働には新たな側面が生じているとする。

本田は日本企業の同調圧力による「強制された自発性」に追い詰められた結果としての働きすぎを「集団圧力系ワーカホリック」(本田 [2008]2011: 90)とよび，それと対置して阿部真大がいう「自己実現系ワーカホリック」があるとする。本田は阿部の功績として，自由な働き方で個人の裁量が大きいようにみえる労働のなかでも働きすぎが生じる側面があることを明らかにしたことを挙げる。そのうえで「自己実現系ワーカホリック」という個人の側面に重点を置いた記述の仕方ではなく，働く仕組みを仕掛ける側を批判的に捉えるために「〈やりがい〉の搾取」(以下引用部分以外は「やりがい搾取」という表記で統一する)と呼びかえるべきだと本田は主張する。

本田は阿部(2006)の書籍のタイトルが『搾取される若者たち』であることに着目したうえで，ワーカホリックを作りだす「からくり」に注目するべきだとしている。阿部が「経営者のトリック」ではなく「職場のトリック」(バイク便ライダーたちが自分たちで自分たちにかけ続けているトリック)に着目するのは，「阿部が，社会学者としての自負から，単に経営者＝企業を批判するような「陰謀論」におちいることを慎重に避けている」(本田 [2008]2011: 101)からだとしている。そのうえで本田自身は「「〈やりがい〉の搾取」とは企業の意図によって産み出されている側面が十二分にあると考え」(本田 [2008]2011: 101)るとし，その根拠として企業の動機を以下のように説明する。本田によれば，「日本企業は〔…〕『新時代の「日本的経営」』に

端的に示されているような，多様な労働者群をつくり出すことによって経営効率を高め」，その結果として正社員と非正社員という二つのグループが生まれた。しかし，日本企業はそうした正社員を抱えることに問題を感じている。そのため，「安定雇用の保障や高賃金という代価なしに，労働者から高水準のエネルギー・能力・時間を動員したいという動機を強くもって」（本田［2008］2011: 103）おり，「自己実現系ワーカホリック」を生みだすことが好都合だと述べている。こうした本田の議論は話題を呼ぶものであったが，いくつかの飛躍もある。

　一つはいくつかの産業領域における近年の消費行動の関係の変化をしっかりと捉えていないことである。たとえば，非正規労働者が多い産業には飲食・サービス業や小売業が多いように，非正規の多い産業が増えること自体が多様な消費のニーズと結びついたものである。だが，実際にはそのような消費状況を前提に産業は成り立っており，そこで労働者の生活も維持されている。搾取という問題を起点に議論することで，消費が労働に対して常にネガティブな位置のみを占めることになってしまうのである。

　もう一つは，自己実現系ワーカホリックは裁量が大きい労働現場で起こる問題だとされるが，そこで没入労働が起こるかどうかは個々の現場の観察なしにいうことができないということである。本田は職場の論理から離れて没入が起こるとしているが，企業に搾取されているという論理がいかに成立するのかは，その職場の裁量がどのようになっており収益が個々の労働者にどのように還元されているかをみることなしには述べることができない問題である。むしろ問うべきなのは企業を離れた労働がどのような性質を有するのか，また企業を離れているにもかかわらず一定のコミットメントが労働に生じ，不安定ななかでも働き続けることができるのはなぜであるのかということである。

　もう一つはそれとも関わるが，本田が「職場のトリック」ではなく「企業のトリック」であると述べる際に，「経団連」等の言説を参照しながら「日本企業」という大きな主体を前提しており，企業の個別性に目を向けていないことである。本田は阿部が「経営者＝企業を批判するような「陰謀論」」にならないために「職場のトリック」という語に着目しているというが，そもそもマネジメントをする側と労働者の関係を記述することは必ずしも陰謀論とはならない。むしろ経営者をトリックの主体としてのみ位置づけ批判すること自体が，経営に対する一面的な見方に根差したものである。実際に企業が倒産することは当然ながら労働者の側にとってもリスクとなるものであり，個別の企業はそれを「何とか対処する」（＝マネジメント）機能

も担うのである。

　さらに主体性の位置づけにも疑問がある。本田の議論では労働に適合的な主体像が前提にされており，そうした労働者が「搾取されている」という図式は労働者の判断能力に対する疑いを前提としたものである。そのため，企業に騙されている状態を自覚することが推奨されるが，これは同時に労働者が主体的に構築する労働者内部での連帯の問題やそれに基づく批判の可能性への注目を後景化させる。

　これらの問題を考えるためにも消費と労働がどのような関係にあるのか，またそこに労働者の主体性がどのように位置づけられているのかを，欧米を中心とした社会理論を参照しながら述べることとしたい。

３ フレキシビリティとアイデンティティ（感情）労働

　本書は消費活動との結びつきが強い労働のあり方について議論するものである。だがそうした労働のあり方についてのこれまでの研究では，具体的にはどのような労働に強く現れ，どのような特徴があるとされてきたのだろうか。

　ポストモダン等と並んで現代を記述する代表的な言葉として「ポストフォーディズム」という言葉がある。「フォーディズム」の「あと」を示す言葉であり，1970年代頃から起こり始めたといわれる複合的な諸変化を指し示している。狭義には自動車メーカーのフォード社に代表されたような大量生産・大量消費のシステムが限界を迎え，必要な時に必要なものを作るジャストイン・タイムシステムなどがトヨタなどの日本企業の特徴とされ，新たな可能性として注目されてきた（Kenney & Florida 1992 等）。その評価をめぐる論争は現在でも検討が続いている（小松 2017）。

　しかし同時にポストフォーディズムという言葉は，個別の職場を超えたより広い社会システム上の変化とも関連づけられて語られ，現在でも社会理論として再考される対象となる（McRobbie 2016a=2020 等）。だが，なぜフォーディズムの「あと」が問題になるのか。それは「製造業」の「大量生産・大量消費」が社会の中心となるというモデルの「あと」を問題化していたからである。つまり，「労働」の問題が「消費」の問題抜きに語り難くなったことを意味する。「大量生産・大量消費」とは，そもそも「国民」に商品を行き渡らせるという前提によって存在した，能率を第一とするシステムである（新倉 2017）。大量生産の前提には大量に作っても売れること，すなわち一定の購買力をもった消費者が存在する市場が拡張し続けていることが必要になる。例えばどんなに裕福であっても何年も使用する自動車を個人で同時

に 100 台所有するような人はほとんどいない。自社の自動車をローンを組んで一定
年数で買い換えできる程度には労働者（国民）の賃金が保証される必要がある。大
量生産のラインを確保し続けることと，そのシステムを維持し続けることの双方に
とって労働（者）の消費者としての安定性が必要となるのである。

　ポストフォーディズムにおいては労働が「フレキシビリティ」をもつものになっ
ていることが最大の焦点であった（Vallas 1999 等）。つまり，大量に作るのではなく
受注に合わせて生産し，その受注を獲得できるように企画が重要性を増していくこ
とになる。こうした状況では消費者が何を望むかが先鋭化しやすくなり，常時ライ
ンを抱える必要は弱まり，作り出す製品も次々に変わるため熟練の仕方も不透明化
する。さらに需要を満たすことも必要な労働力の確保も一国内で行う必要がなくな
ることで，労働者を安定的に作り出すインセンティブが消えていくことになる。こ
のため企業のモノ作りが労働（生産）主導ではなく消費（受注・企画）主導になる。
これが一つのポイントとなる。だが，同時にポストフォーディズムには製造業中心
（産業社会）の「あと」という意味もある[2]。それはフォーディズムで問題にされた
ような，日々がルーティン化され，労働時間中ただ歯車のように仕事をこなすとい
う労働疎外の問題（やりがいのなさ）とは別様の問題が親密圏を巻き込む形で展開さ
れていくことになるのである。

　このような受注・企画主導の産業形態の発展に伴い，ノマドワーカーなどの製造
ラインに属さない主にコミュニケーション（中心の）労働に従事するフリーランス
（個人事業主）的な働き方が問題となりやすくなる。フリーランスの働き方は，数
的な面では雇用労働者と比較して少数に留まるものの，本書においては理論的に重
要な対象である。こうした問題について産業社会の現代の趨勢を記述するための議
論として認知資本主義という概念に近年注目が集まっている（山本編 2016 等）。フ
リーランサーは企業が保障してくれるような意味での生活を，自分の戦略のもとで
組み立てていかなければならない割合が大きくなる。個人の裁量でどこまでを労働
にするかを決めなければならず，仕事と仕事でないことの境界が融解していきやす
い。これはポストフォーディズムの労働経験がジェンダーと結びついて経験される
こととも強く関係する（河野 2017 等）。しかし同時に，自己の裁量といいつつも，本
当にそうした仕事と仕事でないことの境界を自分で選択することが可能なのだろう
か。もともとこうした議論の背景には，特に先進国の都市部を中心に「製造業」で

2）こうした区分はあくまでも傾向を示すもので完全な移行を示すものではない。

はなく広義の「サービス業」に従事する者が増えているという産業構造の大きな変化がある。

　ホックシールドが「感情労働」という言葉で注目したのはこの「サービス」という商品の性質である（Hochschild 1983=2000）。サービスとは原理的に利用‐満足という形になりにくい性質の商品であり，労働者が消費者と特定の形で関係すること自体が貨幣に変換される。これにより，サービス業は次の四つの特徴をもつ。すなわち，(1) よりよいサービスへと労働者の生産性を向けねばならず，(2) その生産性をあげる自己を提示すること自体がサービスになるため，(3) 労働者は「心から」「やりがいを感じて」仕事をしているという演技を行わなければならなくなり，(4) 生産性の客観的な計測が困難である。「消費者のニーズに合わせて労働すること」がこうした局面において前面に出てきてしまうのである。さらにどこまでが労働時間であるのかが曖昧になりやすく，フリーランスに近い働き方を選択している場合，常に労働者でいることが要求されることになる。

　またこうした働き方やサービスを行う当の労働者の側が同時に消費者でもあるという点も重要である。そのため，アイドル文化を消費してきてアイドルになるというように，自己の消費者としての経験からそれを職業にするという選択につなげる人がいることで，その労働のあり方自体を批判することが困難になっていくのである。

　こうした段階において，「個人化した労働問題」は「社会的に告発・連帯」せざるを得ないにもかかわらず，サービスという財の性質からそれが困難になる。なぜなら（ネジは怒らないが消費者は怒るために）「労働が辛い」と発言すること自体がそのサービスを棄損していると消費者に感じられかねないからである。そのため，労働者の物語は自己のエンハンスメント（啓発）に向かうことになる（自己啓発の問題性については牧野（2012）を参照）。こうした事態を告発する言葉として，本田の「やりがい搾取」という概念は感情労働論においてとりわけ重要な意味をもつ。サービスという労働が商品化へ向かうこと自体が搾取的であるということを指摘しているからである。

　だが，こうした指摘は一方で，具体的な対策・戦略に落とし込む際には大きな困難に陥ることになる。それは感情労働において生産性の計測が困難であり，搾取であるのかが客観的に判断しにくいため（原資との関連），処方箋がないまま「やりがい」を「冷却」せよという議論につながり，具体的な労使交渉から離れることになってしまうからである。このように，具体的な仕事をやりがい搾取だと主張することは困難で，労働者だけの問題と捉えていてはこの構造的な問題は解決しがたい。む

しろ労働者と消費者の関係をめぐる多様な想像力を得ることがこの問題を考える第一歩となりうる。

　このように本書では消費文化と関わる労働のあり方の特徴を考えていく。それは(1) 消費者のニーズによって働き方が左右される不安定な労働の仕方であり，(2) フリーランス労働を中心とし自己の働き方を他者と相談しながらマネジメントしていかなければならない側面が多く，(3) 外在的な批判が先行してしまうがそうした批判が効力を発揮しにくい労働である。このような労働のあり方を「消費文化と関わる労働」と仮に呼び，本書ではこれらの諸前提のそれぞれを問い直すことが目指される。

　次節では，上記の (1) 〜 (3) で考える点を具体化するために，本書で問い直す労働が一部の職業ではなく近年起こりつつある様々な労働の変化を問い直すものであることと，それを問い直すための基本的な指針について議論する。

4　非標準的労働編成における「当事者の論理」

　消費文化が関わる労働においては，長期的な雇用保障の乏しい非正規雇用やフリーランス労働が主流となっている。前節でも指摘したように，消費文化が関わる労働における低水準の労働条件の問題は，しばしばそこで働く労働者が特定の産業や職業で働くこと自体への志向に基づいて理解される。やりがい搾取の議論もその一系列である。

　一方，雇用保障の乏しい労働の浸透という観点は，消費文化に関わる労働の議論に限定されたものではない。日本の雇用動向に関する議論では，非正規雇用の比率が年々増大していることはよく知られている。いわゆる長期的な雇用に基づかない労働（非正規雇用・派遣労働・フリーランス労働など）を，カールバーグは「非標準的労働編成」(Kalleberg 2000) と呼び，この労働編成が浸透していることを指摘している。不安定雇用・仕事の継続性の乏しさ・乏しい雇用保障という状況に置かれた労働者の人口が各国で増大しており，これを新たな階級である「プレカリアート」と呼ぶこともある。

　このように，労働研究の立場からみたとき，消費文化における労働の議論は，「非標準的労働編成」のあり方をいかにして理解するかという問題と，労働を必ずしも生計等を立てるための手段的なものと理解しない労働者をどのようにして捉えるかという問題の重なる地点にある。このうち後者については本書の立場を明示してき

たが，ここでは前者とも関連させつつ再定式化を行いたい。

　ここで論点となるのは，非標準的労働編成と，その対極にある「標準的」な長期雇用保障の存在する労働の関係をいかにして捉えるのかという点である。労働経済学者の神林龍（2017）は，まさに『正規の世界・非正規の世界』という著書において日本の労働市場のマクロ的な動向の分析を行い，近年，さかんに行われている非正規雇用の浸透をめぐる議論とは反対に，依然として正規雇用が頑健性を保っていることを明らかにしている。

　その一方で，「雇用」（正規雇用・非正規雇用）「自営」といった区別は，それがいかに法的な労働契約に結びついているとしても，その内実には多様性が存在する。仁田道夫（2003）は，雇用と自営の関係を考えるうえで，雇用に近い自営である「雇用的自営」，逆に自営に近い雇用である「自営的雇用」などの中間的な形態を捉えることが重要であると指摘している。重要なのは，これを個々の労働者が認識する意味の水準で理解すると，法的な労働契約の内容と個々人の認識が合致しない場合もあることである。

　たとえば，引っ越し屋アルバイトについて検討した山根（2005）は，非正規雇用者である若年アルバイトが，自らを「社員」として位置づけていることに着目した。これは若年アルバイトたちの職業規範を表現するためのカテゴリーとして用いられていた。雇用形態の区別を所与のものとして労働者の労働世界を描くことには一定の限界があることになる。

　これは文化産業における労働においてさらに大きな問題となる。すでに多くの論者が，そうした労働における非標準的労働編成の浸透を指摘している。そのなかでも高い内発的モチベーションを維持して働く人びとをみて，たとえば「芸術のための芸術」（Caves 2002）のような仕方で理解する枠組みを措定することも可能であるが，これは結局消費文化における労働を平板に描く議論に帰着してしまう。むしろこうした労働であるからこそ，労働者自身が準拠している合理性を描くこと，つまり「当事者の論理」（河西 2001）に依拠してその労働を描くことが重要なのである。

　そうした方針に基づくものとして理解できる重要な研究の一つとして，アシュリー・ミアーズによるファッションモデルのエスノグラフィーがある（Mears 2011）。ミアーズは，収入が得られるかどうかが不安定であり，自らの見た目がどう評価されるかがきわめて予測しがたいファッションモデルの労働を，彼女らがいかに経験しているのかを描いている。とくに重要なのが，一定のスキルを身につけたファッションモデルがいかにして評価の不安定性に対処しているかという点である。モデ

ルがどう評価されるかは非常に流動的であるが，出演するファッションショーや掲載される雑誌の種類などで一定の予測を立てることが可能になる。その個別具体的な状況に即した規範が存在し，その規範を理解できるかが熟練者とそうでない者を分けるのである。こうした規範がありながらも状況に依存するということを意味して，ミアーズはこれを「浮動する規範」（floating norm）と呼んでいる。

　こうした議論の重要な点は，消費文化との結びつきが強い労働が長期的な雇用保障のある労働と比べてその内実がいかに流動的であるとしても，そこには一定の規則が存在しており，それを描くことによって労働者に対する新たな理解が得られるということである。これにより非標準編成の多様性を描くことも可能になるし，趣味性や奉仕性が現場で作動している規則といかに関わっているのかという問題にもアプローチが可能になる。

5　個人化した労働における批判と運動

　本書における多くの議論には，現在の消費文化における労働のあり方を無前提に批判せず，そこに存在する論理を記述するという視点が通底している。しかしそうした仕方で労働を描くことは，単なる現状肯定的な議論にすぎず，批判的な視点に欠けるのではないかという考えもある。しかし，むしろ本書は，そもそも消費文化における批判とはどのような営みであるかを複層的に理解することを意図している。

　本書の扱う労働というテーマにおいて，そこから現状を変えるような議論を起こすとすれば，そこでは労働運動が一つの重要な対象になるだろう。しかし，消費文化に関わる労働において問題となるのは，組織への所属を連帯の基盤としにくい非正規雇用者やフリーランサーが多くを占めていること，そして労働力商品として取引されるものにパーソナリティ的なものなどが含まれ，その労働過程においても同一職種間の共通性が乏しいなどの事情である。これらはいずれも労働者間の共同性を構築することを妨げることにつながる。

　本書が批判という実践の多様化の重要性を認識するのは，まさにこうした労働における労働運動を現実的に考察するうえで，それが必要となると考えるからである。企業の雇用労働者であれば，それもまた組織によって内実は多様であるとはいえ，経営者や管理者といった存在はいるわけだから，そうした職位そのものや，そうした職位の実践についての批判を構築すればよい。しかし，非標準的労働編成の広がりは，雇用関係という一つの社会関係によって労働を記述することが困難になって

いることを示している。とくにフリーランサーは，少なくとも労働契約という観点では「使用者」にあたるものは不在であるから，ヒエラルキー的な従属性に基づく批判が意味をなしにくい。ここで求められているのは，非標準的労働編成においても労働者の連帯を構築する，もしくは連帯とは異なる形で労働者を下支えするような批判のあり方を模索することである。こうした批判は，労働研究や批判理論などの従来から労働に対する批判の論理を積み重ねてきた領域の知見を再考することによっても得られるかもしれない。

　それに加えて本書が注目したいのは，労働者の「生活」を中心に据えた記述を行っていくことが，批判的な意義をもちうるということである。客観的にみて恵まれた労働条件で働いているとはいえない労働者にとって，自らの職業生活をいかにして維持できるかは重要な問題である。本書で描かれるように，そのなかでも職業から退出せずに生計を立てるということについて，消費文化における労働者はさまざまな工夫を凝らしている。そうした工夫が機能している限り，労働者たちはわざわざ自らの条件を改善するために声を上げる必要性を感じないかもしれない。しかし，もしそうした工夫が機能しなくなることがあるのならば，そこには連帯を労働者自身が求める契機が生じるだろう。このような職業生活の基盤にある「受容の限界」（松永・永田 2019），つまり労働者レベルで存在している問題への対処のあり方とその限界を描くことは，きわめて批判的な含意を有することを本書では示したい。本書はこのようにして，たとえそれが直接的・明示的な批判ではないとしても，多様な批判のあり方を打ち立てることが可能であり，それによって消費文化と労働の関係をより豊かに把握することができることを描きたいのである。

　以下，本書はこれまでの課題をもとに（1）「消費（者）と労働（者）の 関係性の再考」（2）「消費文化と関わる労働の生活とマネジメントの記述」（3）「労働をめぐる新たな記述の仕方と批判の仕方の模索」の３点が議論される。

6　本書の構成

6-1　消費者像と労働者像の歴史社会学的再考

　第１部は，そもそも消費（者）と労働（者）がどのように関係してきたか，歴史社会学に振り返るいくつかの試みの集合からなる。

　第１章の石川論文では，エシカル消費のような繰り返し生み出される消費をめぐる議論が，一見批判的でありながらむしろ一つの言説的な消費財になっていること

に着目している。そのうえで，社会理論としての消費社会論を認識論的に振り返る
重要性が指摘され，とりわけリースマンの人口発展モデルに即した「二種類の社会
変動」を軸に議論が行われる。こうした整理をもとに，現在消費に関連させて議論
をするべき環境問題などの現代的な社会課題への展望が述べられることになる。第
2章の林論文では，新自由主義をきっかけとして起こったとされる消費状況の変化
による労働者のフレキシビリティと不利な条件の自己責任化といった議論がそれ以
前から存在していたことの意味を明らかにする。第3章の永田論文では，ある時代
以降の文化社会学・文芸批評の対象になってきた「二次創作」という行為について，
どのようなものとして論じられてきたのかに注目する。具体的には大塚英志がオタ
クの代表的な「消費」として「二次創作」に注目したとされ，後続言説がその図式
を引き継いだ議論をしていることに対して，大塚自身の議論の再読を通して批判的
に検討するものである。

　第4章の谷原論文では，「サラリーマン」がただの労働者であるだけでなく，（サ
ラリーマン）文化の担い手であることに着目する。これはサラリーマンという労働
者であると同時に非常に大きなボリュームの消費者である人びとが何を文化集団と
して消費してきたのかを描き出す試みである。第5章の井島論文では，『能力主義
管理』と題される日本の労働の一つの転機とされたテクストに着目する。そこで人
間を尊重しつつ管理するという論理がどのように語られていたのかに注目している。

　これらの論考はそもそも消費者とは何か，労働者とは何かという点を文化社会学
的に問い直すものとなっている。

6-2　労働者としての生活とマネジメントをめぐる問題

　第2部は生活とマネジメントの関係に着目する。一見不安定なクリエイティブ産
業においてそれでも産業が維持されるためには，労働者の生活を維持することが欠
かせない。しかし個人事業主を中心とした労働者とそれをマネジメントする側との
調整なしにはそうした保証はそもそも成り立たないことになる。そもそもそうした
労働者はどのように仕事を得続け，（働き）続けることができるのだろうか。また労
働自体が生活と不可分であるときに，自己や他者がどのようにその調整を行ってい
るのだろうか。第2部ではそうした論点をめぐるいくつかの論考を取り扱う。

　第6章の髙橋論文では，芸術家の活動の「労働」としての記述しきれなさに着目
する。彼らが芸術活動を続けるなかで「やりたいこと」と「やらなければならない
こと」の関係をどのように位置づけているかに着目し，芸術で金銭を得て生活をし

ていくこと自体に両義的な性質があることを見出している。第7章の野村論文では，特定の音楽活動に従事する若者（バンドマン）の活動に着目する。なかでもバンドマンが学生時代から活動を続けるなかで，フリーターになりプロを目指す者・社会人になって活動を続ける者に分かれ始めた際に，双方が「社会人になること」をどのように意味づけながら活動を継続していくかに注目している。第8章の上岡論文では，アイドルの労働の実態を詳細に描き出すとともに，それが搾取によって成り立つというよりは構造的な問題であること，すなわち採算をとることがそもそも困難であり，彼ら／彼女ら自身の現在の労働条件を通して初めて維持可能なものとなっていることを明らかにする。そうしたなかで彼ら／彼女らが就業を継続していくことを志向していること，そうしたなかで継続を志向する論理に着目する。第9章の中村論文では，メイドカフェと呼ばれる飲食店で働く労働者に着目する。彼女たち自身の労働は通常の飲食店と変わらない側面もある一方で，通常の労働に比べて親密圏に関わる労働である。時にSNSでの勤務時間外の更新やコミュニケーションを必要とすることもあり，それがジェンダーの問題と強く結びついて経験される。そうした労働のなかで彼女たちが行う「キャラ」を通した親密性の労働とはどのようなことであるかを議論している。第10章の鈴木論文では，心の教室相談員と呼ばれる学校で働く非常勤の心理職の労働に着目する。近年，子どもの心のケアは複数の専門職が担うことが目指されてきた。心の教室相談員もそうした職業の一つであり，スクールカウンセラーなどの補助的な役割を担うことが期待された非常勤職である。だが，時にその専門性に比して大きな責任が降りかかることもある。こうした問題が引き起こされる背景とその解決が，その時々でどのように行われているかを明らかにする。

6-3 （労働）社会学の記述可能性と批判可能性について

　第3部は現代の労働を記述するうえで社会学にはどのような記述の方針がありえ，その記述を前提にどのような批判（説明）を加えていけばいいのかを考察する論考が収録されている。

　第11章と第12章は労働社会学的な事例記述を通じてその可能性と限界の双方を描きだしている。第11章の松村論文では若い建築家のSNSを利用した取り組みに着目する。彼らの取り組みが従来の上下関係から解放された関係であると同時に，その担い手の境界があいまいななかでサークルのように取り組む様子を描き出している。一方で現代的にみえるこうしたやり方は建築という財の性質や慣行と不可分な

ものでもあることが語られる。第12章の中根論文では「音楽家」と呼ばれる人びと
を労働者として位置づけようとする音楽家ユニオンの活動に注目する。個人加盟ユ
ニオンは従来の組合活動では包摂しきれない多様な利害を包含するものとして注目
されており，中根が注目するユニオンもその一つである。だが，労働者の権利という
目的をもとに音楽家と呼ばれる人びととはどこまで連帯が可能なのだろうか。このユ
ニオンの取り組みの可能性と限界を見定めることで，「音楽家」などの文化産業に従
事する人びとの活動を「労働」としてのみ捉えることができるのかという可能性を問
い直す。これは近代社会が常に直面してきた，新たに出現してきた「労働的なもの」
を労働に位置づける動きとそれに抗する動きの双方を描きだすことにもつながる。

　第13章と第14章は新たな記述の方向性が可能にする批判を考えるための理論的
な古典の再解釈がなされる。第13章の松永論文では，本田（[2008]2011）の「やりが
い搾取」の議論に対して異なる批判の可能性を模索するものである。本田と類似し
た議論であり，議論の前提としても参照されている熊沢誠の「強制された自発性」
の議論に注目し，それが提起された当時の文脈に立ち戻り再読する。その再読を通
じて労働社会学の記述と批判の可能性を模索するものとなっている。第14章の馬
渡論文は，「批判理論」という概念と結びつけて語られるフランクフルト学派と呼ば
れる人びとの社会理論に注目する。フランクフルト学派はいくつか世代を跨いでお
り，現在第3世代の議論としてアクセル・ホネットの承認論などに現代の労働記述
の可能性が読み込まれている。しかしフランクフルト学派の議論は文化理論である
と同時に労働というものに繰り返し着目しており，これに限られない多様な議論が
存在する。本章ではフランクフルト学派が労働や労働者をどのようなものと位置づ
けてきたのかを再読することによって，忘却された批判理論としての可能性を模索
する。

　このように本書は「労働（者）と消費（者）の関係」「消費文化と強く関わる労働
の生活とマネジメントの問題」「労働者をめぐる記述と批判」の三つの視点から議論
を展開する。これを通して本書ではクリエイティブ産業を問題にしてきた文化経済
学・文化政策学的な貢献だけでなく，社会学として現代社会論・労働社会学・文化
社会学の射程を大きく刷新することが目指されている。

　本書は「消費文化と労働研究会」の参加者たちで作られている。同研究会は既
存のディシプリンを尊重しつつも，その枠を広げていくような研究を模索している。
その成果が本書に反映されていることを望むとともに読者もこうした思考に加わっ

てくれることを望んでいる。

【引用・参考文献】

阿部真大, 2006,『搾取される若者たち――バイク便ライダーは見た！』集英社.

荒川葉, 2009,『「夢追い」型進路形成の功罪――高校改革の社会学』東信堂.

河西宏祐, 2001,『日本の労働社会学』早稲田大学出版部.

神林龍, 2017,『正規の世界・非正規の世界――現代日本労働経済学の基本問題』慶應義塾大学出版会.

河野真太郎, 2017,『戦う姫, 働く少女』堀之内出版.

小松史朗, 2017,「ポスト・フォーディズム論争再考――その今日的含意を問う」『立命館経営学』56(4): 59-86.

熊沢誠, 1989,『日本的経営の明暗』筑摩書房.

竹内洋, 2003,『教養主義の没落――変わりゆくエリート学生文化』中央公論新社.

新倉貴仁, 2017,『「能率」の共同体――近代日本のミドルクラスとナショナリズム』岩波書店.

新倉貴仁, 2021,「文化＝能率?――大量生産技術のメディア論」梅田拓也・近藤和都・新倉貴仁編『技術と文化のメディア論』ナカニシヤ出版.

仁田道夫, 2003,『変化のなかの雇用システム』東京大学出版会.

福間良明, 2020,『「勤労青年」の教養文化史』岩波書店.

本田由紀, [2008]2011,『軋む社会――教育・仕事・若者の現在』河出書房新社.

牧野智和, 2012,『自己啓発の時代――「自己」の文化社会学的探究』勁草書房.

松永伸太朗・永田大輔, 2019,「ポスト工業社会における労働者の共同性と個人契機の記述――河西宏祐の「労働者文化」論の可能性」『日本労働社会学会年報』30: 89-113.

見田宗介, [1973]2008,『まなざしの地獄――尽きなく生きることの社会学』河出書房新社.

山根清宏, 2005,「「引越屋」の労働世界――非正規雇用で働く若者の自己規定」『日本労働社会学会年報』15: 59-81.

山本泰三編, 2016,『認知資本主義――21世紀のポリティカル・エコノミー』ナカニシヤ出版.

Caves, R., 2002, *Creative industries: Contracts between art and commerce*, Cambridge: Harvard University Press.

Hochschild, A. R., 1983, *The managed heart: Commercialization of human feeling*, Berkeley: University of California Press. (石川准・室伏亜希訳, 2000,『管理される心――感情が商品になるとき』世界思想社.)

Kalleberg, A. L., 2000, "Nonstandard employment relations: Part-time temporary and contract work," *Annual Reviews in Sociology*, 26(1): 341-65.

Kenney, M., & R. Florida, 1992, *Beyond mass production: The Japanese system and its transfer to the U.S.*, New York: Oxford University Press.

McRobbie, A., 2016a, "The gender of Post-Fordism: 'Passionate work,' 'risk class' and 'a life of one's own,'" *Be creative: Making a living in the new cultural industries*, Cambridge: Polity Press, chapter 4. (中條千晴訳, 2020,「ポストフォーディズムのジェンダー――「やりがいのある仕事」,「リスク階級」と「自分自身の人生」」『現代思想』48(4): 184-208.)

McRobbie, A., 2016b, *Be creative: Making a living in the new cultural industries*, Cambridge: Polity Press.

Mears, A., 2011, *Pricing beauty: The making of a fashion model*, Berkeley: University of California Press.

O'Doherty, D., & H. Willmott, 2009, "The decline of labour process analysis and the future sociology of work," *Sociology*, 43(5): 931-51.

Vallas, S. P., 1999, "Rethinking post-Fordism: The meaning of workplace flexibility," *Sociological Theory*, 17(1): 68-101.

第1部

消費社会と労働者社会

第 1 章

消費社会における認識問題

社会変動と〈日本共同体〉のゆくえ

石川 洋行

——社会学者というのはいつの時代でも予言者になりたいという誘惑に駆られるものである。
ダニエル・ベル

1 消費社会論の基礎的問題構制

　われわれはいま，21 世紀の消費社会に生きている。ではその「消費社会」とは，どのような地層の上に存立しているのだろうか。「○○型消費」のような類型化の試みは枚挙に暇がない。だが，このような分析は，人間の行動原理と産業システムの種差性の両層の上にたつ消費社会の存立様態を説明する普遍モデルとなり得ているだろうか。一見読者の関心を呼ぶキャッチーな消費行動分析は，あくまで現代を切り取る一断面にすぎず，理論的に一般化可能な普遍記述ではない。批判理論としての消費社会論は，現代社会に対する総合的な現状認識と分析を含むものでなければならない[1]。

　消費をめぐる語りのパターンとして，一つに「真面目な」問題提起型の消費論があり，近年では，エシカル消費という言葉も浸透してきた。そして，官産あげてのSDGs の大合唱である。だが，このような語りは決して現在に始まったことではないことに留意すべきである。1970 年代，特にローマ・クラブ『成長の限界』（1972）以後，地球環境問題をはじめとする大量消費社会の弊害は全世界的な問題関心を集めており，高校教科書で「持続可能な発展」が教えられて久しい。もちろん，地球温暖化が「気候変動」に呼称を変え，各地で具体的被害が露呈したり，原発事故の

---

1) この前提はある種の人びとにとってはしばしば「批判一辺倒」として敬遠される傾向にあるようであるが，ここには大きな誤解が伏在しているように思われる。「批判」とは，何より「現状認識と自己検討の学」であり，徹底して知的な営みである。従って，明晰な現実認識に徹し，われわれの社会を相対化し批判的距離を置くことは，社会批判の学としての社会理論の要であり，「批判」とは目の前の現状に対しどこまでも誠実であること，その結果にすぎない。

懸念が現実のものとなり世界的醜態を晒しているなど当時から若干の違いはあるが，概して問題提起型の消費論は，身近な消費行動を出発点に，現代的「危機」を乗り越えるリベラルな社会課題を設定する言説を共有している。

　筆者は，〈倫理的消費〉を否定するつもりはない。むしろそれらを擁護しなければならないと考えているが，そうであればこそ，こうした議論をエシカル消費やSDGs に「看板を掛けかえ」る必要がどこにあるのかという疑問を禁じ得ない。このような事態はむしろ，消費社会批判までもが記号的な消費サイクルに組み込まれるというボードリヤール的事態を裏書きしていないだろうか。

　また別の問題もある。消費社会論は批判的な認識と分析の理論だが，マーケティング的知と同種の対象意識を共有しているがゆえに，この語り自体が，広告代理店や PR 等に転用されることで拡声器的な追随者を生み，思いもよらない誤読やマッチポンプを成立させる場合がある。J. ボードリヤールの消費記号論が 1980 年代に「記号論マーケティング」として商品開発に転用されたのは，その最たる例である（松井 2013: 32-4）。消費社会をめぐる語りは，学術界のみならず企業・マーケティング関係者など広範囲の興味関心をひくがゆえに，この点は峻別強調する必要がある。

　最近，一部の消費論で強調される「文化を消費する」というフレーズもこれに該当する。例えば，間々田孝夫が近年提唱する消費三相理論においては，「文化的消費」が掲げられ，フェアトレードや環境配慮型消費が分析されている（間々田 2016）。しかし，間々田の立論においては分析対象（消費文化）と理念価値（文化的な消費形態）が混在し，「文化の消費」の無根拠なスローガン化に至っている[2]。

　ここでは「文化の消費」という言葉の問題点だけ記述したい。「文化の消費」ないし「消費文化」を自明視する議論の問題点は二つある。一つは，「文化」という語のもつ全称性と個別性が互いに融解し，不当に縮減されることである。culture の語源となるラテン語の colere（耕す，住む，崇める）を参照しても分かるように，本来文化とは人間社会のあらゆる現象を包含するものである。文化とは人間が自然を「耕す」ことで積み重ねられた共同態的な社会基盤をさすのである。これに対し，われわれが「消費文化」というとき，個別具体的な商品や行為をさすことが多い。確かに消費文化は「文化」の一側面であるとはいえるが，「文化」を語れば消費体系を

---

2) さらには，間々田はヴェブレンの顕示的消費とボードリヤールの消費記号論を「第二の消費社会」の典型として同列に扱うという，思想史的には全く同意しがたい処理も行っている。そして，それらは「第三の消費」たる文化の消費によって乗り越えられると主張されるのである。ここでは，分析方法と分析対象が粗雑に混同されており，このような方法論的誤謬を看過することはできない。間々田に対する詳細な批判は石川（2020）をみよ。

説明できる保証は，どこにもない。

　いま一つの問題は，間々田をはじめとした消費分析が発展段階論的前提に基づいていることである。消費三相理論においても，大量消費社会から人と環境に優しい「文化の消費」への段階的移行が論じられる[3]。だが，このような語りは，F. ガタリや E. モラン，なによりボードリヤールが批判した消費社会における記号支配（sémiocratie）の指摘を見事に無視している。ボードリヤールのみた消費社会とは，商品の記号編制を絶えず組み替え，記号

図 1-1　ジャン・ボードリヤール
(1929-2007)（出典：Colman 2014）

論的差異を産出することで，われわれを差異化の網に包摂し続ける，終わりなきシステム社会であり，現代ではあらゆる人びとがその一員である。消費社会の記号体系に「外部」が存在しないことをボードリヤールは強調するが，それは余暇に象徴される「自由」の領域までも包摂し資本の運動に取り込む，（とりわけ〈1968 年〉以後顕在化した）システムの貪欲さに対する自覚がある。

　『消費社会の神話と構造』から 50 年以上が経過し，すべてが産業社会の記号体系に取り込まれたことはもはや自明のこととなった。21 世紀の現在において，社会理論としての消費社会論を認識論史的に遡ることは，安易な印象論やトレンド分析に至る可能性を排し，われわれの現在地を本質的に見据えるための有益な整理になると思われる。本章では，この認識問題を D. リースマンの人口発展モデルに即した「二種類の社会変動」の組合せによって総体的に整理することで成長高原の到達点を確認し，現代消費社会が直面する問題系を，科学技術社会論（STS）の知見を借りることで乗り越える方向性を模索したい。

2　産業構造の過渡的変容と「消費文化」の登場

　先程述べたように，消費社会をめぐる巷間の言説においては，全称概念としての

---

3)「文化の消費」という疑似説明概念が，マーケターにより提唱された点は着目すべきである。1980 年代に記号論マーケティングを提唱した「ADSEC（広告記号論研究会）」メンバーは，のちに「文化」を強調するビジネス書を出版している（星野編 1989, 1993）。バブル期から 90 年初頭にかけて，ビジネス消費論の領野では「これからは文化の消費だ」という言説が大きなリアリティをもっていたのであり，これがアカデミズムに逆輸入される形で「第三の消費」論に流入した，と考えるべきである。

「文化」と個別概念としての「消費文化」の混同という初歩的な錯乱が発生しているが，ここでいう「消費文化」とは，現代芸術でいうキッチュに近い。これらはまがいもの，がらくたの類であり，大量生産された複製・シミュレーションであるが，消費社会においてはあらゆるモノがキッチュでありうる。この概念関係を整理するうえで，フランクフルト学派の文化産業論はいまだに有益である。周知の通り，M. ホルクハイマーと T. アドルノは「文化産業」（Kulturindustrie）による大量生産品を，資本主義的イデオロギーによって歪曲的に規格化（standarization）された俗物として強く批判した（Horkheimer & Adorno 1947＝2007）。要は「文化の商業主義化」である。従ってこの理論からいえば，「消費文化」とは，巨大資本によって歪んだ形で加工され，濫造消費されていく伝統文化の悪しき退嬰ということになる。

　ホルクハイマーとアドルノは，1920 年代に急激に商業化されていく文化産業を痛烈に批判することで，システムに外在的な視点を導入し，自律的な批判領域を確保しようとした。だが，一見して紋切型にみえる彼らの批判は，当時からして相当に古めかしい議論であったことに注意しておかなければならない。アドルノの盟友，W. ベンヤミンが，C. ボードレールら都市に蝟集する遊歩者（flâneur）に仮託して語った，消費社会への「批判しつつも魅惑されてしまう」両義的なまなざしと対比すると，彼らの立論の極端さは際立つ。

　竹峰義和のいうように，この議論は，「敢えて意図的に極論を呈示」することでキッチュにまみれた文化産業を相対化する，挑発的な言説戦略と考えるべきである（竹峰 2016: 279–309）。アドルノの言辞は確かに一面的で，また「啓蒙は野蛮へと頽落する」という『啓蒙の弁証法』の主題とも自己矛盾をおこしているようにもみえる。にもかかわらず，その矛盾と引換えに，アドルノは現在に至るまで「伝統文化／消費文化」という二元論を呈示することには成功しているのである。これが現代では「ハイカルチャー／サブカルチャー」の区別にそのまま引き継がれていることを考えれば，アドルノの立論はむしろその後の文化研究の叩き台を提示し，基礎づけたことになる。

　伝統文化と消費文化は単なる従属関係ではないし，互いに排反し合う平行関係でもない。クラシック音楽が「正統」である保証はどこにもないが，サブカルチャー・ポップカルチャーの多くが伝統文化の権威を借用し，時に積極的に利用して大衆向けに加工していることもまた事実である。また逆に，現代アートのように最先端の技術やメディア表現を取り入れて延命を図る「伝統文化」もある。このように現代において消費文化と伝統文化は，互いに文化的転用を行いながら依存と否定の共生関係にあるとみるべきである。そして，この商業化過程が極限まで進展す

るとき，本来伝統を「収奪」し成立した消費文化が，その複製化の果てに巨大なスクリーンのように社会を覆い，何が本物なのか見分けがつかなくなる主客転倒の事態が発生する。ボードリヤールのいうシミュラークルの優位である。

　さしあたり消費文化とは，「商業的な流通を目的として生産された文化」と定義できる。このような文化の商業的流通の大もとをたどると，19世紀以降の西欧で急速に——帝国主義と植民地世界の簒奪を伴い——発達した資本主義とメディア技術の両柱的展開をぬきには考えられない。19世紀を通じて国際世界を結びつけたこの流れは，とりわけ1870年代後半頃より加速度的に拡大した国際通信技術の実用化競争，またその帰結としての「総力戦」を挟んで，一応の政治的安定をみた1920年代の（日本を含む）列強諸国において華開いたと捉えるのが一般的である。

　そこでみられたのは，産業革命に伴う労働者階級の誕生，都市への人口集中，「鉄とガラス」のモダニズム，そして写真・映画・ラジオ等ニュー・メディアの成立である。ここに，トーキー，蓄音機，住宅，ファッション，ジャズ，百貨店，化粧品，広告といったいわゆる「消費文化」がほぼ出揃うことになる。これらはどれも，都市新中間層の生活様式や娯楽の道具となり，その新しい生活様式はWASPに代表される都市市民の「スタンダード・パッケージ」として標準化される。このようにして，多くの消費研究は消費社会の成立を1920年代にみているが，これはアメリカでは「狂騒の20年代」，西欧ではレザネ・フォル，そして日本でも大正モダニズムという，都市型消費社会の同時発生的な成立期にちょうど該当する[4]。

　ベンヤミンとアドルノがみた1920年代はこのような胎動にあった。もちろん，この産業化の波は一朝一夕に発生したわけではなく，1650年頃を境にヨーロッパで発生した長期的人口成長の一断面である。それは合理主義的価値観の浸透（ルネサンスと科学革命），宗教改革と「勤勉」的倫理観，啓蒙思想と人権の成立（市民革命），帝国の植民地的膨張と国家的暴力の顕在化といった，さまざまな歴史要因に積み重ねられ複線的に発展してきた。このような近代という時代をつらぬく産業化と人口発展をもたらした大規模な構造変化を「**第一の社会変動**」ということにしよう。

　だが，目下三世紀にわたるこの過渡的人口成長は決して単線的な増加ではない。むしろ，この促進論理のまさにその内部に，それを限界づける副反応的な斥力が胚胎されており，この両者は「生産の増大」と「消費の欲望」において大きく対立す

---

4)　一方，経済史的な消費研究は，16-7世紀イギリスに消費社会の起源を求めるが，これは本章で示した社会変動と「資本主義の誕生」という問題を世界市場とシステム論の相から巨視的に説明したものである（Thirsk 1978=1984; 喜安・川北 2018，特に14-88）。

る。プロテスタンティズムの「勤勉と禁欲」は確かに資本主義適合的な人格形成を促したが，その先にあったものは，勤勉的な労働倫理を真っ向から否定する，欲望と無気力にまみれたシステム社会である。そこには，D. リンドが1890年から1920年の間のインディアナ小都市の変貌にみたように（「続ミドルタウン」），19世紀的な市民共同体の紐帯がうすれ，人びとが孤独な日常を送っている退嬰的な生活風景があった。これは同時に，人びとのあいだにニヒリズムと政治的無関心が蔓延し，全体主義への道程が徐々に用意されていく過程でもあった。ちょうどドイツではヴァイマール共和国の支持低下に伴ってナチ党が勢力を拡大し，日本では昭和恐慌を機に大正モダニズムに終止符が打たれ，軍部台頭とともに天皇制ファシズムへと突進する。かような歴史を考えれば，刹那的な消費の快楽が全体主義を導くというアドルノの危機感は正当であった。「民主主義がファシズムに転落する」状況に直面したアドルノにとって，なぜ人びとがナチを支持したのかという問題は切実であり，複製技術とメディアを肯定的にみることはとてもできなかったのである。

3 「第二の社会変動」への自己意識としての消費社会論

ホルクハイマーとアドルノは，確かに「消費文化」を批判的に捉える視点を提示した。しかし，個別のキッチュに分断された「文化の論理」では，全域的な産業社会システムとその人間労働の様相変化を捉えることができなくなる。アドルノは大衆の「ファシズム的心性」を告発する——この姿勢はE. フロムにも共有される——が，彼の批判は，〈批判的主体〉を根拠に特定の人格を問題視するものである。問題は，この「主体」の物語が産業システムの副産物的な虚構であったとしたら，また，新たな社会変動の波によってその人格的根拠が掘り崩されたとしたら，アドルノの議論は批判の足場を失うということにある。

これに対し，都市化と複製技術による生活変容を強調するベンヤミンの批評は，疎外／物象化といったマルクス主義的抽象に頼ることなく経済的下部構造の変動を記述する点で，産業システム論的な消費社会記述とその長期変動を記述しやすい。この視点に立脚すると，1930年代のファシズム体制とは人口成長の要請がもたらした独占国家的経済体制（産業国有化と海外領土への開発投資）の一形態といえるのであり，このような産業変動は全世界の焦土化をはさんで，1945年以後も「戦後成長」として継続していく。文化産業論からシミュラークル論を経てカルチュラル・スタディーズに至る本章第2節の議論が「消費と文化」の問題系であるとすれば，ここ

で示したようなシステムの長期変動は，近代型産業（フォーディズム）からポスト近代型産業（ポストフォーディズム）に至る経済体制や雇用の問題を多面的に包含する「**消費と労働**」の問題系に接近するものである。

図1-2　デイヴィッド・リースマン
(1909-2002)（出典：University of Chicago Library, Special Collections Research Center)

このような長期的社会動態を明快に説明したものとして，D. リースマンの『孤独な群衆』(1961=2013) ほど，示唆に富んだ書はない。1949年に出版された同書は，「内部指向型から他人指向型へ」という明快な説明図式で現代アメリカ人のパーソナリティを説明し，進展する大衆消費社会の様相を端的に捉えていた。フロム譲りのその「性格の類型学」は彼らの自己意識を大いに刺激し論争を喚起するものであったし，また晦渋を排した平易な文体は，英語版で累計140万部，日本でも16万部を超える広範な読者を獲得し，社会学書としては異例の大衆性をもちえている。

それでいて同書は，人口動態に着目することで，その後の全世界的な構造変動をも明確に捉えていた。「第一次産業→第二次産業→第三次産業」(C. クラーク) に則って社会的性格も変化する，という同書の説明は非常に明快である。このなかで，産業化に必要な勤勉や禁欲，貞淑といった近代道徳を内面化したのが〈内部指向型〉の性格である。この図式に従えば，M. ヴェーバーの「世俗内禁欲」としてのプロテスタンティズムも，S. フロイトの抑圧仮説も，M. フーコーの主体＝従属化や生権力的統治の背後にある近代家父長制も，このような社会変動の一側面として説明できる。これら社会権力の網の中で重層的に形成された〈近代的主体〉が，人口成長期の産業発展の原動力となったことはいうまでもない。

だが同時に，リベラル・プロテスタンティズムに代表される内部指向型倫理は次第に過去のものとなりつつあった。このような勤勉倫理はついには，煌びやかな消費社会の欲望に──『グレート・ギャッツビー』の主人公がデイジーに負けるように──敗北していく。勤勉的な労働の代わりに独創性やクリエイティビティが強調され，規律訓練型の主体に代わって消費社会的「個性」が求められるのである。かつてハイランドパークに大量生産システムを完成させたT型フォードが，高度なマーケティング技術を駆使し「自動車は見かけで売れる」と豪語したGMに敗北する決定的な世代交代は1927年のことであった（内田 1987）。この第二次産業から第三次

表 1-1 『孤独な群衆』におけるパーソナリティと産業構造の関係（筆者作成）

	伝統指向型 （高度成長潜在期）	内部指向型 （過渡的人口成長）	他人指向型 （初期的人口衰退）
人口動態 （S 字型カーブ）			
不安の制御装置	伝統的権威	ジャイロスコープ	レーダー
産業構造の中心 （C. クラーク）	第一次産業	第二次産業	第三次産業
同調性の行動要因	一次的集団	規範の内面化（超自我） による方向づけ	同時代人からの承認 への激しい心理欲求
模倣対象	一般化された「おとな」	両親（近代家父長制）	「消費者同盟」の仲間集団
行動を律する要因	恥への恐れ	罪の感覚	大衆の消費行動
労働と余暇の関係性	まじり合い	分離	融解
性格形成要因	大家族・部族集団	近代的個人	ポストモダン的個人
自我形成とメディア	口承の歌と物語	活字メディア	マスメディア

産業へ，フォーディズムからポストフォーディズムへの経済生産体制の変動を指す消費社会変容を，本章では「**第二の社会変動**」と呼ぶことにしよう。

〈他人指向型〉が中心的性格を構成する社会では，人びとは他者との同調意識形成のため「レーダー」で流行を察知する高度な社交能力が求められる。つまり人びとは他人の目を気にかけて「ヨコナラビの消費」をし続けるということだが，これは特に人口密集地域において消費を通じた他者との差別化や自己優越感情のせめぎ合いが発生するという話であり[5]，T. ヴェブレンの顕示的消費論の延長に位置づけられる。同時代人の承認を求めて「敵対的協力」をしあう人びとの表現は M. モースや K. ポラニーの互酬性に関わる経済人類学を想起させる。さらに，他者と微妙な「製品差」（product differentiation）を競い合う人びとの記述はボードリヤールの消費記号論の前駆的表現である。かようにして，『孤独な群衆』には，古今の消費社会論をめぐる論点の多くがすでに出揃っているのである。リースマンは〈他人指向型〉

5) 人口集積地域における人びとは些細なことで優越心を争い合うという記述にはホッブズの自然状態論やルソーの文明社会論との類似をみることができる。なお，1980 年代の日本で記号論的差異が大きなリアリティをもちえた理由として，戦後日本社会が，狭い国土のなか均質な言語と消費生活水準をもつ国民が同居し合う集密的な居住状況にあったことが関連していると思われる。

を消費社会的自我（エゴ・コンスマンス）の理念形として定位したが，これは消費社会論の多くが明に暗に示唆している，「第二の社会変動」に対する自己意識を集約的に反映した個人 - 社会モデルと考えられるのである。

　述べてきたように，近代をつらぬく人口増加は「第一の社会変動」と「第二の社会変動」という，互いに背反する社会力学の拮抗によって引き起こされてきた。この両者の動力差が徐々に拡大し，やがて後者が勝るとき，人口増加曲線は「S字型カーヴ」としてゆるやかな横ばいを描くが，このことが世界的に自覚されたのは石油危機を機に成長が一斉に収束する 1970 年代初頭のことであった。消費記号論モデルが登場するのはかような状況においてであり，終わりなき差異化の繰返しはこの産業システムの最終形態にある。まさにこの時代的要請に応じて——フランクフルト学派経由の疎外／物象化論を構造主義によって更新する形で——『消費社会の神話と構造』は書かれたのである。

　これらのことは，リースマンからボードリヤールに至る消費社会論の問題構制がすぐれて社会学的な問いであることを意味する。というのも，社会学自体が 19 世紀ヨーロッパにおいて誕生した「近代社会に対する自己意識の学」（大澤真幸）であり，消費社会論の登場はこの全き現代的帰結と考えられるからである。もちろんこれらの理論はあくまで「理念形」であるから，個別の消費分析では文化論，労働論，経済学，人類学等様々な方法論的アプローチが考えられる。しかし本質的には，本書各論で示されるようなポストフォーディズムへの経済変動と雇用の流動化，自我の複数性と個性化を是とするアイデンティティ・モデルの登場，西側福祉国家の隘路と新自由主義的体制の登場などといった「第二の社会変動」に付随する政治 - 経済的現象を総体的に説明しうる消費社会の全体的見取図が構築されねばならない。そしてまた，戦後成長が全世界において発生した以上，本節の問いは必然的に，戦後日本をめぐる社会学的問いへと帰着することになる。

4　「産業社会論」からみる成長の斜面：ポストフォーディズムと日本型消費社会

　1960 年代末，世界的なプロテストが高揚し，全世界で戦後成長の社会矛盾が顕在化した頃，「第二の社会変動」への自覚は決定的なものとなり，社会理論においても D. ベル『脱工業社会の到来』(1970)，A. トゥレーヌ『脱工業化の社会』(1969)，J. ハーバーマス『晩期資本主義における正統化の諸問題』(1973) など，脱産業化をめぐる知見がいっせいに問われることになった。彼らの問題構制は，政治的左右の違

いにもかかわらず，非マルクス主義的な形で西側自由主義経済の現状を説明しつつ，その弊害の超克を試みる点で驚くほど似通っており，そこでは産業化の進展に伴う官僚主義やテクノロジズム，人間疎外といった「病理」の発見とその超克が図られたのである。市場と計画の混合経済にしろ（ベル），新しい社会運動にしろ（トゥレーヌ），公共圏における討議倫理の擁護にしろ（ハーバーマス），彼らの処方箋はいずれも修正資本主義的な社会体制を前提とするものだが，これらの基底には到来する「第二の社会変動」に対する自己意識があった。

　日本も例外ではない。学生運動と 70 年安保を双峰とした「政治の季節」の終焉は，連合赤軍事件という悲惨な結末を迎えるが，重要なのはこの事件がちょうどポストフォーディズムへの転換期に位置することである[6]。この直後，戦後成長に終止符が打たれ，1970 年代を通してアメリカ化と消費社会化が緩やかかつ着実に進行していく。「産業社会論」という知の枠組は，この日本型戦後成長のカラクリとなる戦後政治 - 経済システムを説明し，同時に来るべき産業変動に対してこの社会構造を軟着陸させる理論的要請によりもたらされたものである。この日本的イデオローグとして，われわれは経済学者の村上泰亮の名を挙げることができる。

　村上の主著である『新中間大衆の時代』（1984 年，後に村上（1997）収録）は，産業社会論の範疇で語られる戦後日本の政治経済学である。同書の理論的特徴は，1950 年代以後の政治システム（政権交代の不在と自民党長期支配）と経済システム（通産省主導の「仕切られた競争」による寡占型成長）を，開発主義的成長を先導した双子として統一的に捉えることである。そして 15 年に渉る成長の終焉のさきに，政治党派や経済的利害に規定されない「新中間大衆」（New Middle Mass）の登場をみる。こうして村上は 1970 年代末に「中流」意識の完成と融解が同時進行する事態を説明するのであり，同書は社会科学書としては異例の発行部数（出版社調べで 49,000 部）を記録した。

　同書は大きく二つの構成に拠る。(1) 戦後成長の機制を長期費用逓減の視点から描く，戦後日本の経済システム論。戦後成長においては，本来「規模の経済」が強くはたらく重化学工業に傾斜生産を行うことで必然的に発生する独占状態を，通産省が「行政指導」という暗黙了解的な介入で規制することで，寡占企業同士の「仕切られた競争」（compartmentalized competition）が発生し，理論的には例外的な長期費用逓減状態が確立した。この状況で 1960 年代に各企業がいっせいに設備投資競争

6) 時代に取り残された人びとの残滓が山岳キャンプで訴えかけたものは，〈1968 年〉付近に体感された社会変動（消費社会化とスペクタクル化）がいかに急激であったかを物語っている。

に走った結果，超過供給による価格押し下げと技術革新の相乗的サイクルが発生したと考える。(2) 保守党長期支配の要因分析。学生運動の余波と「革新自治体」の次々の誕生，また金権選挙や明らかな政治不正にもかかわらず，総選挙においてはなお多数の有権者が自民党支持に回った理由を，村上は「新たな中流意識」の登場にみる。そこでは都市＝革新／農村＝保守のような従来の政党支持構図は失効しており，一貫した階層意識をもたない「新中間大衆」の登場により，自民・社会両党の支持率が同時低下し「支持政党なし」が一貫して増大する現象が発生した。従って二大政党的対立は後景に引き，政党は広範囲の支持を求めて総花的政策を打ち出す「包括政党」(S. バーガー) 化を志向する。この点，当時マルクス主義解釈をめぐり分裂していた社会・共産両党に対し，保守イデオロギー色を隠し「選挙に勝つ」という目的において結集した自民党が漁夫の利を得る状況が発生したのである。

　この政治－経済システムは相互に支え合いながら戦後成長の屋台骨となったが，一方でその猛烈な逆機能として，この開発独裁型の「土建国家」が教育，福祉，環境といったその他の公共領域を圧迫するという強固な岩盤構造がシステムの中心に座することとなった[7]。そしてこのような国家システムは，ポスト戦後成長の主役たる「新中間大衆」の出現により一定の修正を迫られていると考えられている。驚くべきか，情けなく思うべきか，現在においてもわれわれの政治経済的状況はあまり変わっていない[8]。専門的な議論を含む同書が広範な読者を獲得したのは，戦後成長とその背後にある自民党支配に対する素朴な問題関心に対し，社会科学の言葉で解答を与えたためと考えられるが，このような戦後システムの「置き土産」を抱えて未来を生きざるを得ないわれわれにとって，同書の議論を確認しておくことは有用である。

　これで，村上の新中間大衆論が「第二の社会変動」後の日本型消費社会に対する自己意識によって記されたことを説明するには十分だと思う。ここでは加えて，村上の議論に同時代的リアリティを与えた事情を説明しておきたい。1980年代の「消

---

7) 特に，原子力開発においては，通産省（経産省）主導の「国策」による大量の予算投下により推進された。きわめて複雑なネットワークが地方に存在し，それら開発勢力が自民党の「票田」とされてきた。舩橋ほか (2012) では，核燃料処理施設において，地方議会・土建業・各種開発公社等，立地自治体に縦横無尽に張りめぐらされた利益循環構造が可視化されている。

8) 無論，55年体制の崩壊と「失われた20年」以後，様々な政治経済的実験がなされており，この歴史を単線的記述で片付けることはできない。包括政党化によって世論の支持獲得を志向したもう一つの政党として民主党政権があるが，(1) 自民党により敷設された国土開発体制に，官僚制もろともメスを入れた点，(2) 80年代的な「生活者」重視の消費論を政治化した点（小沢一郎）において注目すべきである。この点，同政権が基地と原発という戦後政治の「置き土産」の後処理に苦心した挙句，支持率を失う経過は示唆的である。彼らの変革と挫折は，日本の産業社会史の記述において重要な転換点である可能性があり，民主党政権の社会史的評価は今後の課題である。

費論ブーム」である（松井 2013: 28-32）。1979 年に邦訳された『消費社会の神話と構造』は，現代思想とニュー・アカデミズムの時代潮流に後押しされて広く読まれ，「差異化」は一つの流行語と化した。このような背景には，80 年代にかけて糸井重里や川崎徹のような広告クリエイターや業界関係者への関心の高まりがあり，また『クロワッサン』のような大量の雑誌創刊ブームと，広告メディアの氾濫があった。このような「広告を通して社会を語れる時代」（加島 2016）の到来を受け，その適切な説明図式として消費社会論は導入されたのである。こうした時代背景も加勢して論争は拡大し，ほかにも小沢雅子『新「階層消費」の時代』（1985）や山崎正和『柔らかい個人主義の誕生』（1984）等，多くの消費論が世に問われることになる。

　1980 年代にこれほどの消費論争が発生したのにはいくつか要因がある。(1) 日本的消費様式を説明するうえで，「中流」という日本語が，19 世紀的な「ブルジョワ」に比べはるかに適合的であったこと。(2) 高度成長によってもたらされたアメリカ型消費生活が，人びとの間に物質的な均質意識を形成したこと。共通財としてのスタンダード・パッケージ（三種の神器や3C）が国民の均質意識を基礎づける一方，それ以外の価値観が多様化することで，「中意識の完成と融解」という逆説的状況が発生した。(3) 若者論の流行。70 年代的な「青年」論に対し，とりわけ新人類世代の世代的特徴の説明図式として，「差異化」や「感性」の語は頻繁に取り上げられた（小谷編 1993）。(4) マーケティング的知の流行が，各企業内にシンクタンクや生活文化研究所の設立ブームを引き起こしたこと。このこともあり「少衆」（藤岡和賀夫）や「分衆」（関沢俊彦）といった概念が広く流行した（藤岡 1984; 博報堂生活総合研究所 1985）。(5) 広告やファッション，テーマパーク，博覧会，宅地開発と建築（ショートケーキハウス）など，あらゆる場所に記号論モデルの有効性を裏付けるような「ポストモダン」なモードに装飾されていたこと[9]，等の複合的要因が考えられる。

　従って，村上のいう「新中間大衆」とは，消費社会におけるマスと同義のものと考えてよい。村上によればこのマスは人びとの階層意識が融解したところに登場するのであり，つまり人びとの階層意識を規定する要因同士の相関が弱まった結果，漠然とした「中」意識が形成されると考えられる（階層非構造化仮説）[10]。要するに大衆は「何色にでも染まる」ということであり，それは確固たる自己意識や政治主

---

[9] 百貨店の都市開発（北田 2011），コミカルな TVCM（内田 1997），東京ディズニーランド（吉見 1996），ショートケーキハウスとポストモダン建築（若林 2007），ファンシーなサブカルチャー（山根 1986; 大塚 1989）など，1980 年代をめぐる文化論的説明の多くは，その消費的基盤が（記号論的読解を誘発する）キッチュな文化装置であることに着目している。

張をもたない不定形のマスが政治‐経済的意思決定の主役に躍り出たことを示している。村上が彼らを決して新中間層と呼ばないのはこのためであるし，この留保を考えればむしろ「中流」なる階層は初めから存在せず，これらの消費論争を通じて「中流」なる集合表象が共同幻想化されていったというほうが正確である。1980年代の日本は消費社会を語ることで，〈戦後〉それ自身を語っていたのである。

5　現状を乗り越えるための「道具」を手に入れる

　1970年代以後「横ばいの成長」を続けるポスト産業主義社会，換言すると「高度大衆消費社会」は，近代という時代をつらぬくロジスティクス曲線の最終形態であり，その未来においてもその場凌ぎの記号論的差異の呈示が延々と続くしかない。にもかかわらず，「これからは××の消費だ」というような未来学的言説は後を絶たない。「文化の消費」にしても，また「第四の消費」や「ロスト欲望社会」にしても（三浦2012; 橋本編2021），こうした説明風潮は消費社会のモード・チェンジを，あたかも社会体制の大規模変動のような大仰な語りで語っているようにみえる。そこでは，リースマンにみられた「S字型カーヴ」が換骨奪胎され，マルクス主義と同様の発展段階論的視点に読み替えられているのである[11]。このような消費論説は，良くて既存の知見の看板のカケカエに終わってしまう。

　本章ではアドルノとベンヤミン，リースマンからボードリヤール，そして村上泰亮に連なる消費社会の認識論を辿ることで，安易な未来予測や規範の短絡設定を行わずに，われわれの現在地を析出することを目指してきた。それらはいずれも消費社会とは「何か」という問いの前で自己を踏みとどまるものである。だが，それは決して目前の社会課題から目を逸らすものではない。むしろ本章が示すのは，総体的な現状認識の徹底こそが，未来的視界を見晴るかす原動力になりうる，という点である。

---

10) 金沢侑佑の整理のように，村上の議論はしばしばその論争相手である富永健一の議論と対比的に紹介される（数土編2015: 55-6）。消費生活の均質化を重視する村上に対し，富永は1975年SSM調査をもとに「地位非一貫仮説」を提示し，戦後成長により地位カテゴリごとの相関が弱まった結果，「中」意識が増大したとみる。だが，村上は必ずしも新中間大衆を一枚岩的に捉えているわけではなく，「中流」概念自体に疑義的である。既存階層の一貫性が融解したところに「中」意識の存在をみる両者の現状認識はそう遠くはなく，このような整理は「均質化と多様化が同時並行する」事態を捉え切れていない。

11) こうしたビジネス論的な革命主義の世俗的氾濫は，逆説的に，一時期の社会科学における史的唯物論の影響力の理由をも説明している。つまり，マルクス主義とは「われわれはどこにいるか」「これからどこにいくのか」を示しつつ，社会科学にとっての最重要課題の一つである権力の問題に応えうるほぼ唯一の哲学的理論だったのである。

　消費社会に関する問いは，必然的に全社会的な課題に行き当たる。だが同時に，消費が日常的かつ無意識的な行為であることも忘れてはならない。この二律背反を超克するために，多くの消費論は，システム従属的な主体から〈能動的消費者〉へという物語を描いてきた。この方向性は間違いではないが，こうした記述は消費行動の〈特殊記述〉にすぎず，その行為体も限定的な社会集団を想定せざるを得ない。エシカル消費やSDGsを空疎なスローガンで終わらせないためには，結局，システム－内－存在としての消費者が必然的に有する政治性を，われわれ自身が積極的に引き受けるしかない。無論，このような態度は時に，現状追認や順応にとどまらず，既存体制への抵抗や批判も当然に含むものになる [12]。

　だが，事態はより逼迫している。たとえば，東日本大震災に伴う福島第一原発事故によって，放射線曝露の可能性のある農作物の流通リスクが発生し，しばらくの間，多くの消費者は東日本産農作物を買う／買わないという判断を迫られた [13]。ここで筆者は「買い控え」の倫理的是非を問うのではない。重要なのは，ここですでに日常的な消費選択がそのまま政治行為となる事態が発生している，ということである。われわれは誰もが消費者として，産業システムの末端をなし，そこに巻き込まれている。かようなリスクの遍在的曝露状況においては，もはや消費者育成や社会参画を喚起するだけでは十分でなく，われわれが消費システムを押し付けられる形でその内部に組み込まれているという必然的な現状認識から出発せざるを得ないことを示している。〈能動的消費者〉なるものがありうるとすれば，それはほかでもないあなたが，日常的な消費実践をその必然としてシステム内権力に組み込んでいく社会構造の歪みに「気づく」ことができるかにかかっている。

　こうした前提から，今後以下の問題系が検討されねばならない。(1) 消費者問題の社会的構築過程，(2) 消費者問題において作用する知識や情報の参照・形成過程，(3) 消費者問題や社会運動に対し，それを妨害・無害化させる社会言説および権力の編成過程。これらの分析により，消費社会をめぐる問題形成とその社会化過程を，限定的な消費者像を想定することなく明らかにし，われわれの集団傾向を見定める

---

12) そもそも社会活動には適応と抵抗の両側面があるが，後者を欠落させたまま倫理的消費を強調することは，問題提起の形骸化をもたらさざるを得ない。それは行き着く所「決して政府政策を批判しない範囲で環境対策っぽいものが行われる」という賢しらな教育宣伝効果を生む（グリーンウォッシュ）が，このような行政構造は，現に，中央省庁内の環境省のきわめて従属的な地位という形でシステム内に組み込まれている。

13) 不必要な選択を迫られること自体，原発事故に由来する被害である。にもかかわらず，実際には事故直後から「不安を煽るな」「風評被害」などの駆け声が広く叫ばれ，問題究明と補償は有耶無耶になり，健康尊重の権利とリスク回避は蔑ろにされたままである。

図 1-3　福島第一原発遠景

汚染水，行き場のない核廃棄物，断裂した地域社会，そして実際に発生している健康被害と被曝評価の問題は，行政および国策科学者の否認的態度によって，見過ごされたまま放置されている。（撮影：鈴木邦弘）

ことが可能になる。ここで消費社会論は，必然的に科学技術社会論（STS）の問題系と結びつく。かねてから公害や残留農薬，遺伝子組換作物など，消費者問題の多くは科学技術と複雑に交錯する形で存在している。そこでは消費者問題の大衆的な問題共有こそが問題になるが[14]，ここにおいて STS の知見，とりわけ科学の公衆的理解（PUS）という概念視点はきわめて重要な位置を占めると考えられる。

　しかしまた同時に，このような自覚はあくまで「はじまり」にすぎないことも明記すべきである。欲望消費社会における記号の生産と（官産の）広告支配が虚偽意識を生産し続ける現状を脱するためには，目下の社会構造を現状追認的に受忍することをやめ，時に批判的に抗うしかない。この行動指針として，「生活者」のような消費生活を重視した視点は，われわれの社会行動に地に足着いたリアリティを与えてくれるだろう（天野 1996）。だが，われわれの認識が能動的な社会参画に結びつくとき，それはもはや消費者という範疇を越え出ている。われわれの認識と活動が不即不離なものである以上，消費社会をめぐる語りには常にかような社会問題をめぐるジレンマが付随するのであり，この葛藤のなかで，目の前にある問題に対してどこまでも誠実に向き合い続けたその先に，われわれの未来はある。このことに気づ

14）留意すべきは，ここで市民のリテラシーが問題なのでは「ない」ということである。特に科学研究者は市民運動に対し「科学的知識の無さ」をあげつらう傾向が強いが，実際の公害事件では，科学者自身の政治的歪曲・操作こそが問題になってきたのであり（津田 2014），福島においても宮崎・早野論文問題をはじめ，科学的歪曲に基づく被曝過小評価，被害否定の動きは進行している（特に県民健康調査における甲状腺癌発生に際しての行政側の言い分について，日野・尾松（2017）をみよ）。こうした"日本科学"のシステム的全容を把握解説することは急務だが，先ずとりいそぎこれら事象に「科学の政治的従属」という形容を与えれば足りる。そして科学リテラシーやリスク・コミュニケーションという（善意の）言葉が，このような問題系の無効化に役立って来た。

いたとき，あなたはもはや「消費者」ではありえないのである。

【引用・参考文献】

天野正子, 1996,『「生活者」とはだれか——自律的市民像の系譜』中央公論新社.
石川洋行, 2020,「〈消費社会論〉というジレンマ」『現代社会学理論研究』14: 107-12.
稲葉振一郎, 2018,『「新自由主義」の妖怪——資本主義史論の試み』亜紀書房.
内田隆三, 1987,『消費社会と権力』岩波書店.
内田隆三, 1997,『TVCM を読み解く』講談社.
小沢雅子, 1985,『新「階層消費」の時代——消費市場をとらえるニューコンセプト』日本経済新聞社.
大塚英志, 1989,『少女民俗学——世紀末の神話をつむぐ「巫女の末裔」』光文社.
加島卓, 2016,「誰もが広告を語る社会——天野祐吉と初期『広告批評』の居場所」斎藤美奈子・成田龍一編『1980 年代』河出書房新社.
北田暁大, 2011[2002],『増補 広告都市・東京』筑摩書房.
喜安朗・川北稔, 2018,『大都会の誕生——ロンドンとパリの社会史』筑摩書房.
小谷敏編, 1993,『若者論を読む』世界思想社.
数土直紀編, 2015,『社会意識からみた日本——階層意識の新次元』有斐閣.
竹峰義和, 2016,『〈救済〉のメーディウム——ベンヤミン，アドルノ，クルーゲ』東京大学出版会.
津田敏秀, 2014,『医学者は公害事件で何をしてきたのか』岩波書店.
博報堂生活総合研究所, 1985,『「分衆」の誕生』日本経済新聞社.
橋本努編, 2021,『ロスト欲望社会——消費社会の倫理と文化はどこへ向かうのか』勁草書房.
日野行介・尾松亮, 2017,『フクシマ 6 年後 消されゆく被害——歪められたチェルノブイリ・データ』人文書院.
藤岡和賀夫, 1984,『さよなら，大衆——感性時代をどう読むか』PHP 研究所.
舩橋晴俊・長谷川公一・飯島伸子, 2012,『核燃料サイクル施設の社会学——青森県六ヶ所村』有斐閣.
星野克美編, 1989,『文化の消費が始まった——「平成」貴族をとらえる新マーケティング』日本経済新聞社.
星野克美編, 1993,『文化・記号のマーケティング』国元書房.
松井剛, 2013,『ことばとマーケティング——「癒し」ブームの消費社会史』碩学舎.
松原隆一郎, 2000,『消費資本主義のゆくえ——コンビニから見た日本経済』筑摩書房.
間々田孝夫, 2016,『21 世紀の消費——無謀，絶望，そして希望』ミネルヴァ書房.
三浦展, 2012,『第四の消費——つながりを生み出す社会へ』朝日新聞出版.
村上泰亮, 1997,『村上泰亮著作集 5 新中間大衆の時代』中央公論社.
山崎正和, 1984,『柔らかい個人主義の誕生』中央公論新社.
山根一眞, 1986,『変体少女文字の研究』講談社.
吉見俊哉, 1996,『リアリティ・トランジット——情報消費社会の現在』紀伊國屋書店.
若林幹夫, 2007,『郊外の社会学——現代を生きる形』筑摩書房.
Baudrillard, J., 1970, *La société de consommation: ses mythes, ses structures,* Paris: Gallimard.（今村仁司・塚原史訳, 1979,『消費社会の神話と構造』紀伊國屋書店.）
Colman, F. 2014, *Film, theory and philosophy.* London: Routledge.
Horkheimer, M., & T. Adorno, 1947, *Dialektik der Aufklärung: philosophische Fragmente,* Amsterdam: Querido.（徳永洵訳, 2007,『啓蒙の弁証法——哲学的断想』岩波書店.）
Riesman, D., 1961, *The lonely crowd: A study of the changing American character,* New haven: Yale University Press.（加藤秀俊訳, 2013,『孤独な群衆』上下巻, みすず書房.）
Thirsk, J., 1978, *Economic policy and projects: Development of a consumer society in early modern England,* Oxford: Clarendon Press.（三好洋子訳, 1984,『消費社会の誕生——近世イギリスの新企業』東京大学出版会.）
University of Chicago Library, Special Collections Research Center〈https://storage.lib.uchicago.edu/ucpa/series7/derivatives_series7/apf7-01095r.jpg（最終確認日：2022 年 7 月 28 日）〉

第2章

労働問題の源泉としての「新自由主義」?

労働者／消費者としての私たちをめぐって

林凌

1 労働問題の社会学的記述と社会理論

　私たちが労働そのものを，あるいは労働者の置かれた状況を記述したいと考えるのはいかなるときだろうか。当然，その動機としては様々なものが措定されうるが，社会学やその近隣領野の労働に関する記述の多くは，現代社会に対する批判意識のもと生み出されてきたといえる。たとえばリーマン・ショック後の「派遣切り」や，近年の「ブラック企業（バイト）」をめぐる学術的記述は，それを社会問題として提起しようとした研究者の取り組みにより産出されてきた。社会学における労働問題の記述は，現代社会の批判と密接に結びついてきたのである。

　そのため労働問題を取り扱う社会学的研究の多くは，なぜそのような問題が生じているのかについて，抽象的説明を試みてきた。問題が特定の企業や組織に固有のものではないと主張するためには，様々な現象に通底する，共通の原因を指摘しなければならないからである。特に2000年代以降の社会学やその近隣領野では，現代社会における労働者をめぐる問題がいかに生じているのか。この点を社会理論的な観点からも説明することを試みてきたといえる。

　社会学において，この共通の原因のありかを示すものとして，しばしば措定されてきたのが「新自由主義」であった。本概念を用いた先行研究が具体的にどのような記述を試みようとしてきたのかは後に述べるが，本章の観点から重要なのは，これらの研究が本概念を用いることで，記述対象をすぐれて現代的なものとして捉えてきたということだ。先行研究において労働問題に関する理由が説明される際，近年になって急速に浮上してきた思想的潮流がその背景にあるのだという記述が，しばしばなされてきたのである。

　本章で問題化されるのは，この新自由主義概念を介した現代社会に対する批判の正当性である。ただしこれは本章にて，先行研究の説明が根本的に誤謬であるとか，あるいは個別の労働問題を思想的潮流のような抽象的な問題と結びつけて語るべきではないといった主張が行われる，といったことを意味しない。そうではなく本章の主たる主張は，先行研究が新自由主義思想の核となる概念として捉え，ゆえに労働問題を引き起こす要因としても示してきた「消費者主権」という考えは近年急に現れたものではないということ，それゆえ私たちは近年の労働問題の発生を本思想の登場というよりも，資本主義の論理の貫徹という観点から読み解いていかねばならないということである。

　本章の目的は，この観点から「新自由主義」の拡大に伴う労働問題の発生という，先行研究で広く共有されてきた構図を問い直す作業を通じ（→第2・3節），「消費者主権」という労働問題の核心としてしばしばみなされてきた考えが，戦間期に生起した資本主義の持続を目標とした経済思想すべてに内在するものだということを示すことで（→第4節），現代社会における労働問題の分析を行うための新たな構図を提供することにある（→第5節）。

2　批判的労働研究における問題のありか：「新自由主義」と「消費者主権」

　まず先行研究がいかなる社会情勢下における労働を問題化してきたのかを確認しよう。1990年代以降の日本においては，景況の慢性的悪化と労働運動の弱体化が同時並行的に進んだ。その結果，企業の競争力維持・強化の観点から，様々な領域における規制緩和が国家により推し進められたが，それは労働領域においても例外ではなかった。派遣法改正やホワイトカラー・エグゼンプション制度の導入などが提唱されたことからもわかるように，この時期においては労働者の労働強化や解雇規制撤廃を促す社会制度の導入が推進された（濱口2009）。しかもこうした社会制度の導入に対する非難の声が生じたとはいえ，個々人のキャリア形成を自己責任として捉える傾向は根強く，それゆえ本問題の解決は短期的には困難であると研究者のなかで考えられてきた（本田2008）。

　「新自由主義」は日本において，この社会情勢を端的に示す際に，英語圏や仏語圏の議論を輸入する形で積極的に用いられた概念であった。よって本概念に込められた含意は，その経緯からしても複合的なものとみなされるべきである。つまり，片方には経済地理学者の D. ハーヴェイが論じたような「政治的プロジェクト」と

しての，すなわち 1970 年代後半以降に顕在化した，階級維持と社会的格差の正当
化を伴う，国家主導による市場競争の強制的導入を意味するものとしての「新自由
主義」像がある（Harvey 2005=2007）。そしてもう片方には思想史家の M. フーコー
が論じたような，競争主体としての「企業」概念が個々人の行動原理として選び
取られ，自己統治が進行していくという意味においての「新自由主義」像がある
（Foucault 2004=2008）。この二つの像が折り重なることで，日本の社会学やその周
辺領野においては，現前する労働問題を説明するために新自由主義概念が用いら
れてきた。たとえば先述した「派遣切り」や「ブラック労働」を巡る議論において
は，どちらかといえば前者の観点から，そうした労働・雇用形態を是認する社会制
度の思想的背景を示すものとして「新自由主義」が用いられてきたし（今野 2012:
212-3），「やりがい搾取」をめぐる一連の論考においては，どちらかといえば後者
の観点から，市場競争に労働者が晒されることを是認し，場合によってはそれを主
体的に引き受けてしまうメカニズムの背景を示す際に「新自由主義」が用いられて
きた（本田 2008: 178）。

　この複合的な新自由主義概念の運用は，1990 年代後半から 2000 年代前半におけ
る批判的労働研究と呼びうる領野が，様々なバックグラウンドをもつ研究者によっ
て形成されることに資したといってよいだろう。つまり本概念は，異なる問題関心
を有していた研究者間に共通の社会認識と仮想敵をもたらしたのであった。

　しかし，このように共通の仮想敵が新自由主義という概念を通じて構成されたと
き，以下の問題が浮上する。つまり，現状の諸問題の根本にある思想として「新自
由主義」を提示するのならば，なぜそのような市場競争を正当化し，人びとを苦境
に落とし込む思想が社会のなかに普及し，かつそれが維持され続けているのかとい
う問いに答えなければならなくなるという問題である。

　この問いに対し，先行研究は様々な回答をしてきたが，その核心としてしばしば
措定されてきたのが，「消費者主権」（consumer sovereignty）という概念で形容され
る考えであった。たとえばハーヴェイは，過酷な競争を個々人に強いる新自由主義
思想が受け入れられるにあたっては，「消費者の選択の自由」の強調による，「差異
化された消費主義と個人的リバタリアニズム」の野合が重要であったことを論じて
いる（Harvey 2005=2007: 64）。つまり，人びとの「消費者」としての「選択の自由」
を求める潜在的ニーズをすくい取ることで，新自由主義思想は 1970 年代以降の西
欧社会における危機を乗り越えるための処方箋として，それまで福祉国家[1]が提示
してきた社会的公正などよりも説得力を持ち得たとハーヴェイは捉えたのであった。

第1部

第2部

第3部

　このメカニズムについて，社会学者のN.ローズは以下のような説明を加えている。彼によれば，現代社会の「市民の経済的機能に関するもっとも力強いイメージ」は，「労働者」のそれから「消費者」のそれへと決定的に変化してきたという。「消費を通じて私たちは，購買力の行使によって自らの生を形作るように煽られて」いるのであり，「市場で選択する自由を行使することによって自分たちの存在の意味を理解することを強いられている」（Rose 1999=2016: 188）。こうした見解に基づくならば，「消費者主権」は確かに私たちの「消費者」としての権利を擁護する考えであったものの，同時に「労働者」としての私たちのアイデンティティを切り下げる働きもしたと捉えられる。

　ゆえに「消費者の選択の自由」という考えの浸透は，批判的労働研究が取り上げてきた諸問題の直接的な発生因としてもみなされてきた。たとえば社会学者の渋谷望は，福祉国家体制から新自由主義的国家体制への移行に伴い生じた労働強化のメカニズムを指摘するなかで，「消費者主権」という考えの作用を強調している。「生産と消費のヒエラルキーが逆転し」，「生産社会から消費社会への転換」が生じた現代社会においては，「消費者の“声”」が生産局面において重要な機能を果たすようになる。その結果，「消費者の“声”」は労働者を様々な観点から縛り，多くの場合労働を強化する方向へと水路づける。特に，近年の企業経営においては，「消費者主権」的発想それ自体が組織マネジメントそれ自体に取り入れられているため，より一層事態は深刻化する。つまり，企業が「経営者からの指令をいわば消費者からの指令に置き換える」ことによって，「経営者，労働者双方の垣根」が「いともたやすく取り払」われるようになるのである（渋谷 2003: 34）。その結果労働者は独自の対抗文化をもつことが困難となり，労働者の活動はすべて「企業文化」に吸収される。こうした知見に即するならば，「ブラック労働」や「やりがい搾取」が生じる背景には，現代社会における人間主体をめぐる理解の，あるいは企業組織をめぐる理解の転換があり，それは「消費者主権」と呼びうるような考えにより特徴づけられるも

1）「新自由主義」同様，「福祉国家」もまた歴史的に様々な意味をもたされてきた概念であるが，一般に本概念は1950年代から1970年代にかけて西側諸国において全盛期を迎えた，ケインズ主義的手法に基づく介入的経済政策と，手厚い福祉保証体制を備えた国家のことを指す。多くの論者は1973年のオイルショックに起因する経済危機の発現に伴い，多くの西側諸国において新自由主義思想に基づく福祉国家の解体（公共セクターの市場化・民営化やコスト削減）が生じたと捉えており（Garland 2016=2021: 143-65），このことから新自由主義は福祉国家と相反的な思想であると考えられてきた。そのため「消費者主権」に代表される，新自由主義思想に起因すると捉えられてきた考えが福祉国家の形成にどのような影響力を有していたのかという点については，多くの議論がなされているとはいえない（ただしTrentmann（2008=2016: 74-85）を参照のこと）。

のだ，ということになるだろう。

　このように先行研究においては，1970年代後半以降，様々な国において新自由主義思想が支配的となっていること，それによって労働をめぐる様々な問題が生じていることを，「消費者主権」と形容可能な考えの広がりを説明項とすることで示してきた（市野川・宇城 2013: 8）。そこでは「消費者」としての私たちの権利が称揚されるがあまり，「労働者」としての私たちの権利が失われつつあること，そうした権利の移行を国家や企業は利用することで，労働強化を通じた剰余価値の抽出を推し進めようとしてきたこと，そして私たちもまたそうした権利意識の移行を，市場競争を通じた自己実現の達成といった回路を通じて，受け入れてきたことが問題視されてきた。

3　繰り返される構図：「消費社会」批判と「新自由主義」批判の相同性

　本章はこうした先行研究の現状整理そのものに対し，異議を突きつけるものではない。ここでの問題は，こうした「消費者主権」の役割を強調する議論の構図が決して近年になって生まれたものではない以上，その元凶として「新自由主義」を措定してよいのか，という点にある。

　このことを示すために，具体例をみていくこととしよう。現代社会における労働者が直面する「やりがい搾取」の状況を描き出したと評価されている（本田 2008: 83），阿部真大の『搾取される若者たち』（2006: 18）は，バイク便ライダーに代表される不安定な労働が現代社会において支配的であることの論拠として，Z. バウマンの「労働倫理から消費の美学へ」（Bauman 1998=2003）を引いている。このバウマン論文においては，「フレキシブルな労働」が「生産社会」から「消費社会」への移行によって生じると主張されており（Bauman 1998=2003: 204-5），本論文が引用されたのはバイク便ライダーの労働を分析するにあたり，こうした理論的構図が適合的であったからと考えることができる。

　しかし，なぜ「消費社会」においては「フレキシブルな労働」が生じるのだろうか。バウマンはこの点について以下のような説明を加えている。彼によれば，現代社会の主要な特徴は，人びとがもつ「自分の社会的アイデンティティ」が，「生産者」から「消費者」へ移行したという点にある。現代社会において，人びとは「選択者」としての力を行使することを通じて，「消費者」として「命令を下す立場にいると感じている」。このような状況においては，人びとは労働に対しアイデンティティを抱くことはない。その結果，企業は労働者としての人びとの権利を切り崩す

ことに成功し，移ろいやすい人びとの「消費者」としてのニーズに答えることがで
きる組織再編を行うことができるようになっている（Bauman 1998=2003: 207-14）。

このように，バウマンは現代社会における労働者の権利切り下げが，企業活動な
どを介した，人びとの消費者化とも呼びうる現象によって生じていることを示そう
とした。その意味においてこのバウマンの記述は，これまで見てきた「新自由主義」
を「消費者主権」という観点から問題視した先行研究と共通の視座を有している[2]。
バウマンの議論における「生産社会」から「消費社会」への移行という構図は，先行
研究において福祉国家から新自由主義国家への移行という構図と互換可能なものと
して理解されてきたのであり，また事実としてその論理構造には類似点が多々ある。

問題は，こうした現状把握やそれに基づく「消費社会」概念の用法は，1990 年代
に突如現れたものではないということである。そもそもこうした批判的文脈におけ
る「消費社会」概念は，J. ボードリヤールが「産業システム（産官複合体）」の支配
に基づく労働運動の退潮と消費者の権利の称揚を，社会理論的に問題化するために
形作られたものであった（Baudrillard 1970=［1979］1995: 104）[3]。そのためこのバウマ
ンの主張の論理構造は，「消費社会論」の嚆矢たるボードリヤールが 1960 年代フラ
ンス社会に対し行った批評の知見を，結果的に色濃く受け継いでいる。

よって，現代社会における労働問題の源泉を考察するために形作られた批判の構
図の多くは，実のところ福祉国家体制下における産業化の論理変容の告発を企図し
た理論的考察のなかですでに示されていたと考えることができる。そのためこうし
た構図に基づき，現代社会における労働問題の元凶を新自由主義思想のみに帰着さ
せることは，本思想に基づく制度実装が 1970 年代後半以降に認められるものであ
ることを鑑みるなら困難であろう（Garland 2016=2021: 143-65）[4]。「消費社会」への
移行に伴う労働者の権利喪失という構図は，第二次世界大戦以降西側社会において
繰り返されてきたものだと考えられている以上，この構図を「新自由主義」批判に
そのまま援用することはできない[5]。

しかしこのことは，批判的労働研究が現代社会を考察するために用いてきた構図
が時代錯誤であるということを意味しない。むしろそれはすぐれて現代的であると

2）それは渋谷望が本論文を翻訳し，新自由主義批判を行うなかで重要な参考文献として取り上げて
　いることからも明らかであろう（渋谷 2003: 24）。
3）こうした構図に基づいた社会変容の把握は，1960 年代におけるアメリカ社会の変容を「脱工業化
　社会」という言葉を用いて表そうとした，D. ベル（1973）の産業社会論においても認めることが
　できる（厚東 2020: 576-77）。その意味においてこの「生産社会」から「消費社会」への変容とい
　う図式は，論者によって用いている言葉こそ微妙に違えども，1960 年代以降の社会科学における
　知的共有財であったと考えることができる。

考えられ，新自由主義的であると名指されてきた現象を支える論理が，実のところ
ある時期以降の資本主義社会に通底するものだということを示している。

4 「消費者主権」のルーツとしての「国家問題」：労働者の権利と消費者の権利の対立

　このことは，新自由主義思想の核心にあると捉えられてきた「消費者主権」，す
なわち「消費者の選択の自由」を称揚する思想の系譜に関する知見を参照すること
ではっきりする。一般に本概念の創始者は，W. レプケと F. A. ハイエクという，新
自由主義思想の大家と名指される二人と親密な関係を築いていた，W. H. ハットに
求められる（原谷 2009: 162; Olsen 2019: 30）。彼は 1920 年代のロンドン・スクール・
オブ・エコノミクス（LSE）で経済学を学んだが，そのなかで LSE の設立に強く影
響を与えた，フェビアン主義[6] に対する批判意識を抱くようになった。彼は市場競
争の重要性が当時のイギリスにおける経済政策をめぐる議論では蔑ろにされており，
そしてその必要性を示すための語彙が経済学において十分に整備されていないと考

4）新自由主義思想が，いつどのように私たちの社会に影響を与えるようになったのかという問いに
　対する見解は，先行研究において必ずしも一致しているとはいえない。多くの場合 1979 年のイギ
　リスにおけるサッチャー政権，1980 年のアメリカにおけるレーガン政権の誕生を決定的転換点と
　して捉える見方が共有されてきたとはいえ（Harvey 2005=2007: 9），一方で後述するように新自由
　主義思想の起源は戦間期において生じた，自由主義経済を擁護しようとした知識人の実践にも求
　められてきた。また具体的な労働問題を論じようとする諸研究において，新自由主義という言葉
　が分析概念として用いられる際には，特定の経済政策・社会政策の性質（多くの場合規制緩和・
　市場競争の激化を意味する）を一語で表すための象徴的概念として用いることが多く，この場合
　前述した問いはそもそも問われることがない。こうした新自由主義思想に関する議論の状況は，
　「何が新自由主義的な現象なのか／どのような性質をもつ政策が新自由主義的と呼びうるのか」と
　いう点に関する合意形成を困難にし，また本概念を用いることに対する批判（芹沢 2010; 稲葉
　2018）を生み出してもきた。本章の議論はこうした状況の解決に寄与するものでもある。
5）批判的労働研究だけでなく，多くの社会学的研究は 1968 年（5 月革命）から 1973 年（オイルシ
　ョック）の間を，戦後西側社会の転換期として捉える見方を採用してきた。生産社会から消費社
　会へという移行の構図はこうした歴史認識を前提としており，それを同時代的に示そうとしたも
　のとしてボードリヤールやベルの主張は理解されてきた。そして新自由主義批判がこうした構
　図を取り入れることができたのは，後者の社会において支配的な思想潮流として新自由主義思想
　を捉えてきたからである。だがこの認識は，同時代においてこの社会転換を指摘したテキストが
　新自由主義思想を問題としておらず，ケインズ主義に基づいた福祉国家体制を前提としていると
　いう点において問題がある。新自由主義思想がこの社会変容の唯一の説明因ではないことは，こ
　の点からも示すことができる。
6）19 世紀後半に生じたイギリス発の社会主義運動。フェビアン協会に属する知識人によって展開さ
　れた思想で，いわゆる急進的な革命路線を拒否し漸進的な社会改良主義を志向した点に特徴がある。
　本協会は第一次世界大戦を契機としてイギリス労働党のブレーン機関となることで，政策に一定の
　影響を与える存在となっていったが，こうした協会の活動に対し，労働者の権益を重視しすぎてい
　るとして異議を唱えたのが，後に新自由主義思想を形成することとなる知識人たちであった。

えた。「消費者主権」という言葉は，こうした問題意識のもとで形作られたのである。

　このハットの主張は，古典的な自由放任主義をその実効性という観点から批判しつつも，自由競争に基づいた経済体制を，国家介入を通じて形作ろうとしたハイエクやレプケと同調するものであった。ゆえに彼が「消費者主権」を，規範的な市場経済像を端的に表す概念として論文で用いた1934年以降，この概念は新自由主義思想家の中で広く用いられていった。同時期にはレプケが「消費者民主主義」（democracy of consumer）という言葉を（Röpke 1935），またハイエクが「消費者の主権」（sovereignty of consumer）という言葉を，反共産主義・反ファシズムの文脈にて用いており（Hayek 1935），ハット自身も「消費者主権」概念の普及においては，これら経済学者たちの議論のほうが重要であっただろうとしている（Hutt 1940: 66）。「消費者主権」という考えは，この時期市場競争を前提とした経済体制の必要性を主張した知識人たちにより盛んに喧伝された。そして彼らは戦後，新自由主義思想の総本山としてしばしば名指されるモンペルラン協会[7]の設立や運営に関わるなどの取り組みを通じ，西側諸国に「消費者主権」を前提とした経済思想を広める役割を担うようになっていく。

　このような概略史を踏まえるのならば，先行研究において「消費者主権」が，「資本蓄積のための条件を再構築し経済エリートの権力を回復するための政治的プロジェクト」により生み出された概念だと捉えられたことは不思議ではないだろう（Harvey 2005=2007: 32）。だが一方で重要なのは，「消費者主権」という言葉は独創的な理論装置を指し示すものというよりも，「（実現してはいないが）すべての主流派経済学において暗黙の了解となっているように思える仮定」を指し示すために形作られたと当事者によって記述されてきたということである（Hutt 1934: 14）。事実ハットはA. スミスの『国富論』における「消費こそはいっさいの生産にとっての唯一の目標であり，かつ目的なのである」（Smith 1789=1978: 465）という記述を重要視していた（Tremblay 2020: 1052）。「消費者主権」は，『国富論』という古典の再解釈を通じて生み出された考えであり，新自由主義思想を構想した知識人たちの独創として捉えることはできない。

　このことは，同時代の西洋や日本において，狭義の新自由主義思想とは関連の

---

7) 1947年にスイスにて，ハイエクとレプケ主導のもと設立された，自由主義を学術的見地から擁護することを目的とした団体。新自由主義思想を形成した知識人たちが多く設立・運営に参加したことから，新自由主義思想が政治的実行力をもつに至るプロセスにおいて重要な役割を果たしたと，しばしば先行研究では捉えられてきた（権上 2006: 26–31）。

ない知識人たちが，「消費者主権」と類似の言葉を用い，「消費者の選択の権利」を訴えていたことからも傍証できる。フランスにおいては，自由放任主義を批判し，オルタナティブとしての消費組合運動に強く携わっていたC. ジッドが（Williams 1982=1996: 268-76)，日本では労働運動・婦人運動の観点より消費組合運動に積極的に参与していた賀川豊彦や奥むめお（林 2019)，統制経済論のイデオローグであった経済学者の本位田祥男や向井鹿松が（林 2021)，「消費者」の権利を訴え広範な活動を行っていた。これらの事実は，「消費者の選択の権利」という問題系が当時知識人のなかで，広範に共有されていたことを示している。

　しかしなぜ戦間期に，幅広い思想的背景をもつ知識人のなかで「消費者の選択の権利」が焦点化されたのか。この点を理解するにあたっては，J. ドンズロの「国家問題」をめぐる議論が参考になる（Donzelot 1984=2020: 171)。ドンズロによれば，この時期の知識人のなかで共有されていた問題とは，当時の社会において激化しつつあった，「経済的なもの（経済的合理性と生産増大）」の追求を代表する企業と，「社会的なもの（社会的合理性と社会の一般利益）」の追求を代表する労働者間の対立を，国家がどのように調停すればよいのかというものであった（Donzelot 1984=2020: 172-7)。この問題は，自由放任主義者にとってみれば「経済的なもの」を代表する企業側の論理に，マルクス主義者にとってみれば「社会的なもの」を代表する労働者側の論理に，国家が全面的に依拠すればよいということになるので，そもそも議論の対象とならない。だが大恐慌などの影響により，戦間期においては資本主義経済の行き詰まりという観念が広く共有されていたため，この時期資本主義経済を擁護しようとした知識人たちの多くは，自由放任主義に依拠することができなかった。それゆえ思想的立場の差異にかかわらず，マルクス主義経済への移行に否定的であった知識人たち[8]は，この二つの「なもの」を調停する別の論理を必要とした。

　「消費者主権」とはこのような逡巡の末に，同時代的に幅広い知識人のなかで生み出された「国家問題」の解決策であったとみることができる。「国家問題」を論じた

---

8) 新自由主義は国家による経済介入そのものを否定しているわけではなく，福祉国家を支えたケインズ主義と同様に，古典的な自由放任主義を批判する立場に立っている（権上 2006: 16-21)。新自由主義とケインズ主義の相違は，市場競争を介した価格調整を重要視するか，それを相対的に軽視して財政政策を重要視するかという点にあるが，この差異は「消費者主権」の重視という点とは関わらない（前者においては消費者の選好が市場競争の源にあり，後者においては消費者の需要管理が経済政策の源となるため）。一方，古典的な自由放任主義においては，セイの法則（供給が需要を形成する）に則り市場が形成されると考えられる以上，消費者側の権利が問題となることは原則としてない。「消費者主権」が戦間期の様々な経済思想において突如重要な概念として提起された理由は，こうした点に求めることができるだろう。

知識人たちは，資本家と労働者間の対立を調停するために，この二つの主体が共に奉仕しうる目的を求めていた（Donzelot 1984=2020: 181）。そのため彼らの議論において，「国家問題」の解決策はそれまでの「経済的なもの」や「社会的なもの」を支えてきた論理とは別様のものでありつつも，企業・労働者にとっても受け入れられるものでなくてはならなかった。そして消費者が企業や労働者とは異なる経済主体を表しつつも，誰しもが自認することが可能なカテゴリーであったがゆえに，「消費者主権」は「経済的なもの」と「社会的なもの」の対立を無効化することが可能な論理として受け止められた（林 2021: 196-200）。そしてこの論理が実際に至便なものであったがゆえに，戦後西側社会においてはボードリヤールが指摘したように消費者は「主権者」として「祭り上げられ」ることとなったのである（Baudrillard 1970=[1979]1995: 109）。

　こうしたドンズロやボードリヤールの記述からわかるのは，現代資本主義社会を支える根本原理として「消費者主権」は機能しており，かつその思想の系譜は狭義の新自由主義思想以外にも求められるということである。そしてこの点を踏まえるならば，なぜ戦後の社会学において，労働問題をめぐり類似の批判構図が用いられ続けたのかが理解可能となるだろう。狭義の新自由主義思想とは異なる思想的系譜においても，労働者の権利より消費者の権利を重視すべきだという発想は同時期顕在化していたことから，「消費者主権」は福祉国家としての色彩が強い戦後西側社会においても受け入れられうるものであった。そのため「消費者主権」批判は，資本主義社会において労働問題が生じる仕組みの説明として，国家運営に関する思想潮流が変われども，説得力を保ち続けることができたのである。

　従来，「新自由主義」とはしばしばその定義が困難である一方で，私たちの日常生活にしぶとく介在し続ける，一種の「妖怪」のような思想体系であると捉えられてきた（酒井 [2001]2019: 519; 稲葉 2018: 8-9）。しかしこれまで論じてきたように，先行研究が新自由主義的だと批判してきた対象は，狭義の新自由主義思想にとどまらないルーツ——一般に新自由主義思想と対立すると捉えられてきた，福祉国家・ケインズ主義へと接続していく思想的系譜も含まれる——をもつがゆえに，「全面的危機に晒されながら」も，「予想以上の強靭さ」をもつのだと考えられるべきものである（酒井 [2001]2019: 523）。このことは，労働問題の核心が新自由主義思想にあるのではなく，戦間期に生起し現代にまで影響を及ぼし続けている，資本主義の持続を目標とした経済思想すべてに内在しているということを示している。

第3部

5　労働問題の源泉を探り出すために

　本章は労働問題の背景にあるとされてきた「消費者主権」という考えが，先行研究と異なり「新自由主義」の専有物というよりも，戦間期に幅広い知識人のなかで生み出された一般的な発想であったことを示した。これは，先行研究において幅広く共有されてきた，新自由主義思想を現代社会において急激に顕在化した，労働問題の元凶として捉える見方に，一部修正を促すものであった。では，こうした修正を踏まえる形で，私たちは現代の労働問題についてどのような研究を行っていくべきなのか。

　この点を考えるうえで重要なのは，私たちが労働者であると同時に消費者でもあるという，一見当たり前の事実を再確認することであると思われる。これまで論じてきたように，現代社会における労働問題を批判的に考察する議論において，消費者は（国家や企業の実践によって）もはや労働者としての自意識をもたなくなっている主体を指すカテゴリーとして，あるいは労働者とは存在論的に異なる対象を指すカテゴリーとして，しばしば用いられてきた。これは「消費者主権」がしばしば現実に生じている階級対立をカモフラージュし，私たちから労働者としての自意識を奪い取ろうとする「産業システム」側のレトリックとして捉えられてきたことに起因している。つまり，消費者の権利の喧伝は一種の虚構であり，私たちの労働者としての権利を奪い取ろうとする企てであるとみなされてきたのである。

　しかし本章が示したように，この対立図式は「消費者主権」を推す知識人たちにとって，織り込み済みのものであった。むしろ彼らは消費者を狭義の意味での労働者も含みこんだ人間集団全体を示すものとして提示することで，「消費者主権」が「国家問題」の解決策になると主張し，労働運動を批判していた（林 2021: 204-8）。「消費者の権利を重視することは，労働者の権利を訴える人びとの生にも寄与するのだ」という論理が，「消費者主権」の重要性を訴えた知識人の核心にあり，かつそれが一定の効力をもったことからもわかるように，私たちは労働者としての立場と消費者としての立場を常に併せもっている。「消費者主権」という概念が否定しがたく，現代資本主義を貫く主要な思想として機能している裏には（市野川・宇城 2013: 36-7），この労働者・消費者概念の非相互排他性と，労働者概念と比して，消費者概念がカバーする範囲の広さがある。

　よって，消費者の権利が（見かけ上は）尊重される一方で，労働者の権利が切り下げられていく現代社会を分析するにあたり，労働問題の原因を「新自由主義」による「消費者主権」の喧伝に求めるだけでは不十分であろう。それでは「消費者主権」

の思想としての強固さを述べ,「どうにも手がつけようがない」と結論づけるボード
リヤールの嘆きを再生産するだけに終わってしまうからだ(Baudrillard 1970=[1979]
1995: 106)。むしろこの状況を変えるために重要なのは,私たちの消費者としての権
利の行使がいかなる形で労働問題を生み出す一因となってきたのか,かつなぜそれ
が問題化されてこなかったのかを把握することである。「消費者主権」という考えが,
いかにして私たちの生に負の影響を与えうるのか。この点が具体的な事例[9]を通じ
て明確化されない限り,何を変えればこの状況を変革することができるのかについ
ての手がかりを,私たちが得ることは困難だからだ。

　その意味において本章は,現代社会における労働問題の元凶を,大文字の権力
(国家や企業による権力行使)とそれに迎合的とされる思想的潮流(新自由主義思想)へ
と回収してしまった点に,先行研究の問題はあると考えている。確かに私たちの日
常生活が,絶えず国家・企業などによる介入の影響を受けていることは間違いない。
しかしそうした介入そのものは,決して大文字の権力だけが行っているわけではな
く,私たちの生きる社会はその影響力の多寡こそあれ,私たち全員の活動の諸帰結
として存在している。であるなら,現代社会における「新自由主義」の「予想以上
の強靱さ」を,大文字の権力の「強靱さ」によってのみ説明することには二重の方
法論的困難がある。重要なのは新自由主義という概念を通じて同定されてきた問題
が,資本主義下では構造的に生成されるものだということを前提したうえで,それ
がいかなる人びとの諸実践によって強化・維持されているのかを,具体的な事例に
即して考えることであろう。

　たとえば前述したように,先行研究では「顧客からのフィードバック」を通じた
「経営者からの指令」を,「消費者からの指令」へと「置き換え」ることによる「労
働者文化の喪失」が問題視されていた(渋谷 2003: 34)。だがこのような記述は,「顧
客からのフィードバック」を可能にする組織体や技術とは何かということを具体的
に教えてくれるわけではない。そのためこうした先行研究の問題意識を敷衍するう
えでは,どのような組織体(コールセンター等)・技術(POS システム等)がそうした
「フィードバック」を可能にしているのかを,実証的に検討する必要があるだろう。
「労働者文化の喪失」を促しうる組織体・技術とはそもそも何か。この点に関する

---

9) この点を考えるうえでは,近年のブラック労働の根絶に関する実践例を通じ,労働運動の成功に
　はその企業の顧客たる消費者の協力が不可欠であることを強調する,今野晴貴(2021: 159-60)
　の議論が参考となるだろう。労働者と消費者が完全に別種のアクターとして捉えられている点
　にいささか問題があるものの,彼の議論は現代社会における労働問題を考えるうえで,労使関係
　や国家 - 労働者間の対立だけでなく,消費者を考慮することが不可欠であることを示している。

詳細な議論なしに，私たちは「喪失」の原因を探ることはできない。

　また，もしそうした組織体・技術の存在が結果的に「労働者文化の喪失」に資していているとしても，それらが求められた理由は，大文字の権力による「労働者文化の喪失」を目指す意図のみによって説明できるものではない。現代の大企業がコールセンターや POS システムに多額の費用を投入している理由を，消費者として私たちがこれらの仕組みを通じて受け取っている利益（トラブルシューティングの迅速化やより良い品揃えの実現）や，それによる顧客ロイヤルティの獲得といった観点抜きに説明することは困難だからだ。私たちの消費者としての利益がいかにして労働問題を生み出す要因として機能しているのか，そしてそれがいかなる形で制度化されているのかといった観点抜きに，「消費者の指令」を問題化したとしても，解決の筋道を導き出すことは困難であろう。

　このように，現代社会における労働問題は，特定の主体（国家・企業）から特定の主体（労働者）に対する一方的な権力行使というモデルでは説明できない部分が多く，消費者としての私たちがいかにしてそうした事象に加担させられているのかという点の検討を欠かすことができない。人びとの消費行為は，いかなる形で現状の労働をめぐる秩序を成り立たせているのか。あるいはいかなる仕組みが，人びとの消費行為を特定の労働行為と緊密に結びつけているのか。こうした問いに対応した実証的な分析なしに，私たちはこれまで「新自由主義」と名指されてきた対象を理解することはできず，よって現代社会における労働問題が「消費者主権」を介して不可視化されるメカニズムを，効果的に批判することもできないのである。

【謝　　辞】
本研究はJSPS 科研費JP21J00046 の助成を受けたものです。

【引用・参考文献】
阿部真大, 2006,『搾取される若者たち——バイク便ライダーは見た！』集英社.
市野川容孝・宇城輝人編, 2013,『社会的なもののために』ナカニシヤ出版.
稲葉振一郎, 2018,『「新自由主義」の妖怪——資本主義史論の試み』亜紀書房.
厚東洋輔, 2020,『〈社会的なもの〉の歴史——社会学の興亡 1848-2000』東京大学出版会.
権上康夫, 2006,「新自由主義の誕生（一九三八〜四七年）——リップマン・シンポジウムからモンペルラン協会の設立まで」権上康夫編『新自由主義と戦後資本主義——欧米における歴史的経験』日本経済評論社, pp.3-58.
今野晴貴, 2012,『ブラック企業——日本を食いつぶす妖怪』文藝春秋.
今野晴貴, 2021,『賃労働の系譜学——フォーディズムからデジタル封建制へ』青土社.
酒井隆史, [2001]2019,『完全版 自由論——現在性の系譜学』河出書房新社.
渋谷望, 2003,『魂の労働——ネオリベラリズムの権力論』青土社.

第1部

第2部

第3部

芹沢一也, 2010, 「〈敵〉は新自由主義なのか?」『犯罪社会学研究』35: 87-98.

濱口桂一郎, 2009, 『新しい労働社会――雇用システムの再構築へ』岩波書店.

林凌, 2019, 「人々が「消費者」を名乗るとき――近代日本における消費組合運動の所在」『年報社会学論集』32: 143-154.

林凌, 2021, 『消費者の歴史社会学――近代日本における「消費者主権」の系譜』東京大学大学院博士論文.

原谷直樹, 2009, 「消費者主権――お客様は神様か」佐藤方宣編『ビジネス倫理の論じ方』ナカニシヤ出版, pp.155-84.

本田由紀, 2008, 『軋む社会――教育・仕事・若者の現在』双風舎.

Baudrillard., J., 1970, *La société de consommation: ses mythes, ses structures*, Paris: Gallimard. (今村仁司・塚原史訳, [1979]1995, 『消費社会の神話と構造』紀伊國屋書店.)

Bauman, Z., 1998, *Work, consumerism and the new poor*, Buckingham: Open University Press. (渋谷望訳, 2003, 「労働の倫理から消費の美学へ――新たな貧困とアイデンティティのゆくえ」山之内靖・酒井直樹編『総力戦体制からグローバリゼーションへ』平凡社, pp.203-35.)

Bell, D., 1973, *The coming of post-industrial society: A venture in social forecasting*, New York: Basic Books. (内田忠夫・嘉冶元郎・城塚登・馬場修一・村上泰亮・谷嶋喬四郎訳, 1975, 『脱工業社会の到来――社会予測の一つの試み (上)』ダイヤモンド社.)

Donzelot, J., 1984, *L' invention du social: Essai sur le déclin des passions politiques*, Paris: Fayard. (真島一郎訳, 2020, 『社会的なものの発明――政治的熱情の凋落をめぐる試論』インスクリプト.)

Foucault, M., 2004, *Naissance de la biopolitique: Cours au Collége de France 1978-1979*, Paris: Gallimard. (慎改康之訳, 2008, 『生政治の誕生――コレージュ・ド・フランス講義 1978-1979 年度』筑摩書房.)

Garland, D., 2016, *The welfare state: A very short introduction*, Oxford: Oxford University Press. (小田透訳, 2021, 『福祉国家――救貧法の時代からポスト工業社会へ』白水社.)

Harvey, D., 2005, *A brief history of neoliberalism*, Oxford: Oxford University Press. (渡辺治監訳, 森田成也・木下ちがや・大屋定晴・中村好孝訳, 2007, 『新自由主義――その歴史的展開と現在』作品社.)

Hayek, F. A., 1935, "The present state of the debate," Hayek, F. A., ed., *Collectivist Economic Planning*, London: Routledge, 201-43. (迫間真治郎訳, 1950, 『集産主義計画経済の理論――社会主義の可能性に関する批判的研究』実業之日本社.)

Hutt, W. H., 1934, "Economic method and the concept of competition," *The South African Journal of Economics*, 2(1): 3-23.

Hutt, W. H., 1940, "The concept of consumers' sovereignty," *The Economic Journal*, 50 (197): 66-77.

Olsen, N., 2019, *The sovereign consumer: A new intellectual history of neoliberalism*, Cham: Palgrave Macmillan.

Röpke, W., 1935, "Fascist economics," *Economica*, 2(5): 85-100.

Rose, N., 1999, *Governing the soul: The shaping of the private self*, New York: Free Association Books. (堀内進之介・神代健彦監訳, 2016, 『魂を統治する――私的な自己の形成』以文社.)

Smith, A., 1789, *An inquiry into the nature and causes of the wealth of nations*, London: Strahan A., and Cadell, T. (大河内一男監訳, 1978, 『国富論II』中央公論社.)

Tremblay, M. D., 2020, "W.H. Hutt and the conceptualization of consumers' sovereignty," *Oxford Economic Papers*, 72(4): 1050-1071.

Trentmann, F., 2008, *Free trade nation: Commerce, consumption, and civil society in modern Britain*, Oxford: Oxford University Press. (田中祐介訳, 2016, 『フリートレイド・ネイション――イギリス自由貿易の興亡と消費文化』NTT 出版.)

Williams, R. H., 1982, *Dream worlds: Mass consumption in late nineteenth-century France*, Berkeley: University of California Press. (1996, 吉田典子・田村真理訳『夢の消費革命――パリ万博と大衆消費の興隆』工作舎.)

第3章

なぜ「二次創作」は「消費」と呼ばれたのか

大塚英志の消費社会論を中心に

永田 大輔

1 「データベース消費」と「物語消費」をめぐる理解

1-1 「二次創作」と「消費者」

　本章では，原作を元にファンが創作を行う「二次創作」が批評的な言論のなかでどのような文脈において「消費」と呼ばれてきたのかを議論する。

　日本国内でマンガ・アニメ・ゲームなどの「二次創作」をすることは，「オタク的」（東 2001）な「消費」行為の代表的なものとされてきた。しかし，「二次創作」という言葉は「創作」とついている以上，何かものを「生産」している行為を想起する。それにもかかわらず，いかにして「二次創作」は「消費」に属する行為として位置づけられ，語られてきたのだろうか。この問題を考えるために，まず「二次創作」を「消費」と位置づけてきた代表的な議論として，物語消費（大塚 1989）・データベース消費（東 2001）という概念が提示された文脈に着目する。これらの概念は，趣味を研究するアカデミックな領域（とりわけ文化社会学）でも注目される機会が多い。

　物語消費・データベース消費は，後続言説において，共に「おたく」「オタク」と呼ばれる消費者類型に結びつけられて理解されてきた。しかし，本来「製作（者）」「生産（者）」と呼ばれてもよいものが「消費（者）」とされてきたことの意味をこそ考えなければならないのである。とりわけ東浩紀からの参照を通して忘却されることが多いが，大塚の議論はむしろその点を主題化したものである。こうした議論は，当初何を問題とし，その後どのような議論に発展したのだろうか。本章では，「二次創作」がなぜ「消費」と呼ばれたのかという着眼点を覗き穴として，その他の類似概念と比較したうえで振り返りつつ，これまでの大塚・東の議論の理解とは異なる方向への接続可能性を提示することを目的とする。

1-2 「データベース消費」・「物語消費」の消費論としての理解

　まずは，議論の前提として物語消費・データベース消費という概念を紹介する。ただし，物語消費・データベース消費がどのような文脈で参照されたのかということ自体が本章の分析の対象となるため，ここでは文化社会学を中心とした議論がこれらの消費をどのようなものとして理解・整理していたかに着目する。

　たとえば東園子（2015）は，自身がフィールドワークを行った女性の同人誌文化と宝塚での文化を比較する研究で，そうした女性の文化実践の特徴を描き出すために，物語消費・データベース消費において分析されている二次創作行為を「男性オタク」に代表的な消費の形式であるとしている。東園子は，「原作から何らかの要素を抽出し，それを元に創作を行うのが二次創作」（東 2015: 168）としたうえで，「「物語消費」とは，〔…〕広義には，個々の商品や作品といった〈小さな物語〉の背後に存在する〈大きな物語〉を想像＝創造する消費の形式である。〔…〕物語消費において受け手が見出す〈大きな物語〉とは，物語の舞台設定や世界観だとしていた。二次創作はアニメなどの作品の背後にある舞台設定に関心を向ける物語消費によって作られる」（東 2015: 168）と整理している。東浩紀のデータベース消費に関しても，以下のような議論をしている。

> 　東浩紀は1990年代以降の男性オタク文化を考察して，大塚の議論の大枠は現在でも通用するものの，彼らの消費対象は物語の設定や世界観ではないとして，新たに「データベース消費」という概念を提起した（東 2001）。「データベース消費」とは，物語等に登場するキャラクターやその構成要素を物語世界から切り離して集積し，それらの要素を自由に組み合わせて楽しむ消費の仕方である。（東 2015: 169）

　これをみると，データベース消費と物語消費は「大枠」では一致しているが，「消費対象」が異なると位置づけられている。東園子は，大塚が「世界観」を「消費単位」と呼んだことに着目し，それを「物語消費」の特徴として位置づけ，それと対比する形で「キャラ萌え型の消費」をデータベース消費として整理した[1]。

　そのうえで東園子は，同じ「キャラクター志向の消費」であってもデータベース消費とは異なった女性独自の消費様式があるとし，キャラクターそのものに「萌える」のではなく，キャラクターの「関係性」に基盤をおく消費として「相関図消費」

---

1) 大塚（2004b）では，大塚自身が東浩紀の議論を整理し，東浩紀の議論と自身の議論の着眼点の違いを「世界観」と「キャラクター」にあったともしている。

という概念を提示している。大塚が「与えられた情報を一定の枠組みのなかで受け手に創作させていく消費の形式を「物語消費」と定義した」（大塚 2004b: 28）ことに着目して，それを「広義の物語消費」と呼び，「世界観消費・データベース消費・相関図消費は，この広義の〈物語消費〉の一形式として捉えられる」（東 2015: 174-5）というように相関図消費の上位概念としている。

　北田暁大（2017）は，自身の研究室で行った練馬区の若者への調査を用いて，東園子の相関図消費と東浩紀のデータベース消費の差異に着目した分析を行っている。そこでは東のデータベース消費を以下のように位置づけている。

> テクストクリティークにもとづき，メディアテクストを内容・物語定位的に受容する（一定の世界観と相関した物語的な奥行を求める）のではなく，キャラクターの断片的要素（萌え要素）を，それらの要素が蓄積されたデータベースから抽出し，それらを加工・編集するという非物語志向的な受容の様式に，ポストモダン社会の世界認識の特質を見いだす東の議論は，フィールドワークや歴史分析にもとづく社会学的研究によって継承されてきた。（北田 2017: 261）

　このように「データベース消費」の意義づけを行い，それを「歴史分析」や「フィールドワーク」に基づく社会学的研究が継承してきたと指摘したうえで，東園子の「相関図消費」の概念をデータベース消費と対比的に位置づけている。「断片的な萌え要素を表層受容するデータベース消費の枠組みのジェンダー限定性を指摘し，腐女子たちの共同性・関係性（リアル性），つまり人物相関図こそが重要な意味を持っていると指摘」（北田 2017: 269）したとして東園子の研究を評価したうえで，「二次創作を好む，あるいは表層受容を好むオタクたちにジェンダー差はみられるのか」（北田 2017: 269）という新たな問いを提示している。このように東の議論をキャラクターの消費とし，「物語定位的」な消費の仕方との差異を示している。

　ここまで東園子と北田の整理を概観してきたが，両者に共通している点は二つある。一つは東浩紀の「データベース消費」を中心に，そこから大塚の物語消費論が議論・再解釈されている点である。大塚の議論自体に対する解釈が直接行われているわけではないのである。

　もう一つは北田の議論に顕著であるが，「データベース消費」「物語消費」が現代の「受容の様式」として注目されていることである。ランダムサンプリングで分析可能な一定数の回答数を集めるという調査方法の都合上の限界もあるが，北田が質

問しているのは（スピンオフを含んだ）二次創作的な作品に興味があるかなどに関してである。北田の議論では「二次創作を好む，あるいは表層受容を好む」という形で，データベース消費や物語消費（と相関図消費）が受容に関する問題とされ，「二次創作を好む人々」（消費・受容）と「二次創作を作る人々」（生産）が区別されることなくこの概念が論じられている。だが，後述する大塚の議論において，既存の消費社会論と区別される特徴は，まさに「好む人々」と「作る人々」の関係の曖昧化をこそ主題にすることだといえる。

　二次「創作」という，通常は「生産」と位置づけられそうな行為に関して，「好む人々」と「作る人々」の間にあった断絶を意図的に読み替え，両者を「消費」として再定位する点にこそ大塚の議論の重要性がある。その問題を考えるために，実際に「物語消費論」の議論が提示された文脈とその論争過程を追っていくことで，それをあえて「消費」と呼ぶ意味を検討していきたい。

　この論点に関して，大塚が自身と東の議論の違いについて「東浩紀も「物語消費」から「データベース消費」へと恣意的に筋道を立てていますが，それはオタク業界のマーケティングの変化以上の意味はない」（大塚 2014: 55）と述べていることが重要である。大塚はまず，物語消費とデータベース消費の移行関係という東の議論に対して，その呼び方の違いや消費者としてのオタクが何を好むかは真の争点ではないとしている。さらに大塚は物語消費を「物語労働」（大塚 2012, 2021）と呼ぶべきものであったともいっている。これは物語消費論が消費論としてのみ語られてきたことへの違和を示すものであるが，それでもその当時あえて消費といったことにはどのような意味があったのだろうか。これらの発言の含意や両者の議論の関係を検討するためにも，大塚が当初これらの概念を使いだした文脈をみる必要がある。こうした点を踏まえてこそ，「データベース消費」や「物語消費」を北田や東園子の議論と異なる形で引き継ぐ方向を再考することにつながるのである。

　次節ではその前提として，アニメ文化などに関する二次創作活動を「消費」と呼ぶことについてどのような論点があるのかを整理することとしたい。

2 「創作」を「生産」と論じないこと

2-1 創作と呼ばれる「消費」

濱野智史は，東のデータベース消費という概念を利用し，二次創作の二次創作が行われるなど，どれが一次創作かが忘却されるほど，コンテンツが増殖するように

作られることに着目し，これを「N次創作」と呼称した（濱野 2008）。岡本健は，アニメファンの聖地巡礼行動についての自身の調査を分析するにあたり，濱野のN次創作の議論を応用している。岡本はこの議論が「情報通信技術を活用し，情報の編集，発信行動などを盛んに行っている主体」（岡本 2018: 52-3）としての 2000 年代後半のオタクを分析するうえで重要だとしている。ここではオタクの特徴を二次創作ではなくN次創作をする主体としたうえで，「創作」をより広い行為を意味する形で「オタクの情報の編集・発信行動」としてまとめている。しかしここで必要となるのは，「発信行動」と「創作」を等値とすることがいかにして可能かを考え，それが通常の創作と何が異なるかを分析することである。

　二次創作を考えるうえで重要な補助線となるのが七邊信重（2013）の議論である。七邊の議論においては，もっとも大枠の問いとフィールド調査で得られた個別的なデータの双方がどのように結びつくかが重要となる。七邊が提示する問いとは，当初は世界をリードしていた日本のゲーム産業の展開が，2013 年時点で他国に比べて伸び悩むようになってしまった原因は何かということである。その答えの一つとして，人材養成の場として存在していたアマチュアの制作とプロの制作の場が，次第に技術的・文化的に切断されてきている可能性が指摘されている。七邊（2013）の後半部で展開されるのが，コミックマーケットなどでの同人制作に携わる集団へのインタビュー調査とフィールドワークである。そのなかで明らかにされるのは「好きなことをやる」という理念と，それが経済活動的な側面をもってしまうことへの葛藤である。七邊は経済活動に結びついてしまうことへの忌避感がアマチュアの世界に浸透していることを，ブルデューの界の概念を用いて「同人界の論理」と名づけている。つまり，そこでは経済活動的に成功して「プロになること」をゴールとする理念が規範として否定されることがあるのである。それによりアマチュアからプロへとボトムアップするような回路がつながりにくくなる。同人文化が成熟した領域を形作っているからこそ，ボトムアップ的な志向をとりにくくなるといった逆説が示されているのだ。

　この議論は，二次「創作」が「消費」として語られてきたことの意味を考えるうえで重要である。二次「創作」を「消費」と呼ぶこと自体に，七邊が「同人界の論理」という言葉で表現したプロの企業文化と同人制作における創作の「切断」を志向するような理念が，あらかじめ含みこまれている可能性があるからである。つまり，「創作」行為と二次「創作」が明確に異なる領域であるという前提があることへの批判が，「二次創作」をあえて「消費」と呼ぶことのなかには含みこまれている。一次創作（「創作」）と二次創作（「消費」）を分断されたものとして記述することを可能にする意

味（同人界の論理の生成過程）をこそむしろ社会学的にはみる必要がある。その際に考える必要があるのが，必ずしもプロフェッショナルでない創作者の創作行為が他にどのような行為として呼ばれうるのかである。次節では何らかの生産活動を行うことが「趣味」と呼ばれうること自体の意味を問い直した研究群が近年注目されていることを指摘し，そうした議論をもとに本章で検討する論点の重要性を明らかにする。

2-2 「趣味」としての「創作」行為

生計を維持することを第一の目的とせず，継続的にコミットメントしてモノを作り続ける活動を，我々は一般に「趣味」「レジャー」（余暇）として論じてきた。もちろん，これらの概念は単に既製品を蒐集することや映像や音楽を鑑賞する行為までも含みこむものである。ただ近年日本国内に 90 年代の欧米のレジャースタディーズが輸入されていくなかで「シリアス・レジャー」という概念に注目が集まっている（国外での全体的な動向としては杉山（2019）のレビューを参照）。

代表的な論者である R. ステビンスの議論に絞ると，この概念は「労働」との関係のなかで意味をもつといえる。

ステビンスによると，シリアスレジャーは特に習熟を必要としない「カジュアル・レジャー」と区別されるものであり，そのポイントは「専門性」を楽しむことにおかれる。その「専門性」の楽しみ方は，その活動で生計をたてるプロフェッショナルがいる領域であるかどうかによって大きく変わることになる（Stebbins 1992）。さらにそこでの「シリアス・レジャー」の議論を基礎として，趣味的に労働にはまる「没入労働」に着目し，両者の境界（とそのつけづらさ）についても議論している（Stebbins 2004）。

こうした議論を日本で引き継いだ宮入・杉山編（2021）には，シリアスレジャーを鍵概念とする様々な論考が寄せられている。とりわけ第二部「シリアスレジャーに打ち込む人びと」では，自身の活動を労働とすべきであるのか，趣味とするべきなのかを葛藤しながらモノを生産したり活動を行ったりし続ける人びとの姿が様々な事例で描かれている。それでは，趣味と消費の関係はどのように記述しうるのだろうか。

制作活動を趣味活動にすることに着目する議論の一つとして，神野ほか編（2019）が存在する。そこでは「趣味」が「大量消費社会」と対置される形で定式化されている。「廉価な量産品が何でもそろう社会で，「あえて自分でものを作る」という行為は，生きていくために必須ではなく，趣味として位置づけられる」（神野ほか編 2019: 13）

ことになったという。ここでは「生きていくために必須」の生産活動と「あえて自分でものを作る」という趣味活動という区分が導入されている。そのうえでこうした素人の制作活動が女性では「手づくり」，男性では「工作」とジェンダー化して記述されるとともに国家体制と結びつけられるようになっていることに着目し，その境界のゆらぎまでも記述している。このように既存の商品があふれるなかであえて素人が創作に関わることは，しばしば「趣味」として記述することが可能なのである。

　以上で述べてきたように，二次創作のような行為は「趣味」とも「生産」とも記述可能であり，それがあえて「消費」と呼ばれることの意味が考えられる必要がある。こうした検討は「趣味」「消費」「生産（労働）」等の諸概念の関係を再整理することにもつながり，上記のような研究への接続可能性をもつ。その具体例として，二次創作を消費社会の一側面を考える重要な対象として位置づける大塚英志の議論の特徴を示し（第3節），それを引き継いだ東浩紀の議論と彼ら自身の著作をめぐる大塚と東の対談（第4節）に着目し，そこでどのような論理が用いられているかを論じたい。

3　大塚英志の「消費」論

3-1　消費概念としての「〈癒し〉としての消費」

　まず参考になるのは，大塚が物語消費以外にも消費概念を提示していることである。そこで物語消費とその他の消費概念の異同を検討することで，「物語消費」の特質を明らかにする。

　大塚英志の消費社会論における達成の一つに，日本文化の消費を「差異化のゲーム」とは異なる仕方で定式化したことがあげられる。大塚の議論の前提となるのは，日本社会は敗戦の経験によって自らの歴史（＝物語）から一度疎外されているがために，虚構のなかに物語を求めざるを得なかったという点である。大塚の議論のもう一つの特徴は，その疎外状況のために差異化に基づく記号的な消費とは異なる新たな消費が行われることにつながったというものである。

　こうした消費の特徴がよく表れているのが，大塚の「〈癒し〉としての消費」についての議論である。そこでは通常の消費といかに異なる形で議論が積み重ねられたのだろうか。

　大塚は「〈癒し〉としての消費」を論じる前置きとして以下のように語っている。

まず，〈モノ〉でさえあれば何でもよかった敗戦直後の特異な時代。そこには消費すべき〈モノ〉が根源的に欠乏していた。〔…〕戦後の経済復興の中でとりあえず欠乏の充足が終わると，次に浮上するのが〈便利〉という消費パラダイムである。〈モノ〉に過剰なまでの機能的進化を要求したのが言うまでもなく高度成長の時代であり，それが70年代初めのオイルショックを契機に破綻したことで，〈モノ〉に記号としての価値を求める〈差異化〉が消費パラダイムとして採用される。（大塚 1991: 301）

この整理自体は「欠乏」「機能」「記号」という形で論じられているように，消費社会論の教科書的な整理である。しかし，重要なのは大塚が「〈癒し〉としての消費」と呼んでいる消費はこの第三の〈差異化〉の局面の「極限」と位置づけられていることである。

80年代の末にわれわれが体験しえたのは，この三つ目のパラダイムにおける極限の消費社会だったといえる。しかも今，この〈差異化〉による消費パラダイムに従って生きることに消費者は明らかに疲れている。それでもなお，われわれの消費社会あるいは経済システムを維持していくには新たな枠組みのもとに消費行動が再統合されていなければならない。入浴剤などのセラピー型商品は，その過渡期に成立したものとして位置づけられる。（大塚 1991: 301-2）

つまり，差異化に基づく記号的な消費という枠組みとは区別される何者かとして「〈癒し〉としての消費」は論じられているのである。大塚は消費社会について論じる際，しばしば「ライナスの毛布」の比喩を用いる。ライナスとはアメリカの人気コミック「ピーナッツ」に出てくるキャラクターであり，いつも肌身離さず毛布を持っている。ライナスは心理学において幼児の移行対象とよばれるものを大人になってからも多かれ少なかれ持ち続けている何者かの喩えであり，大塚は毛布の代わりとなる移行対象として消費を位置づけている。差異化ではなく，差異化への疲れに対する「癒し」として大塚は消費を位置づけているのである。

3-2 「二次創作」と物語消費

物語消費論は，「〈癒し〉としての消費」論の延長として捉えられる。例えば大塚（1991）は「〈癒し〉としての消費」を消費社会の最後の局面としており，そのなかの一部で物語消費論と同一の議論が収められている。これらは物語消費論から展開

した議論の一つとして位置づけることができる。両者ともに断片的な連載に書下ろしを加えてまとめたものであり，時系列としては『物語消費論』（大塚 1989）刊行から1年程度あとの連載が『〈癒し〉としての消費』（大塚 1991）に収録されている。

　だが大塚自身は「〈癒し〉としての消費」という概念をそれ以降書籍に掲げることはない。一方で物語消費は繰り返し書籍として書き直され，再検討されている（大塚 2004b, 2012, 2021 等）。「〈癒し〉としての消費」よりも「物語消費」が問われ続けたのはなぜだろうか。

　重要なのは，大塚が差異化のゲームに夢中になった「新人類」と「おたく」との類似性と差異について別の場所で行っている議論にみられる論点である。そこでは「新人類」と「おたく」の最大の差異として，既存の商品の組み合わせで自己を表現できたのが「新人類」であり，そうではなく独自の市場を作り出さざるを得なかったのが「おたく」だということが挙げられている（大塚 2004a）。「おたく」が独自の市場を形成し維持するうえで重要となったのが，既存製品を差異化するような消費ではなく，自分たちの市場のなかで創作物自体が作られ続けることであったのである。

　以上が物語消費論の重要性を指摘する背景だが，この概念が一躍注目を集めることになる要因は，事例の選択にもある。

　大塚が取り上げたのは，ビックリマンチョコという，おまけのシールが封入されたチョコレート菓子である。ビックリマンは，それ自体では物語性をもたず，その向こうに設定＝大きな物語がなければ消費の継続のしようがない不思議なコンテンツとして，物語消費の一つに位置づけられているのである。重要なのは，これを事例として，作品の消費形式と二次創作という実践をつなげているそのやり方である。ただランダムに描かれたキャラクターとしてではなく，ビックリマンの世界観に属するキャラクターとして我々がそれらをまとまりをもったものとして認識し，喜んでビックリマンチョコを買う（そしてそのチョコレート本体を捨てる）のは，その設定を認識しているからである。なかでもその「設定」に違背しない限りにおいて，次から次に新たなキャラクターが「ビックリマンのキャラクター」（小さな物語）として投入が可能になっているという仕組みが重要であるとする。

　そうした整理のうえで，公式の企業と無関係な誰かが設定に依拠しつつそっくりな絵柄で，新たなキャラクターを加えたとしたら，それは「ビックリマンのキャラクター」になりうるかを問うのが，物語消費論で出された事例である。この世界観・設定をそのまま抜き出す行為が「同人誌」などでみられる二次創作だと位置づ

けているのである。そこでは生産者は見た目上存在せず，「〈商品〉を作ることと消費することが一体になってしまう」（大塚 1989: 24）という事態につながるという。そこでは製作者の地位はどこにおかれるのだろうか。

　こうした消費が成り立つ前提として，我々が物語を強く求めていることが議論される。物語と共同体の分離が進んだのが近代社会であり，そこで人びとが物語を無限に求めるようになったことを以下のように指摘する[2]。

> 　〈物語〉への過剰なニーズは〈物語〉と〈共同体〉の分離の結果起きたものであり，この決して満たされない仕掛けからなる〈物語〉への飢えが〈物語ソフト〉の複製や流通の技術の進歩と結びついて（あるいはそれを半ば促して）今日の，個人の消費のキャパシティを超える量の〈物語ソフト〉の氾濫という事態を生んだのである。（大塚 1991[2001]: 27）

　このように人びとの物語への希求が「技術」と結びつき，消費財として物語が氾濫したことを説明している。しかし，これは「〈癒し〉としての消費」の主題の一つとして物語が選ばれ，消費され続けることのメカニズムを説明したものにすぎない。重要なのは，物語消費論はその延長上にある別の段階として説明されていることである。

　物語消費は，「パッケージされた〈物語ソフト〉ではもはや消費者が満たされないことを消費者自身が察知することで顕在化」（大塚 1991[2001]: 27-8）するという。それはとりわけ二次創作という媒体が氾濫することで顕在化する。「自然発生的な〈物語消費〉であったといえる，コミックマーケットに於ける〈やおい同人誌〉は「キャプテン翼」や「聖闘士星矢」といった人気まんが家を〈世界〉として読者が共有することで，各自が自らの〈趣向〉としての物語を自作のコミックによって創出したものである」（大塚 1991[2001]: 32）としている。このように「自作のコミック」を作ることは，共有された同じ「世界」を読者それぞれが自らの「趣向」として表出するという意味で，「生産」ではなく「消費」に属することになっている。

　そのうえで大塚はさらに，「〈物語消費〉を誘発させる側，すなわち〈物語マーケティング〉を仕掛ける側に必要なのは消費者を回収する場であり，同時に消費者が〈物語〉る場である〈世界〉を準備することが前提となってこよう。〔…〕〈世界〉が

---

2)「物語消費論の基礎とその戦略」（1991）。本テキストは「世界と趣向——物語の複製と消費」（『小説 tripper』2001（夏季）：34-39）に収録され，その後『定本 物語消費論』（2001）にも再録された。

定まれば〈趣向〉は無数に出てくるように〈物語ソフト〉ビジネスにとって重要なのは〈世界〉作りである」（大塚 1991［2001］: 33）としている。

　ここで明確に「物語マーケティング」を仕掛ける側（＝製作者）と「〈物語る〉消費者」に分けられている。ここでの「製作者」は「パッケージ」の製作者（＝原作者）に限らない。コンテンツ制作者も同じ〈世界〉のユーザーの側に位置づくのであれば容易に消費者の側に区分されるのだ。つまり，物語消費論において提起されたもっとも重要な点は，我々が「生産者」としてではなく「消費者」であるまま物語を「作ってしまう」「仕組み」があるという点である。

　物語消費論の議論で重要なのは，上位の「製作者」が「世界観」を販売し，それに従って「消費者」が物語を生産し続けるようなマーケティングが現実に行われているという指摘である。ここでは「消費者」の意味の拡大（同人誌の作家やアニメを機械的に作り続ける多くのアニメ製作者などを含んだ人びとを含むこと）と「生産者・製作者」の意味の限定（設定・世界観を作る側になること）が同時に行われており，そのなかでマーケティングをする，より大きな「製作者」がいるという図式を表した「作り手の種明かし」本だと自ら位置づけている。この点以外はむしろ消費者を主題として論じた「〈癒し〉としての消費」の一事例を示したものだったのだ。

4　「物語消費」と「製作者」

4-1　「物語消費」と「データベース消費」

　これまでに明らかにしてきたことは以下の2点である。

　1点目は，物語消費という概念は大塚の消費社会論においては中心に位置する消費概念ではなく，また「〈癒し〉としての消費」の一事例でもあったことである。だが，のちに大塚自身によって何度も振り返られるのは物語消費論であった。このことは消費の問題に還元されない独自の議論が大塚にとって存在していたことを意味する。

　2点目は，他の消費概念と異なる物語消費論の特別な位置は，「製作（生産）者／消費者」という概念の組み換えにあり，その組み換えを前提とした新たな「マーケティングの論理」の浮上を指摘したという点にある。そうした大塚の物語消費論が一躍大きな注目を集めることになったのは東（2001）の議論をきっかけとする。後続の議論の評価は別として，東自身は大塚の議論の位置を明確に理解していた。例えば以下のような記述からもそのことがわかる。

第1部

第2部

第3部

> 大塚によれば，オタク系文化においては，個々の作品はもはやその「大きな物語」の
> 入口の機能を果たしているに過ぎない。消費者が真に評価し，買うのはいまや設定や
> 世界観なのだ。とはいえ実際には，設定や世界観をそのまま作品として売ることは難
> しい。したがって現実には，実際の商品は「大きな物語」であるにもかかわらず，そ
> の断片である「小さな物語」が見せかけの作品として売られる，という二重戦略が有
> 効になる。大塚はこの状況を「物語消費」と名づけた。二次創作というシミュラーク
> ル[3]の氾濫は，その当然の結果に過ぎない。(東 2001: 50)

　このことから東自身は，個々の作品は二次的なものにすぎず，「世界観を売ろうと
して」「断片を通して売ること」という「二重戦略」が物語消費の勘所であり，その
当然の結果として「世界観について語ること」＝「二次創作」が生まれると正確に
位置づけている。そのうえで「動物化した時代」をそれとの対比で以下のように説
明している。

> 小さな物語の背後にありながら，もはや決して物語性をもたないこの領域を，大塚の
> 「大きな物語」と対比させて「大きな非物語」と呼びたいと思う。『エヴァンゲリオ
> ン』の消費者の多くは，完成したアニメを作品として鑑賞する（従来型の消費）ので
> も，『ガンダム』のようにその背後に隠された世界観を消費する（物語消費）のでもな
> く，最初から情報＝非物語だけを必要としていたのである。(東 2001: 62)

　では，大塚の物語消費論の達成が製作者／消費者概念の変容にあるとし，また
物語（＝設定）の製作者以外は物語を作らされる側であることを論じたマーケティ
ングの暴露だという大塚の議論に従うのであれば，ここで東のいう「物語（＝世界
観）を求めない」消費者の浮上とはどのように理解可能だろうか。製作者のいない
物語制作の仕組み，すなわち「総消費者化」したまま物語が半ば自動的に作られ続
ける仕組みを議論したものであるはずであり，そうした仕組みを可能にするテクノ
ロジーに注目しているのである（東 2002-2003）。

4-2　大塚と東の議論のもった意味
　ここまでの整理で，東と大塚のデータベース消費／物語消費をめぐる対立のもつ

---

3) コピーのコピーのことであり，ボードリヤールの議論等でしばしばみられる（Baudrillard
　1976=1982）。

意味について一定の理解が可能になった。大塚と東の消費をめぐる対談は，この争点を中心に行われた。大塚は，東の議論における総消費者化を消費者が「作り手を想定できないだけではないか」という形で問題化する。この事態が世代的なものだとしたならば，「消費者である世代」が「製作者もいる世代」に端的に搾取されてしまうのではないかと問題提起する。

> 東：（前略）オタク系文化だって同じことをやっていて，広告で「買いなさい，買いなさい」と言って購買意欲を煽るような戦略は少ないわけです。というか，そういう仕掛けはたいてい失敗する。むしろ大事なのは無意識に行われる刷り込みみたいなものでしょう。〔…〕そうなってしまうと，何に対抗すればいいのか，きわめて曖昧になる。これはオタク系文化だけの問題ではなく，社会全体に言えることだと思います。
>
> 大塚：『物語消費論』では，データベースの概念みたいなものは未分化だったわけです。つまり，まんがやアニメの業界で言うような世界観と，東くんが言うような純粋なデータベースと，マーケティングとして引っかけていくような経済システムとが，ぼくのなかでは割と不可分なものとしてあったわけ。理屈では分けたほうが説明しやすいけど，やっぱり不可分なのね。
> だけど君の言うように今の読者の消費者が純粋な意味でのデータベースに関する解読能力は異様に特化しているにもかかわらず，その背後にありありと透けて見えている権力システムは見えないとなると，実作者の立場からすればすごく都合がいいことになる。（大塚・東 2008: 22-3）

ここでは権力の主体（＝製作者）がいることを意識するか否かこそが，課題として挙がっている。大塚によれば，製作者が自らの存在を不可視化されたまま世界の仕組みを仕掛けることができることは，無限に両者の関係を固定化できることを示唆している。

だが，反対に東はこの世界観を仕掛けたところで消費者の側の合理的な判断のなかではそれほど大きな権力を発揮できないのではないかと反論する。そのうえでシステム側の整備を志向するのが東の立場であり，人びとは時に消費者であり，時に人間的に振る舞うべきであるというように議論を組み立てていく。両者の違いは，生産者／消費者という区分をどこまで認めるのかといった問題だといってよい。

近年大塚が角川とドワンゴの合併に強い違和感を示し（大塚 2014），同時に角川の

もっていた製作者としてのイデオロギー性（大塚2017）に着目しているのはこうした文脈で理解できる。「世界観」自体の巨大な仕掛け手が登場することで物語消費論における製作者が一元化することへの危惧があり，東の動物化論に対して行った，「総消費者化」のなかで角川という巨大な「製作者」が現れることへの批判である。このことからもわかるように，大塚は製作者が世界観を作る側であることを指摘する一方で，その製作者は入れ替わり可能かつ育成が可能なものであるべきだと考えているのである。そのことが「マーケティング」の告発として物語消費論を描いた意味であり，大塚が近年の著作において，設定にそって作品を描きつつ，そのなかで作家性を発揮することを目指す教育を行っていることもこうした議論の延長で理解できる。

　東のデータベース消費に関しては東自身が後続の議論のなかでそれが様々な事例に当てはまるという形で議論を拡張させていった。だが，重要なのはそうした「表層的な解釈」を中心とする消費がなされているかどうかではなく，どこまでを作者とみなし，どこまでを消費者とみなすのかという区分に着目することであるはずである。

5　物語消費論の射程再考

　本章では，東浩紀のデータベース消費と大塚英志の物語消費という二つの議論について，とりわけ当初もっていた文脈と両者の差異に着目してきた。

　大塚の議論を確認したとき，まず消費概念として，物語消費とは異なる「〈癒し〉としての消費」があることを確認した。それに比して大塚の物語消費論に着目したときにそれは二次創作を「消費」と呼び変えていくことの操作のなかに勘所があることを明らかにした。なかでも「製作者」と「消費者」を独自に区分しなおしたことを主要な論点としていることを確認した。

　そのうえで東は，大塚がいった「製作者」概念が現在において意味をなしていないのではないかという形で議論を開始し，「製作者」なき「生産」を可能にする「技術」について論じている。こうした議論を踏まえると，「消費者集団」を記述する議論としてのみデータベース消費・物語消費論を論じることは問題があり，生産構造を踏まえたうえでこれらの議論を継承することにこそ議論の意図と可能性があることがわかる。

　それは「消費者」と「製作者」の関係を再考することであり，それらの配置を変える「技術」の関係も射程に収めた議論であったのである。たとえばこれは文化産

業論の基礎となるような議論へと接続する。文化産業論に否定的だったようにみえるアドルノの文化産業論を再読するなかでその可能性を指し示すのが片上（2018）の議論である。「産業」「娯楽」「技術」をそこでの読解のカギとしており，そうした議論と隣接した課題に接続しうるのである。こうした議論を引き継いだものとして永田・松永編（2020）等のプログラムの可能性がある[4]。

　それでは第2節第2項で問題にしたように，「二次創作」が「趣味」ではなく「消費」と呼ばれたこと自体が受け入れられたのはなぜか。そこには「製作者／消費者」の区分がなくなるという議論がありつつも，消せない一つの線の存在を意味する。この問題には，創作活動によって収入を得て生計を立てられるかどうかということとは別様の軸が存在するのである。

　大塚が「世界観の制作者」として挙げているものをしばしば「版権者」としてあげていることが重要になる。花房真理子らが第2節で述べた岡本の議論を批判的に検討しながら，聖地巡礼のフィールドワークのなかで明らかにしているように，N次創作が次々に生み出される状況下では，誰が作り手で誰が受け手であるかが曖昧になっている一方で，法律上では原作を元にした創作行為は常に可能性としては「著作権の侵害」となりうるのであり，そういった問題をどうにかこうにか乗り越えることが「創作活動」のなかに含まれているのである（花房・熊坂 2017）。このように二次創作文化が「趣味」よりも「消費」として受け入れられやすいことには，「趣味」（アマ）と「労働」（プロ）という軸では十全に拾うことのできない「権利者とは誰か」という区分線の存在が抜きがたく存在していることが関連しうるのである[5]。

　こうした議論を踏まえたうえで，素人の消費者とプロの製作者の関係を問題とするようなアマチュアリズムの議論（→第2節第2項）と，こうしたオタク文化と呼ばれる文化領域の何が共有しえて何が共有しえないのかということは検討に値する。それには，まんが・アニメ文化をめぐる具体的でローカルな実践記述が必要となる。

　同時に物語消費の元来の概念が忘却され，文化社会学などで用いられる際に単純な「受容」「消費」としての側面が強調されていったことの理由も，ファン研究の受

4）東の議論では彼の立論が社会学的な視点ではなく「表象」を対象に入れたものであったことが注目に値する。東は「技術」「消費者」「生産者」という非常に社会学的な視点を念頭に置きつつも，作品分析では「表象」に焦点を当てていることは重要である。「表象」が投げかける問題としてこの「二次創作を消費と呼ぶような事態」を捉えるのが東（2007）での議論であった。

5）こうした「版権者」「権利者」「製作者」などの諸概念の区別について，大塚自身はより大きな議論につなげようとするあまり，十分に区別をしていない。これらの概念がもつ特性の分析については今後の課題としたい。

容という問題やオタクという消費者としての主体像に注目が集まったこととの関係
で知識社会学的課題となりうる。

【初　　出】
本章は，以下の論文に加筆修正したものである。永田大輔, 2022,「「二次創作」はいかなる意味で「消
費」であるのか──大塚英志の消費論を中心に」『日本研究』65: 319-335.

【引用・参考文献】
東園子, 2015,『宝塚・やおい，愛の読み替え──女性とポピュラーカルチャーの社会学』新曜社.
東浩紀, 2001,『動物化するポストモダン──オタクから見た日本社会』講談社.
東浩紀, 2002-2003,「情報自由論」『中央公論』中央公論新社.
東浩紀, 2007,『ゲーム的リアリズムの誕生──動物化するポストモダン 2』講談社.
大塚英志, 1989,『物語消費論──「ビックリマン」の神話学』新曜社.
大塚英志, 1991,『〈癒し〉としての消費』勁草書房.
大塚英志, ［1991］2001,「物語消費論の基礎とその戦略」『定本 物語消費論』角川書店.
大塚英志, 2004a,『「おたく」の精神史──一九八〇年代論』講談社.
大塚英志, 2004b,『物語消滅論──キャラクター化する「私」，イデオロギー化する「物語」』角川
　　書店.
大塚英志, 2012,『物語消費論改』アスキー・メディアワークス.
大塚英志, 2014,『メディアミックス化する日本』イースト・プレス.
大塚英志, 2017,『日本がバカだから戦争に負けた──角川書店と教養の運命』星海社.
大塚英志, 2021,『シン・モノガタリ・ショウヒ・ロン──歴史・陰謀・労働・疎外』星海社.
大塚英志・東浩紀, 2008,『リアルのゆくえ──おたく／オタクはどう生きるか』講談社.
岡本健, 2018,『アニメ聖地巡礼の観光社会学──コンテンツツーリズムのメディア・コミュニケー
　　ション分析』法律文化社.
片上平二郎, 2018,「愉しいアドルノ──「文化産業論」における「娯楽」と「技術」の可能性」『応
　　用社会学研究』60: 123-33.
北田暁大, 2017,「動物たちの楽園と妄想の共同体──オタク文化受容様式とジェンダー」北田暁大・
　　解体研『社会にとって趣味とは何か──文化社会学の方法規準』河出書房新社, pp.261-313.
神野由紀・辻泉・飯田豊編, 2019,『趣味とジェンダー──〈手づくり〉と〈自作〉の近代』青弓社.
杉山昂平, 2019,「レジャースタディーズにおけるシリアスレジャー研究の動向──日本での導入に
　　向けて」『余暇ツーリズム学会誌』6: 73-82.
永田大輔・松永伸太朗編, 2020,『アニメの社会学──アニメファンとアニメ制作者たちの文化産業
　　論』ナカニシヤ出版.
花房真理子・熊坂賢次, 2017,「権利侵害を肯定しない旅行者たちのアニメツーリズム──富山県南
　　砺市を事例に」『文化政策研究』11: 41-62.
濱野智史, 2008,『アーキテクチャの生態系──情報環境はいかに設計されてきたか』NTT 出版.
七邊信重, 2013,「ゲーム産業成長の鍵としての自主制作文化」東京工業大学博士学位論文.
宮入恭平・杉山昂平編, 2021,『「趣味に生きる」の文化論──シリアスレジャーから考える』ナカニ
　　シヤ出版.
Baudrillard, J., 1976, *L'échange symbolique et la mort*, Paris: Gallimard.（今村仁司・塚原史訳, 1982,
　　『象徴交換と死』筑摩書房.）
Bourdieu, P., 1992, *Les Règles de l'art: genèse et structure du champ littéraire*, Paris: Seuil.（石井洋
　　二郎訳, 1995-96,『芸術の規則Ⅰ・Ⅱ』藤原書店.）
Stebbins, R. A., 1992, *Amateurs, professionals, and serious leisure*, Montreal: McGill-Queen's
　　University Press.
Stebbins, R. A., 2004, *Between work & leisure: The common ground of two separate worlds*, New
　　Brunswick: Transaction Publishers.

第4章

サラリーマン雑誌の系譜学

戦後日本の「中間文化」

谷原 吏

1 サラリーマンと「教養主義」

　戦後日本において，典型的な成人男性のイメージとして前景化した「サラリーマン」——漠然としたイメージとして誰もが知っている言葉である。本章では，「サラリーマンたちは何を読んできたのか」を歴史資料から観察することを通じて，彼らを取り巻いた知の変容を明らかにする。サラリーマン層は，「家族の戦後体制」（落合 2004）[1] の一角を担い，戦後の急速な経済発展を支えた主体の一つであるし，サラリーマンを取り巻いたマスメディアは戦後隆盛してきた。本章はそうしたメディアを正面から扱うことにより，社会における彼らの立ち位置の変遷を見透かしていこうという試みである。

　メディア史研究においては従来，若者を対象としたサブ・カルチャーやポップ・カルチャーに関する研究，およびエリート層を対象とした教養主義の研究が蓄積されている。加藤秀俊（1957）の言葉を借りるならば，前者は『平凡』等の大衆雑誌によって担われた「大衆文化」，後者は『中央公論』や『世界』等の総合雑誌によって担われた「高級文化」にあたる。一方で，高級文化と大衆文化の中間に位置する「中間文化」を担う読書行為に関する研究は少ない。中間文化は，加藤が中間文化論を提唱した昭和 30 年代当時においては，「総合雑誌的な高尚な志向と娯楽一辺倒の精神とのすぐれた妥協がある」（加藤 1957: 9）週刊誌によって担われた。そしてその主な読み手は，当時「新中間層」として注目されつつあったサラリーマン層であった。戦後日本の急速な経済成長を支えたのは彼らであったことを鑑みると，こ

---

1) お母さんは主婦，お父さんはサラリーマン，子どもは二人，そして三世帯同居という，アニメ「ちびまる子ちゃん」の一家を想像させる戦後日本の典型的な家族体制（落合 2004）。

れまで等閑視されてきた彼らサラリーマン層を取り巻くメディア史を探究することは，戦後メディア史のより豊かな理解につながると考えられる。

　数少ない関連研究として，牧野（2012, 2015）が挙げられる。牧野は，自己啓発書や，雑誌『プレジデント』の誌面を分析することにより，サラリーマンによる知の参照形式が，いかにして今日的な自己啓発につながっているかを検討した。自己啓発書も『プレジデント』も大きな発行部数を有し，無視できない媒体である。しかし，これらは比較的エリート層を対象とした媒体であり，再検討の余地がある。本章では，大衆としての平均的なサラリーマンを取り巻いた知を検討する。

　なお，「サラリーマン」を厳密に定義づけることは操作的にならざるを得ないため，本章においてはあまり意味をなさない。むしろ，資本家でも労働者でもない存在として，その多様さを一括りにして同時代の資料に記述されていることに意義がある（高橋 2001: 17）。本章の関心は，各時代における「サラリーマン」の社会的位置を明らかにすることにあるので，あえて「サラリーマン」を明確に定義づけることは控える。資本家でも労働者でもない中間的な存在として外縁を定めずにイメージしていただければ幸いである。

　そもそも，「サラリーマン」とはいつから言われ出したのか。話は大正末期から昭和初期に遡る。メディア上に現れる「サラリーマン」という表現で最初期のものは，彼らによる組合「サラリイメンス・ユニオン（S.M.U.）」である（Kinmonth 1981=1995: 264-5）。この組合は，第一次世界大戦期の物価騰貴に対応するための増俸運動をきっかけとして，大正 8（1919）年に発足した。当時の彼らは何を読んでいたのか。図 4-1 をご覧いただきたい。

図 4-1　『中央公論』昭和 3（1928）年
9 月号の裏表紙に掲載された三越の広告

　図 4-1 は，総合雑誌『中央公論』の裏表紙に掲載された三越百貨店の洋服の広告である。スーツを着たサラリーマンが描かれている。総合雑誌とは，当時の教養ある知識人が読んでいた論文集のような雑誌である。我々はここから二つのことを読み取ることができる。第一に，当時のサラリーマンは，総合雑誌が読者対象として想定するような知識人であったということ。第

二に，デパートで洋服を買うような豊かな消費者であったということ。当時の大卒者はごくわずかに過ぎず，大学を出て，背広を着て会社に通勤するサラリーマンは人びとの憧れであった。戦後，中間文化の担い手となったとはいっても，時代によって彼らの社会的位置は異なる。戦前は，少数エリートとしての側面が強かったのである。

　また彼らは書籍を購入して古今東西の教養を摂取する主体でもあった。それを促進したのはいわゆる円本ブームであった。大正末年から，文学や社会科学等の古典的名著を月一円で購読できる円本が発売された。サラリーマンの生活水準の向上を目指した雑誌『サラリーマン』昭和4年5月号および11月号に掲載された，複数の職員層家庭の家計実例からは，月収100円以下という余裕のない状況においても，複数の円本を購入している事実が確認される。月収85円の東洋製鉄社員は，円本や岩波文庫本は「絶体絶命の心的食糧」とまで述べている（永嶺 2001: 224-6;『サラリーマン』2(5): 68, 2(11)）。通常の書籍より安価であり，古今東西の古典的名著を体系的に網羅している円本全集は，読書行為により知識人としての矜持を保とうとする職員層にはうってつけのメディアだった。

　以上のように，総合雑誌や円本を通じて古今東西の教養を摂取するサラリーマンおよびサラリーマン予備軍としての大学生の姿は「教養主義」と呼ばれ，すでに多くの研究が蓄積されている（筒井 1995; 竹内 2003 等）。本章ではこれ以降，特に戦後のサラリーマンが「何を読んでいたのか」を明らかにすることによって，彼らの社会的な立ち位置を見透かしていきたい。

2　サラリーマンと週刊誌

　戦前におけるサラリーマンを取り巻くメディアは，第1節で述べた通り，教養的な要素が強いものであった。『中央公論』等の総合雑誌は，サラリーマンやその予備軍としての大学生を対象読者としていたし，サラリーマン自身も，スーツを着て月給をもらうというエリートとしての矜持から，多少の無理をしてでもこれらの教養的な読み物を所望したのである。

　戦後においてサラリーマンの読物になったのは週刊誌であった。昭和30年代は週刊誌ブームの時期であり，その後半には月刊誌の発行部数を上回っていた（図4-2）。そしてその主な読み手はサラリーマンであった（週刊誌研究会編 1958: 165）。社会学者の加藤秀俊はこの点に着目して中間文化論を提唱する。当時のサラリーマ

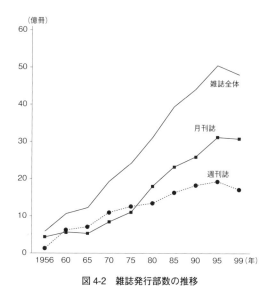

図 4-2　雑誌発行部数の推移

注：部数は推定　資料：『出版指標年報』より作成　出典：藤竹（2000: 167）より引用

ンにとっての週刊誌の機能について加藤は次のような見立てを述べている。

　　通勤の途上，週刊誌をパラパラとめくって時の国際問題，政治問題についてのダイ
　　ジェストをいちおう常識として詰めこんでおくことは知識人としての興味を満足させ
　　るし，映画物語やゴシップ，流行語などを仕入れておけば，同僚との「話題」にこと
　　欠かない。〔…〕とりたてて高級とはいえないが，そうかといって下品ではない，そう
　　いった線で中間層はその知的プライドを満足させる（加藤 1957: 19）。

　加藤のこの直観的考察はデータによっても支持されている。京都大学を中心と
した週刊誌研究会が昭和 32 年に大阪のサラリーマンを対象として調査を行ってい
る。サラリーマンによる雑誌の購読状況については図 4-3 の通りである。他の雑誌
に比べて，週刊誌がよく読まれていることを示している。週刊誌の購買動機として
は，「教養とか常識を豊かにする」が，「通勤の電車や汽車の中での退屈しのぎ」に
次いで第 2 位にあがっている（週刊誌研究会編 1958: 185）。同研究会が行ったデプス
インタビュー調査のなかで，インタビュイーの一人は週刊誌を読む理由について次
のように語っている。

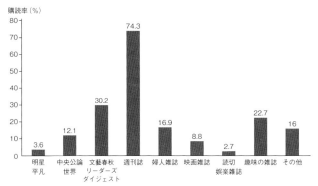

図 4-3　サラリーマンによる雑誌の購読状況（n=331）
出典：週刊誌研究会（1958: 180）より筆者作成

よそへ出て人と接することが多いので，交際をスムースにするためにも話題のタネが
必要なものです。だから週刊誌を読みます。（週刊誌研究会編 1958: 213）

　当時，背広を着た「新中間層」としてのサラリーマンはまだ全労働者のうち 15％
程度であったこと（田沼 1957）を踏まえると，知識人としての矜持を未だ保ちつつ，
教養主義的な姿勢を維持していたのである。週刊誌研究会は調査の結果を受けて次
のように分析している。

　　彼らは常識主義の文化の中に，職場やアソビ市場で他人と同調しつつ生きねばならな
　　い。また自己の地位を守ってホワイト・カラーの権威を保つためぜひこの種の知識が
　　必要である。これを平易に広くダイジェスト化して提供してくれるのが週刊誌である。
　　（週刊誌研究会編 1958: 202）

　同時代には，新書や全集もブームとなっており，竹内はこの年代の中間文化につ
いて，「戦後の大衆教養主義」と評価している（竹内 2003: 203）。ただし週刊誌には，
新聞や月刊の総合雑誌とは異なり，独特のジャーナリズムがあった。うわさレベル
のものでも，ニュースバリューがあると判断すればすぐに記事化し，読者の興味に
訴えかける。既存のニュースについても，独特の人間くさい編集をする，つまりセ
ンセーショナリズムの要素が強いのである。特に，「人間くささ」は週刊誌の戦略で
あり――週刊誌研究会はこれを「ヒューマンインタレスト」と呼ぶ――，『週刊朝
日』元編集長の扇谷正造は次のように語っている。

> 雑誌は，なるべく人間くさく，ということが，読ませるコツである。そうすれば，もっ
> と読者が親しむのであり，親しめばしめたもので，読まれる第一歩である。(週刊誌研
> 究会編 1958: 139)

　この点において週刊誌の教養は，戦前において総合雑誌が展開した教養とは明らか
に異なるものであった。すなわちこの年代においてすでに，雑誌購読という観点から
いえば，サラリーマンたちは，かろうじて「知的プライド」を保っていたにすぎない。
　週刊誌のセンセーショナリズムを重視する特性の延長にあったのが出版社系の週刊
誌である。週刊誌分野では，取材ルートをもっている新聞社系の週刊誌が先行してい
たが，1950 年代末には出版社系の週刊誌も創刊され部数を伸ばす。出版社系の週刊
誌は，新聞社系の週刊誌に比べ，大衆娯楽性が強く，事件を読物に仕立て上げるイエ
ロージャーナリズム的な手法が得意であった (浅岡 2017: 138-45)。また，サラリーマン
を対象読者として強く意識していた『週刊現代』の編集長は次のように述べている。

> 〔引用者注：昭和〕40 年ごろですね。世の中に高度経済成長というバックグラウンド
> があって，生活を向上させようという意欲が強かった。ですから，うちも給与の話と
> か職場の人間関係の話を中心に，どんどんいきました。(朝日新聞社編 1976: 42-3)

「給与の話とか職場の人間関係の話」といった，より即物的な話題に焦点があてら
れるようになってくるのである。明確な転機となったのは 1970 年代末における月
刊誌の創刊ブームである。雑誌のセグメント化が進み，総合的に情報を載せるので
はなく，特定の層を対象に特定の情報を発信する月刊誌が多く創刊され，週刊誌の
発行部数を上回る (図 4-2)。そうしたなかで，サラリーマン向けに特化した雑誌も
部数を伸ばした。そしてそのなかには必ずしも教養を扱わない雑誌も含まれていた。

3　サラリーマンと月刊雑誌：1980 年代という転換点

　1970 年代末から進んだ雑誌のセグメント化のなかで，牧野 (2015) が扱った
『will』および『プレジデント』はエリート層を対象読者とし，歴史上の偉人の成功
譚から学ぶという教養的要素の強い記事を中心に据えていた。これらの雑誌に焦点
を当てるならば，80 年代においても未だ知識人的な知の編成は生き残っていた，と
いう結論になろう。それに対して本章では，別の雑誌に着目する。発行部数の点か

ら考えて，80年代半ばにおいて約70万部という，サラリーマン向けの雑誌のなか ではもっとも発行部数が多い『BIG tomorrow』（以下『Bt』と表記する）の存在を無視 すべきではない[2]。毎日新聞社が毎年実施している「読書世論調査」における「好 きな月刊誌」項目において，男性回答者に限定すれば，『Bt』は『プレジデント』と 並んで80年代を通して上位に位置している。両誌は，サラリーマン向けの雑誌の なかで人気の双璧をなしていたのである。同調査によると，『プレジデント』が40 代以上の管理職層に読まれていたのに対して，『Bt』は20代の若手事務職層に読ま れていた傾向がある。本章は，1980年代に『Bt』が人気を得た点に，サラリーマン を取り巻く知の編成の変容，およびその現代への連続性を見出していきたい。

　『Bt』は，モノに関する情報を扱った雑誌との差別化を図り，「人間情報誌」を掲 げ，人付き合い，仕事術，金儲け，女性の口説き方等に関する実用的な観点から，若 者の一日の体験を情報化するということをコンセプトにしていた（植田 1986: 203-4）。 編集長の西村真は，創刊準備にあたって20代の若者に行ったアンケートから，対象 読者として「"話し相手がいない""何をしていいか分らない"という，悩みを秘め た孤立した若者たち」を想定する（斎藤 1980: 92）。そして「人間関係のトレーニン グ不足の青年が異次元の世界へ飛び込んで壁にぶつかった時に必要な情報。それを 網羅して提供」することを雑誌の目的とする（1984年8月3日付『読売新聞』）。日本 経済新聞 1985年5月29日付朝刊に見開き2頁にわたって掲載された青春出版社の 広告には次のように記載されている。

> モノをカタログ的に羅列したり，小綺麗な生活モデルを列挙してみても，実際に社会 の中で人間関係に悩みながら向上していこうとしている若い人たちには，真の意味で リアリティをもつことができません。どうしたらもっとよく生きられるか，そのため にはどう考えたらよいか。実践的なHOW TOの情報だけが，ライフスタイルを超え て受け入れられるのです。

　同誌の発行所である青春出版社の創業社長である小澤和一は，一時期の売れ行き 不振を経て，「ためになる，すぐ役立つ情報と知識こそ，社会が求めている最大公約 数だ」という出版コンセプトをもつに至っており，『試験にでる英単語』をはじめと する数多くのベストセラーを世に出していた（塩澤 2003: 578）。

2）本章で雑誌の発行部数に触れる時は，すべて『雑誌新聞総かたろぐ』（メディア・リサーチ・セ ンター）で公表されている発行部数を用いる。

　こうしたねらいから同誌は，「ためになる，すぐ役立つ情報と知識」として，職場の処世術を誌面の中心に据える。たとえば以下のような記事タイトルが典型的である。

- こんな吸引話術は誰も知らない。すぐ成績がのびる　好かれるしゃべり方嫌われるしゃべり方（1983.9）
- 相手を自分のペースに引きずり込む　「オレの魔術言葉」入門（1984.6）
- 行動心理学を応用したら，相手の腹が全部わかってしまう「ビジネス読心術」（1985.5）
- 苦手な相手でも3分間で思い通りに動かせる　山梨医大・渋谷助教授の心理説得法（1986.11）
- 「同期入社の出世グループを分析してわかった昇進に絶対必要な，この極秘ワード」
  ——横山教授（帝京女子短期大学）の心理話法の秘密法則（1987.12）

　このように，具体的な話法や，「○○術」と言われるような対人関係の処世術が頻繁に語られていた。『will』『プレジデント』における歴史を題材とした教養知とは異なる，即物的な知としての処世術が誌面に展開されていたのである。具体的な記事の中身を見てみると，たとえば，「ただ努力だけしてもウダツが上がらない　この「根回し術」を知ったら遊んでいても認められる」と題された記事は，

　　能力もある。熱意もある。仕事だって人一倍しているのに，なぜか認められない人がいる。それに対して，さして努力もしていないのに，なぜかやることなすことウマくいき，評価される人がいます。この両者の差は，いったいどこにあるのでしょうか。（1985.8: 46）

というリード文から始まり，仕事をスムーズに進めるための「根回し術」という処世術を具体的に紹介している。また，

　　「一所懸命なのに少しも報われない」「楽をして評価されている奴がいる」この差は，「相手の心をつかむことができるかどうかで違ってくる」と断言する人がいます。〔…〕努力ではなく，相手をいい気分にさせていかに乗せるか。それが結果につながると確信しました。（1987.7: 97）

という経験談から始まるこの記事は「相手をうまく乗せて味方につける人心コントロール法」というタイトルである。こつこつとした努力ではなく，技術的な処世術を駆使して評価されようとする意図がうかがえる。そしてその際に頻繁に参照された知見は，通俗的な心理学であった。上記引用記事（1987.7）の副題は「成功した人間だけが知っているつき合い心理術」である。さらに，特に「米国」という権威付けを利用した記事が目立った。たとえば次のような記事タイトルである。

・全米ビジネスマンの人気をさらった超ベストセラー　内向人間をたちまちセールス
　NO1 にした「クラインク氏の付き合い実験データ」（1985.5）
・アメリカで人気爆発のつき合い学システム術　人付き合いってこんなに楽しいもの
　か「ニーレンバーグ博士の愉快な心理訓練」（1986.7）
・心理学を応用した瞬間話法の威力　全米の一流企業が続々と採用！「会って 4 分間
　で相手があなたに惚れ，言う通りに動くエルシー博士の心理マジック」（1987.8）。

　こうした点において同誌は，2000 年代以降盛んに指摘されるようになる「心理主義」（森 2000）の先駆けであったと位置づけることが可能である。加えて，同誌のもう一つの柱となっていたのは，性に関する情報であった。いかに女性を口説くか，いかに「モテる」かということを扱った記事が少なからぬ誌面を占めていた。そこにはもはや知識人としての矜持はみられない。教養主義の衰退の帰結がこの雑誌に表れていたのである。

　以上のような誌面の展開は，編集部による一方的なものではなく，読者とのコミュニケーションの産物であった。同誌は，読者との双方向性を強く打ち出し，編集部直通の電話番号「HOTLINE」を毎号表紙に大きく掲載していた。この直通電話には，一日に 50 件から 60 件も電話が入ったという（植田 1986: 203）。西村は「〈ホットライン〉は本誌の情報の生命線である。ここに入ってくる読者の声は，そのまま紙面に掲載されたり，特集のテーマになったり，先生方への執筆依頼の材料になったりする」と述べており，同誌の売りにしていたことがうかがえる（西村 1989: 25）。このように「HOTLINE」は『Bt』の核となる部分であり，創刊から 2010 年まで，同名の読者投稿欄を設けていた。紙幅は 5 〜 6 ページにすぎないが，雑誌内での位置づけは大きなものであり，同誌を購読していた人びとの反応についての貴重な資料となるだろう。読者投稿欄では，ほぼ毎号職場の人間関係に悩む読者の声が掲載されており，次のような投稿が散見された。

同僚に，イヤでイヤで仕方ないやつがいます。〔…〕私より良い大学を出ているのが頭にあるため，私がよかれと思ってするアドバイスにも，まるで頷きません。〔…〕いちばん頭に来るのは，能力もないくせに，リーダーをやってるんですよ。(1984.6: 84)

また，創刊号から 1982 年 10 月号までは，「上役を斬る！」と題された，上司に対する愚痴や告発専門の投稿欄も設けられていた。「職場の人間関係に悩む若者」という表象が，メディア・コミュニケーションにおいて成立していたのである。そうした意味で，対人関係の処世術という即物的な知は読者のニーズに応えたものであった。

4 1990 年代以降の動向

1990 年 10 月の株価暴落を契機として，バブル経済が崩壊する。そして日本経済は「失われた 10 年」と呼ばれる時代に入っていく。こうした状況を受けて，「HOTLINE」においても，労働条件の悪さを嘆く投稿が急増する。

ある空調会社の下請け外注社員として働いて，もう 3 年になるのにさ。給料が 1 円も上がんないのよ。〔…〕部長にも直訴してんだけど，全然反応なくてさ。"バブルがはじけちゃって……"とか理由くっつけてゴマかそうとすんだよな。(1992.12: 88)

このような厳しい雇用状況下において，『Bt』は，もはや社内で出世して昇給を目指すのではなく，会社に依存しない副業や投資などを選択肢として提示し始める。たとえば次のような記事が散見されるようになる。

・汗を流さないで，誰にでもすぐできる 1 日 1 万円稼ぐ方法（1993.6）
・本業以外で月 12 万円！！サラリーマン向けバイト＆副業 40（1998.4）
・あぁ憧れの利子生活者を目指そう！（1998.10）
・会社人生からの抜け出し方──これがナイスな選択だ！（1996.7）
・サラリーマンを辞めて自由に暮らそう（1995.6）

もっとも，80 年代的な処世術も一定の紙幅を占めており，90 年代の『Bt』は，処世術情報からマネー情報への過渡期であったと考えられる。しかし同誌は 90 年代

において一貫して発行部数を減少させる。

　一方の『プレジデント』は90年代においても基本的な方針は変わらず，歴史上の人物の成功譚を特集していた。未だ立身出世物語を語っていたのである。ただし，90年代半ばからはリニューアルを模索し始める。90年代後半は，教養としての歴史という要素は薄らぎ，テレビの大河シリーズに紐づけた特集や，時の人や会社に密着した記事が多くなる。この変化について1997年時点の編集長神田久幸は次のように語っている。

> このままだと5年後，10年後を考えたとき，若い年代に関心をもたれなくなると……。〔…〕歴史上の人物をとりあげるにも，いまとり上げる必然性がないと，なかなか納得してくれないわけです（苦笑）。毛利元就や徳川吉宗など，テレビの大河ドラマにひっかけているのも，読者に評判がいいからです。〔…〕人物の表紙はインパクトがあり，〔…〕歴史上の人物だけですと回顧主義ととらえられ，若い読者をつかめない。そこで97年1月号から，国民的に知名度があり，タイムリー性のある人物で飾るようにしました。(塩澤 1997: 72-3)

　同じ年齢層を対象読者にするにしても，世代の違いを意識するようになるのである。方針転換の結果部数を落とし始めた『Bt』とは異なり，基本的な方針を維持した『プレジデント』は発行部数を落とすことなく維持する。「読書世論調査」においても「読んだことのある月刊誌」項目において上位を保ち，変わらず男性中高年層に厚く支持されていたことが読み取れる。一方の『Bt』は，同ランキングから姿を消す。

5　2000年代におけるビジネススキルの一般化

　2000年代に入り，『Bt』は本格的にマネー情報が中心になる。2005年に刊行された12刊をみると，11刊が目次トップ記事に投資や副業等のマネー情報を掲げている。たとえば次のような記事タイトルである。「少ない元手で，いま最も速くお金が殖える方法研究」（2005.3），「ネットを使って副収入月50万円を稼ぐ！」（2005.6），「サラリーマンが1000万円貯めるための「3大投資法」」（2005.7），「月に収入が8万円UPする「最新副業」」（2005.8）。

　特にIT技術の普及に伴い関連する言説は一層盛んになり，「いまやインターネットひとつで家にいながらにしてお金を得ることができる時代」（2000.8: 45），「いまの

仕事だけでは収入増が見込めない。そんな人におススメなのがネットでの副業！自宅で気軽にできて，時間の拘束も少ないネットビジネス。あなたも始めてみませんか？」（2006.4: 75）という語り口で，アフィリエイト等の IT を駆使した副業の有用性が繰り返し語られる。投資情報が一層盛んになる背景にも，IT 環境の整備により，情報収集や取引が簡単に行えるようになったことが挙げられる。「いままでの株式投資は，ある程度の資金と投資経験が必要でした。ところが手数料自由化とインターネットの出現で，若い人でも気軽に株式投資を楽しめるようになったんですよ」（2000.4: 96）という語りが頻繁にみられるのである。

　リーマン・ショック後には，「リーマン・ショック後の新・お金を殖やす人の「賢い仕組み」のつくり方」（2008.12）という特集が組まれ，「日本の景気後退は確実で，給料が上がることは当分ないでしょう。そんな時代を生き抜くためには，給料以外の収入源を確保するしかありません」（2008.12: 12）というリード文で，マネー情報が紹介される。

　不況でもう会社には期待できない，お金持ちにはなれない，しかし副業や投資がある，という論理は，90 年代の不況期における語り口の繰り返しである。しかしこのようにマネー情報誌に全面的に転換した結果，『Bt』は部数を大幅に落としてしまう。2005 年には 10 万部を下回り，2018 年 1 月号をもって休刊する。サラリーマンの需要はそこにはなかったのである。

　90 年代から 2000 年代にかけての『Bt』の変化は，いかに解釈できるだろうか。1991 年に小澤和一の後を継ぎ社長に就任した小澤源太郎は，2000 年代においても，実用的ですぐ役立つ情報の提供という会社のコンセプトを堅持していることを語っている（塩澤 2000）。これを踏まえると，2000 年代の同誌にとっては，処世術よりも副業や投資の方が，実用的ですぐ役立つ情報であったのであろう。記事の語り口から，その背景には二つの要因を見出せる。第一に，少なくとも同誌の編集陣は，不況のためもはや会社内での昇給は難しいと認識していたこと。第二に，IT が普及することにより，副業や投資という選択肢がサラリーマンにも身近になったことである。こうした考察からわかることは，少なくとも西村編集長が去った後の編集陣にとっては，処世術は収入増のための手段でしかなかったということである。だからこそ，副業や投資のような，より楽に収入を増やせる（ように見える）他の方法があればそちらに切り替えることができたのである。しかし，同誌が衰退していった事実を鑑みるに，サラリーマンは，処世術に関する言説を「すぐ役立つ」という理由だけで需要していたわけではないことが推察される。その証左として『プレジデント』の成功がある。

『プレジデント』は 2000 年 3 月号を境に誌面構成をリニューアルする。歴史特集をほとんど行わなくなり，具体的なビジネススキルを中心に扱うようになる。記事を執筆する人物の肩書は，心理学者やコンサルタントが多くを占めるようになる。この変化について，2012 年から 2019 年まで編集長を務めた鈴木勝彦は次のように語っている。

> 2000 年の頃，当時の編集長は「記事を作るにあたって，テーマは半径 5 メートル以内に落とせ」というように言って作っていました。要するに「そのテーマがその人にいかに関係しているか，ということが分かるような形でテーマ設定する」ということです。〔…〕いま，わたしたちの間でよく言われているテーマがあって，ひとつは「お金」，もうひとつは「心理学」。そしてさらにひとつが「ビジネススキル」なんです。要するに自分自身の問題をテーマにしていることが多い。これは時代の必然なんだろうと思っています。（産業能率大学総合研究所 2016）

　牧野（2012）が明らかにしたように，同誌が啓発する能力の中核には自己モニタリングと自己コントロールへの志向があり，それを技術化するのが記事の基本姿勢である（牧野 2012: 200-5）。同誌は「「仕事ができる人できない人」は，そのまま「自己管理ができる人できない人」でもあるのだ」（2001.1.1: 46）という形で自己研磨への志向は維持しつつ，頻繁に取り上げられる EQ（心の知能指数）の特集などで，心理学的知見を用いて自己コントロールやその延長としての対人関係能力を研磨することを推奨する。それは技術化され，「実証「話し方」」（2005.8.1）といったように，ハウツーを語る特集が頻繁に組まれる。こうした特集では「〔…〕好かれる話し方，無理が通る説得法の秘密を心理学が解明。あなたの話がうまく伝わらない理由は，性格でも相手との相性でもなく「スキルの問題」だ」（2005.8.1: 48）というリード文の下，説得法等の具体的な技術が紹介される。牧野（2012: 203-4）でも引用されている，次の一節は象徴的である。

> 自分の仕事や思考，信じるスタイルを「技化する」ことをおすすめしたい。〔…〕たとえば「自画自賛」。本来はあまりいい意味の言葉ではないが，末尾に「力」をつけただけで単なる自慢とは違うポジティブな意味を帯びてくる。〔…〕自分の得意なことや癖を四字熟語を使って際立たせ，自己を認定してしまうのである。いわばキャッチフレーズだ。自分のこととはいえ，自分の心を把握するのは難しい。まして他人からはわかりにくい。それならばいっそ言葉によって枠をつくり，その曖昧模糊とした心に，

分かりやすい形を与えてしまおうというのである。(2005.7.18: 84-5)

　『プレジデント』は，「○○力」という形で，あらゆるビジネス上の技能をスキル化し，それを身に付けるためのハウツー雑誌になるのである。そこには「心」に形を与え「技化する」という心理主義の作法が明確に認められる。そしてもはや歴史上の偉人の人格面を見習うという記事はほとんどみられなくなる。その結果，雑誌全体の部数が低迷している現在においても，約 20 万部弱の発行部数を維持している。記事タイトルや特集タイトルは次のようなものが散見される。80 年代の『Bt』を洗練させたかのような様相である。

- ・対話で必ず業績を上げる技術（2003.7.14）
- ・最新！言葉のテクニック（2006.2.13）
- ・「人がついてくる人，こない人」の行動心理学（2008.12.1）
- ・社内外で「株を上げる」風評マネジメント（2011.8.1）
- ・人に好かれる言い方（2013.6.3）
- ・なぜか周りが味方になる「ミラクル心理学」24 の黄金法則（2014.11.3）
- ・人を動かす　すごい心理学（2016.5.30）

　2000 年代は，『プレジデント』に限らず他のビジネス雑誌等も，対人関係能力を中心にビジネススキルを扱うようになった年代である。大宅壮一文庫のデータベース[3] によると，大項目「サラリーマン」・中項目「サラリーマン一般」・小項目「交際」に分類される記事の数は，80 年代が合計 227 件，90 年代が合計 345 件であったのに対し，2000 年代は合計 1,165 件と大幅に増加している。この増加には，『プレジデント』の方針転換が大きく寄与しているが，他にも，経済情報中心だった『週刊ダイヤモンド』，総合情報誌である『AERA』や『SPA!』が，対人関係に関する記事を頻繁に扱うようになったことが寄与している。そしていずれの雑誌言説においても，やはり心理学知が援用されている。これらの雑誌は対象読者の年齢層がそれぞれ異なることを踏まえると，そうした内容は年齢層を超えて広く受け入れられていることがうかがえる。以上を踏まえると，2000 年代においては，教養主義は語られなくなった

3）1987 年までのデータについては『大宅壮一文庫雑誌記事索引総目録』（1985）および『大宅壮一文庫雑誌記事索引総目録: 1985-1987』（1988）を用いた。1988 年以降のデータについては『Web OYA-bunko 教育機関版』を用いた。

一方で，ビジネススキルの研磨を志向する言説はむしろ顕在化しているといえる。

　ここで注目したいのは，青春出版社という非エリート層向けのメディアで語られていた処世術という即物的な知が，洗練されながらも，90 年代以降，『プレジデント』というエリート層をターゲットとしたメディアに乗り，他のサラリーマン向け雑誌にも波及していったことである。「メディアはメッセージである」(McLuhan 1964=1987) というテーゼを踏まえるならば，即物的な知を乗せたメディアがこのような変容を辿ったことは，そういった知の社会における位置価が変容したことを意味する。つまりビジネススキルという知は，80 年代には非エリート層のものであったが，現在では階層を超えてサラリーマン向けの知として一般化したことがうかがえる。

6　サラリーマンの新たな「知」

　以上のように，サラリーマンを取り巻く知は，人文社会的な知を求める教養主義から，過渡期を経て，即物的なビジネススキルの知に変容した。これは，サラリーマンが時代とともに大衆化していったことと無関係ではないだろう。現在普及しているビジネススキルは，戦前の総合雑誌に掲載されていたような人文社会系の知や，1980 年代の『プレジデント』が特集していたような歴史学的な知とは異なる。一方で両者は，自己研磨という枠組では共通している。ただその形式として，心理学をベースにしたビジネススキルが教養知にとって代わったのである。サラリーマンを取り巻く知は，彼らの上昇アスピレーションを鼓舞し，その受け皿になりながら，彼らの大衆化に合わせてその形式を変容してきたのである。

　上記のような現象は，「心理主義」の流れのなかに位置づけることができよう。日本の近現代史を通じて，サラリーマンが「知」を求める存在であったとするならば，現代的な心理学知も，彼らにとっての「知」となっていると考えられる[4]。人文社会系の知をベースにした「教養主義」とは異なり，心理学知には利用可能性の契機が色濃くみてとれる。すなわち，大衆化されたサラリーマンは，実生活で利用可能な「知」を所望しているのである。ここに，サラリーマンという主体の社会における位置の変遷がみてとれないだろうか。

　つまり，かつては，サラリーマンはエリートとしての矜持をもち，「教養を読む」

---

4) ただし，サラリーマン向けの雑誌で紹介される「心理学」が，科学的な文脈における「心理学」の世界でオーソライズされているわけではない。その意味では，「通俗心理学」(牧野 2007) と呼んだほうがよい。

という行為を通じて他の階層（労働者層や農民層）との差異化を図っていた。一方，現代においては，サラリーマンは，サラリーマン同士でまなざし合い，差異化し合っているのである。そのための手段であり，目的となっているのが心理学的な「知」をベースにしたビジネススキルであると考えられる。サラリーマンという「中間的存在」が互いに差異化し合う，こうした様相が現代の「中間文化」には表れているのである。

【引用・参考文献】

浅岡隆裕, 2017,「高度経済成長の到来と週刊誌読者——総合週刊誌とその読者であるサラリーマンを中心に」吉田則昭編『雑誌メディアの文化史——変貌する戦後パラダイム　増補版』森話社, pp.129-62.

朝日新聞社編, 1976,『週刊誌のすべて』国際商業出版.

植田康夫, 1986,「ヤングに挑戦する生粋の雑誌職人」『政界往来』52(5): 200-11.

落合恵美子, 2004,『21世紀家族へ——家族の戦後体制の見かた・超えかた 第3版』有斐閣.

加藤秀俊, 1957,『中間文化』平凡社.

斎藤精一, 1980,「80年創刊雑誌の評判と売れ行き」『創』10(9): 86-93.

産業能率大学総合研究所, 2016,「インタビュー特集　プレジデント社編集長鈴木勝彦氏」〈https://www.hj.sanno.ac.jp/cp/feature/201612/02-02.html（最終確認日：2022年7月28日)〉

塩澤実信, 1997,「ビジネスマンのエレガント誌『プレジデント』編集長神田久幸氏」『政界』19(6): 72-5.

塩澤実信, 2000,「塩澤実信のベストセラー仕掛人に迫る 固定観念を捨ててつかんだ "名企画の心得"——ゲスト（株）青春出版社代表取締役社長 小澤源太郎」『政界』22(1): 78-82.

塩澤実信, 2003,『出版社大全』論創社.

週刊誌研究会編, 1958,『週刊誌——その新しい知識形態』三一書房.

高橋正樹, 2001,「「社会的表象としてのサラリーマン」の登場——戦前俸給生活者の組合運動をどう見るか」『大原社会問題研究所雑誌』(511): 16-30.

竹内洋, 2003,『教養主義の没落——変わりゆくエリート学生文化』中央公論新社.

田沼肇, 1957,「日本における「中間層」問題」『中央公論』72(14): 195-207.

筒井清忠, 1995,『日本型「教養」の運命——歴史社会学的考察』岩波書店.

永嶺重敏, 2001,『モダン都市の読書空間』日本エディタースクール出版部.

西村真, 1989,「読者と結ぶ〈ホットライン〉」『新刊展望』33(6): 25.

藤竹暁, 2000,『図説 日本のマスメディア』NHK出版.

牧野智和, 2007,「通俗心理学について社会学的に考える」『社会学年誌』(48): 87-101.

牧野智和, 2012,『自己啓発の時代——「自己」の文化社会学的探求』勁草書房.

牧野智和, 2015,「「実務インテリ」から今日的自己啓発へ——『中央公論経営問題』『Will』の分析」『現代思想』43(6): 167-83.

森真一, 2000,『自己コントロールの檻——感情マネジメント社会の現実』講談社.

Kinmonth, E. H., 1981, *The self-made man in Meiji Japanese thought: From samurai to salary man*, Berkeley: University of California Press.（広田照幸・加藤潤・吉田文・伊藤彰浩・高橋一郎訳, 1995,『立身出世の社会史——サムライからサラリーマンへ』玉川大学出版部.）

McLuhan, M., 1964, *Understanding media: The extensions of man*, New York: McGraw-Hill.（栗原裕・河本仲聖訳, 1987,『メディア論——人間の拡張の諸相』みすず書房.）

第5章

「仕事で自己実現」を語ることは
いかに可能になるのか

日経連『能力主義管理』を事例に

井島 大介

1 経営者が自己実現を語る社会

　経営者はしばしば自らが仕事を通して自己実現をしようとするだけでなく，従業員にもそれを求める。たとえば大手製造小売業の経営者は，従業員採用について以下のように述べている。

　　——年明けに全国紙や業界紙で求人の全面広告を出したが，その効果は。
　　「正直，採用までに至らなかった。応募者は多数あったが望んでいた人とは違った。『役員十名，部長二十名，課長二十名……を，採用します』といった広告がいけなかった。役員や部長という役職を希望する人が集まってしまった。本当は，こんな仕事をしたい，こんなことができるといった自己実現を図ろうという人材が欲しかった。改めて募集しなおすつもりだ」（『日経流通新聞』2000.3.14）

　このように，経営者が従業員に仕事を通した自己実現を求めることはそれほどめずらしいことではないし，われわれもそれを特に不思議に思わないだろう。しかし自己実現のようなきわめて個人的であるはずの問題を，経営者が従業員に求めるというのは考えてみれば少し奇妙である。なぜ経営者は従業員に仕事を通して自己実現することを当然のように求めることができるのだろうか。そして，なぜわれわれはそのことを不思議に思わずにいられるのだろうか。

　このような疑問を抱いてあらためてこの新聞記事を見て気づくことは，経営者が自社の採用活動の結果について「自己実現」を理由として説明するとき，そのことは他のどのような理由によっても正当化されていないということである。ここでこ

のように指摘するのは，なにも経営者が従業員に対して仕事を通した自己実現を求めることには正当性がない，といいたいからではない。そうではなく，ここでいいたいのは，正当化の必要がないほどにわれわれは経営者が従業員に自己実現を求めることを自明視できるということである。

このように強固な自己実現をめぐる自明性は，しかし，それほど古くからあったものではなかったと考えられる。日本企業において仕事を通して自己実現するという発想が広く知られるようになったきっかけの一つは日本経営者団体連盟（日経連）というかつて存在した経営者団体[1] が 1969 年に発表した『能力主義管理』（日経連編 1969）[2]（以下「同書」ともいう）にあったことが知られている。たとえば人事労務管理制度の教科書は同書を「能力主義管理の理念として，企業における経済合理性と人間尊重の調和を掲げ，仕事を通した自己実現をめざすべきだという価値観を明確にした点も画期的であった」と評価している（藤村 2015: 264）。

そうであれば同書は，いまだそのような価値観が日本企業で一般的ではなく，経営者が従業員に仕事を通した自己実現を求めることも現在のように自明視できなかったと考えられるなかで，それを行った初期の事例だといえるだろう。それでは同書はどのようにして，そのような要求を正当なものとして行うことができたのであろうか。

本章では，仕事と自己実現をめぐる現在のわれわれの経験が可能になる条件の一つとして，経営者がそれを従業員に求めることがいかに可能になったのかを，『能力主義管理』という初期の事例から考えていく。

2 『能力主義管理』を通して社会を見る方法

2-1 日経連の『能力主義管理』という資料[3]

日経連は，経済団体連合会（経団連），経済同友会（同友会），日本商工会議所（日商）と合わせてかつて「財界四団体」と呼ばれていた団体の一つである。経団連が「財界の総本山」，その会長は「財界総理」と呼ばれていたのに対して，日経連は「財

---

1) 日経連は 2002 年に，当時の奥田碩が会長職を兼務していた経済団体連合会（旧経団連）に統合されて日本経済団体連合会（現経団連）となった。
2) 本章では『能力主義管理』（日経連編 1969）から多くの引用を行うため，同書からの引用については煩雑を避けるためにページ数のみ記載することとする。
3) 本項は黒田（2018），藤村（2015），八代ほか編（2010），間（1997），日本経営者団体連盟（1981）を参照。「労働力不足」「資本自由化」については黒田（2018: 14-5）が特に詳しい。

界労務部」と呼ばれ財界のなかで労働運動対策を担っていた。

　日経連が設立された1948年4月は，敗戦後のGHQ占領下で日本の民主化が進められ，財閥を中心に企業から経営者が「公職追放」される一方，他方では労働者たちが直接「生産管理」を行う企業がみられるようになる労働組合優勢の時期であった。これに対して労働組合からの経営権奪還を掲げて経営者たちが設立したのが日経連であった。このような設立経緯から，労働組合の力が強かった時期には「闘う日経連」として労働運動に真正面から対抗する姿勢をとったが，1950年代に入り労働運動が敗戦直後のような勢いを失うと，次第に直接的な労働運動対策から春闘での経営者への情報提供へ，さらに1960年代以降はアメリカの経営哲学の紹介をするような教育研修活動へと，その活動の軸足を移していった。

　このような活動内容の変化が生じたあとの時期に発表された『能力主義管理』は，一般的にはそれ以前の職務給路線を断念し，その後日本企業に広く取り入れられることになる，職能資格制度を軸とした職能給路線への転換を決定づけたものとして人事労務管理史上で重要視されてきた。すなわち，1960年代初頭からの日経連は賃金の近代化を目指し，アメリカを模範とした職務給を日本企業に導入しようとしていた。しかし，職務の困難度や責任に応じて賃金を支払う職務給の導入には，膨大な時間と労力をかけた「職務分析」と，それらの相対的価値を決める「職務評価」が必要となるにもかかわらず，技術進歩が早まり次々と新技術が導入されだすようになったことで，職務内容の変化に分析が追いつかなくなっていった。さらに自分の決められた仕事以外も手伝う日本企業での働き方と合わず，また働かせ方の面でも仕事によって賃金が変わることで配置転換に支障をきたす事態が生じるようになっていった。これらの事情から，結局，日経連は職務給導入を断念することになる。

　こうして職務給に代わる新しい制度を研究すべく1966年10月に日経連内に立ち上げられたのが，各産業主要21社の人事担当部課長からなる能力主義管理研究会であった。当時，直前には「証券不況」があり，さらに「資本自由化」と中長期的な「労働力不足」も迫ってきており，経営者たちはそれまでの高度経済成長を支えた条件の喪失に強い危機感をもっていた。このような時代背景のなかで人事労務管理のあり方を検討したこの研究会が，その成果として発表したのが『能力主義管理』であった。

2-2　制度を通して社会を見るという方針と分析方法

　このような日本の人事労務管理制度の画期となった『能力主義管理』で，経営

者が従業員に仕事を通した自己実現を求めることがいかに正当化されたのかを検討していくために，同書に関する先行研究の議論を確認して，本章の作業方針を定めておこう。ここでは，同書についての近年に至る研究群（梅崎 2010; 田中 2019など）で，重要な先行研究として参照され続けてきた石田光男（1990）の議論を確認する。

　石田は「能力主義管理」のような制度が成立した理由を労働力不足や資本自由化といった経営環境の変化で説明する従来の議論は，人事労務管理の合理化・効率化が生じた理由の説明にはなっていても，それが能力主義によって行われねばならなかった理由は十分説明していないと批判する（石田 1990: 45）。この観点から石田が注目したのが「公平観」である。石田は賃金体系や労使関係の違いが「そこで働く人びとが何をもって納得するのか」の違いに起因するものだと考え，国や時代によって異なるルールを，そこに生活し労働している人びとの欲求や価値観との関係から捉えるという研究方針を掲げた（石田 1990: 24）。そしてこのような研究方針に従って，『能力主義管理』における具体的な制度を可能にした人びとの規範意識である「公平観」，石田の表現では「フェアネスの日本的なるもの」を明らかにする研究を行おうとしたのである。

　このような，制度を可能にする規範の解明を目指した石田の研究は，経営者が従業員に仕事を通した自己実現を求めることを，当時，どのような価値観に訴えかけて正当化しようとしたのかを考える本章にとっても，分析方法を考えるうえで指針となりうるものだろう。しかし石田の研究は方法論的観点からこれまで批判されてきた。たとえば梅崎修（2010: 63）は，評価・賃金制度の変化を日本に固有の公平観に近づく過程として描く石田の議論について，分析が明らかにするはずの公平観を所与の前提として，日経連の資料が次第にそれとの距離を縮めていくことを示すようなものになっており，石田が本来目指したはずの，当事者間の相互作用によって公平観が「生成」する過程を示すという点で不十分なものになったと批判する。それは，資料を分析以前に提示される公平観を取り込んで反映するだけのものとして扱い，公平観を生成するものとしては扱っていないという，資料の扱い方に関して行われた批判だともいえるだろう。

　それでは，当事者間の相互作用によって公平観を生成するものとして資料を扱うにはどうすればいいのか。このような課題に取り組もうとするときに参考になるのが資料を，そこに書かれていることによって理解可能であるもの，すなわちテクストデータとして扱うテクストのエスノメソドロジー（EM）である。岡沢亮はテク

ストのEMについて，「テクストを社会現象の表象として扱うのではなく，テクストにおいていかなる活動がいかなる概念連関に依拠して行われているのか」を分析するものだと説明する（岡沢 2022: 540）。通常，書かれたものはその外部にある社会現象の表象として扱われる。たとえば新聞記事は，記事の外部で生じている出来事を写し取ったものであり，すなわち社会現象の表象だと考えられる。それに対してテクストのEMでは，書かれたものはそれ自体において何らかの活動が行われているものとして扱われる。新聞記事であれば，記事の外部で生じている出来事を写し取ったものではなく，記事において報道という活動を行うものだと考えられる。

このような考え方は奇妙なものに感じるかもしれないが，方法論的に批判される石田の研究が本来行おうとしていたことも，実はこのような考え方と通底するものであった可能性がある。石田は「"能力主義"的な経営理念の確立過程」として日経連の資料を時系列で並べて，それらを「公平観それ自体の組み替えを提起した」ものと評価した（石田 1990: 47）。それは，各資料において「公平観」がより能力主義的なものへと「組み替え」られていった点に注目しようとするものであり，すなわち，各資料をそのような「組み替え」の活動を行うテクストデータとして扱おうとするものだったと考えられる。そうであればテクストのEMは，石田の研究に向けられた方法論的批判に応答し，その方針を実現しうるものとして，『能力主義管理』が人びとを納得させるために行った正当化の方法を明らかにしようとする本章の分析においても有効なものになると考えられる。

それでは，テクストのEMでは具体的にどのように分析作業を進めるのだろうか。岡沢は，「概念分析の社会学」（西阪 2001; 前田 2008; 酒井ほか編 2009）が行ってきた「規範的な概念連関」への注目を促す。つまり，ある概念が他の特定の概念と結びつくことで，行為や出来事の理解の仕方を定めるという概念連関の規範的性質を手がかりとして，書き手がテクストで行っている活動を明らかにしようというのである（岡沢 2022: 542-3）[4]。

このような議論から本章の問いは，以下のような作業方針に従って検討できるものであることがわかる。すなわち，『能力主義管理』において経営者が従業員に仕事を通した自己実現を求めることが正当なこととして理解できるようになるとき，書

---

4) たとえば，家庭でのトラブルを抱えた人物の死を記述するときに，そう記述できるのに「事故死」ではなく「自殺」という概念を用いてそれを行うならば，「事故死」と結びつく「原因」ではなく「自殺」と結びつく「理由」を問題とすることで，その人物の家族への非難という活動になることがある。このとき，「自殺」には「理由」がある（べき）という規範が参照されていることがわかるだろう。ここでの例は西阪（1997）と前田（2008）を参考にした。

き手はどのような概念連関を手がかりにして正当化の活動を行っていたのかを検討することによって，経営者がそのような要求を行うことを自明視できるようになる条件を明らかにする。

　次節からの分析では，このような作業方針に従って，多くの先行研究が『能力主義管理』について論じるときに注目してきた同書第1章「「能力主義管理」の概念」の議論において，「企業における経済合理性と人間尊重の調和を掲げ，仕事を通した自己実現をめざすべきだという価値観」（藤村 2015: 264）を提示することが，どのような概念連関を手がかりにして可能になっていたのかを検討していく[5]。

3　「意欲」評価を正当化する「効率」

3-1　「効率」が正当化する「能力」評価

　それでは，まず第1節「能力主義管理の定義」の議論を確認しよう。この節はタイトルの通り以下のような定義から始まる。

> **能力主義管理**とは，労働力不足・賃金水準の大幅上昇・技術革新・開放経済・労働者の意識の変化など，経済発展段階の高度化にともなうわが国企業経営をめぐるきびしい環境条件の変化に積極的に対応して，従業員の職務遂行能力を発見し，より一層開発し，さらにより一層有効に活用することによって**労働効率**を高める，いわゆる少数精鋭主義を追求する人事労務管理諸施策の総称である。(52)〔以下，引用部の**太字**は著者〕

　ここで注目すべきなのは，「能力主義管理」が「労働効率」に結びつけられている点である。同書は「能力主義管理」という新しい制度を提案するという課題に取り組むものであり，「能力主義管理」は説明される対象である。その「能力主義管理」が「労働効率」と結び付けられているなら，「能力主義管理」が「労働効率」によって正当化されているといえるだろう。

　同様のことは第1節後半で行われる「画一的年功制」見直しの議論でも確認できる。年功制について，その過去と現在を対比させて，かつては「わが国経済・企業」の「発展をもたらした」ものであったのが，環境が変化した現在では「わが国

5）本章の分析を行ううえで，酒井泰斗氏（ルーマン・フォーラム）主宰のデータセッションにて参加者の議論から様々なヒントを得た。また，仁平典宏氏（東京大学大学院），産業・社会学研究会参加者から助言を受けた。記して感謝する。

企業・経済のいっそうの発展にとってむしろカセとなる面が目立つようになってきた」(54) という議論は，年功制を「わが国経済・企業」の「発展」によって（非）正当化するものだといえるだろう。

　このように第1節で行われているのは，自らが提案する「能力主義管理」という新しい制度を「労働効率」や「経済・企業」「発展」と結びつけることによって正当化するという活動である。

3-2　「能力」の分解

　次に第2節の議論を確認しよう。「「能力」の定義」というタイトルを掲げるこの節でも，最初の段落で「能力とは企業における構成員として，企業目的達成のために貢献する職務遂行能力であり，業績として顕現化されなければならない」(55) という定義が示される。ここでは「能力主義管理」の「能力」が「職務遂行能力」のことであると限定されているが，同様の議論は続く段落でも行われる。

> 従業員には，**職業人・企業人**の他に，**社会人**としてあるいは**家庭人**として，多面にわたる**能力**がある。しかし，特定企業の特定職務に従事する**従業員**である以上，そこで求められるのは当然に，その企業がその職務に期待する成果を上げるための**職務遂行能力**である。(55-6)

ここでも「従業員」と結びつけることによって，「能力」を「職務遂行能力」に限定している。さらにこの後に示される能力の公式「能力＝職務遂行能力＝体力×適性×知識×経験×性格×意欲」(56) でも，「能力＝職務遂行能力」とわざわざ表現している。このように「能力」を「職務遂行能力」に繰り返し限定してみせることで何を行っているのだろうか。

　同書が日経連の職務給路線からの方針転換の書であるという一般的な評価を踏まえるならば，「過去のいきさつにこだわった結果」(石田 1990: 51) として「職務」にも言及していると考えることができるかもしれない。しかし考えるべきは，そのような「職務」との結びつきを示すことは他の場所でもできそうであるのに，他でもないこの場所でそれが繰り返し行われていることの意味である。

　同書は上記の公式が示された後，体力，適性，知識，経験，性格そして意欲という，「能力」を構成する六つの要素それぞれについて説明する議論へと展開していく。つまり「能力」が「職務遂行能力」と繰り返し限定されるのは，六つの要素が詳述

される直前であることがわかる。それでは，このように限定をすることで，その後の議論の何が可能になっているのかを考えるため，限定しなかった場合，その後の議論の何が不可能になるのかを考えてみよう。すなわち「能力＝職務遂行能力」と限定しない「能力＝体力×適性×知識×経験×性格×意欲」という公式では何が問題になるのかを考えよう。

　一見，「職務遂行能力」がなくても，それまでの公式と目立った違いはなさそうである。しかし「職務」によって限定しない場合，「能力」のあり方はここで示されるよりもっと多様なものになりうる。たとえば先ほどの引用文で「能力」が「職務遂行能力」であることは，その「能力」の保持者が「従業員」であることを理由にしていたが，その際に「能力」の保持者として議論から排除された「家庭人」の一つのあり方である「親」の「能力」を考えてみよう。当然そこで要求される「能力」を「職務遂行能力」とは呼ばないだろう。そしてそのような「親」の「能力」として，通常「適性」は問われないだろう。「親」は「適性」があるからなれるものでなく，実際にはともかく，親であれば適性は当然あるものと期待されている。だから少なくとも「従業員」が「職務」において問われるのと同じようには「親」であることの「適性」が問われることは考えにくい。

　このように考えるならば「能力」を「従業員」の「職務」に関するものに限定しなかった場合，ここに示されているようなものとして提示することの説得力を維持することは不可能になるだろう。そうであれば，「従業員」と結びつけることで「能力」を「職務遂行能力」へと限定することは，その「能力」が公式で示されている六つの要素によって構成されるものであることを，説得的に示すための手続になっているといえる。

3-3　「能力」に先立つ「意欲」

　それでは，なぜこのような手続を経て「能力」を六つの要素の掛け算として示さなければならなかったのだろうか。六つの要素からなる「能力」について，三つの特徴を指摘する後続の議論を確認しよう。

　挙げられている三つの特徴のうち，一つめの「客観」性，二つめの「流動性」についての議論では，それぞれ能力評価が「職務」を基準とすること，「抜てき，格下げ」を常態化させるべきであることが述べられているだけで，特に能力の公式を規定するような内容ではない。そこで三つめの「意欲」管理の議論を確認すると，その重要性が次のように述べられている。

> 能力主義管理を進めていく場合には，能力評価等，**能力そのもの**の把握に努めるとともに，各個人が，**意欲**の面で十分な様態にあるかどうかをたえず点検することが必要である。意欲が低下することは人事管理にとって重大な問題である。(61-2)

　ここで興味深いのは「能力」の要素である「意欲」が，「能力そのもの」とは別のもののように扱われていることである。「意欲」に関する議論はさらに次のように展開される。

> 意欲の管理については，賃金，昇進等の処遇を与えることにより向上をはかって行くことが考えられるが，処遇管理自体能力主義的に行なうことが必要であるから，**処遇を通じて意欲**の向上を期待できるのはすでに**能力**がすぐれている者に限られることとなり，**能力**の低い者は**処遇**も低いから逆に**意欲**の低下に拍車をかけることとなって，ますます，意欲，能力の格差が拡大するおそれがある。とくに終身雇用的な企業においてはこの点を留意する必要がある。すなわち一方は，**意欲の向上→能力の向上→高い処遇〔→〕意欲の向上→**という循環をたどり，他方は，**意欲の低下→能力の低下→低い処遇→意欲の低下→**という循環をたどることが考えられる。(62)

　ここでは「意欲」と「能力」の関係が「→」によって因果的なもののように示されている。因果的関係が指摘できるとき，それらは独立したものと想定されているはずで，ここでも「意欲」と「能力」が別のもののように扱われていることがわかる。
　そして注目すべき点は，そのような「能力」と「意欲」の関係について説明する文と「→」を用いた図式の関係である。文で述べられるのは「能力」の高低が「処遇」そして「意欲」の高低につながるという説明である。これらをそのまま図式化すれば「能力→処遇→意欲」となるはずである。しかし実際には「意欲の向上→能力の向上→高い処遇〔→〕意欲の向上→」と図式化されている。もちろん「循環」しているのだからどこから記述することも可能である。しかしそれゆえ，どこから記述するかは書き手の行為を考えるうえで重要な点である。それでは書き手はここで何をしているのだろうか。
　文による説明が「能力」を起点としており，図式が「意欲」を起点としていることに着目するなら，ここで文のあとに図式を示すことは，「能力」の前に「意欲」を配置することになっている。そうであれば，ここで行われていることは「能力」を

指標とする「能力主義管理」という制度を，「意欲」を起点とする因果的関係を軸に
した制度として再定式化することであると考えられる。

　こう考えると，直前で「意欲」を「能力そのもの」と別のもののように扱ったこ
とは，この「意欲」を起点とする因果的関係を提示するために，それを「能力」か
ら分離する手続になっていたといえるだろう。そしてそのような手続が可能になる
のは，そもそも「能力」の構成要素として「意欲」がそれ以前に示されていたから
である。そうであれば「能力」の公式を六つの要素の掛け算として提示することは，
「能力」の構成要素に「意欲」が含まれることを示すために，その構成要素を分解し
て見せることになっていたといえる。

　つまり，職務を強調することで，なぜ能力をあのような形で表現せねばならな
かったのかという問いは，「能力主義管理」を，その名称では直接言及されていない
意欲を積極的に評価する制度として再定式化するためだったと答えられる。

　このような第2節の議論は，「能力主義管理」の定義を示した第1節の議論を受け
て，その鍵概念である「能力」の定義を示すものとして行われていることから，第
1節の議論の敷衍になっているといえるだろう。それは，経営においては「効率」
がもとめられること，その「効率」を「能力」が左右しうること，その「能力」が
「意欲」によって変化しうるものであること，これらの常識的な推論を組み合わせる
ことによって行われていた。そして，このような推論を重ねて，意欲を評価するこ
とが正当化されるとき，その推論の起点にあって，他の概念による正当化を必要と
せず利用されているのが「効率」であるならば，第2節では，新制度が「意欲」を
評価することを「効率」によって正当化する活動が行われているといえるだろう。

4 「効率」のための「人間尊重」

4-1 「効率」から「人間尊重」を導く手続

　このように，「能力主義管理」が意欲を評価しようとする制度として再定式化さ
れたうえで効率によって正当化される第2節までの議論を経て，いよいよ「企業に
おける経済合理性と人間尊重の調和を掲げ，仕事を通した自己実現をめざすべきだ
という価値観」（藤村 2015: 264）が示されるのが，続く第3節と第4節の議論である。
はたして，そのような価値観がどのように正当化されるのか検討していこう。第3
節「能力主義管理の理念」では以下のような議論が行われる。

　能力主義管理の理念は企業における**経済合理性**と**人間尊重**の調和にある。企業の**経済合理性**追求の中には当然**人間尊重**の理念が含まれており，**人間尊重**のないところには**経済合理性**の達成もありえないし，その逆もまたありえない。企業における**人間尊重**とは，業務の上から考える限り，**従業員**の**職務遂行能力**を発見し，十二分に開発し，かつ発揮する機会と場所と環境を与え，またそれに応じて処遇することであり，能力主義管理の実践に他ならない。したがって，能力主義管理は，たとえ前述の企業経営をめぐる環境条件の変化が発生しなかったとしても，企業は当然すすめるべきものであったろうが，最近におけるとくにきびしい**企業経営環境条件の変化**がその必要性を高めたのである。(63)

　この1段落だけからなる第3節を構成するのは四つの文である。一つめの文では，「能力主義管理の理念」が「経済合理性」と「人間尊重」の調和にあると宣言され，二つめの文で理念を構成する両概念が相互に不可欠なものだと述べられる。三つめの文で「人間尊重」についての説明が行われるが，そこで述べられるのは「従業員」の「職務遂行能力」によって処遇を行うという，第2節ですでにみたような議論である。四つめの文では「企業経営環境条件の変化」によって「能力主義管理」が必要になるという，第1節ですでにみたような議論が行われる。
　このような第3節の議論は，続く第4節「能力主義管理の目的」でも繰り返される。1段落目では，環境変化に対処して，能力や意欲を発見，開発，活用することで，「生産性」「効率」「競争力」を高めることが「能力主義管理の目的」だと述べられ（63-4），これが第3節の後半の内容に対応していることがわかるだろう。そして第3節の前半の内容に対応した，「経済合理性」と「人間尊重」の調和を目指すという議論が行われるのが，続く2段落目の以下の文である。

　能力主義管理の理念は，経済合理性の追求と人間尊重との調和にある。もちろん企業経営の第一の目的は**経済合理性**の追求にある。それは労働力をはじめとする生産要素の最少の投入によって最大の産出をあげる。または，最少の費用で最大の収益をうること，すなわち経営の**効率化，高能率化**と換言できる。資本自由化の今後においては，国際的な水準における経済合理性の達成が企業存立の条件となる。(64)

　ここで注目すべきは，第3節で新たに導入された「経済合理性」が，第2節までの議論で能力主義管理を正当化していた「効率」などの概念と「換言」可能なもの

だと述べられている点である。この段落の直前において第3節の前半に対応した議論，すなわち第1節と第2節でみたような「能力主義管理」を「効率」で正当化する議論が行われていると述べたが，その直後に，「効率」が「経済合理性」と換言できると述べることは，「効率」で正当化されていた第1節と第2節の議論をリマインドしたうえで，それらの議論を「経済合理性」で正当化される議論として再記述することであるといえるだろう。そして，そのような再記述が行われた後，さらに次のような議論が展開される。

> **能力主義管理の直接的目的**は経営の**人の面**における**経済合理性**の極限の追求にある〔…〕。
> しかし，**経済合理性**は従業員を**人間として尊重**することなくしては追求することは不可能である。トップ経営者の大半が認めているように，**経済合理性**追求と，**人間尊重**とは対立した概念ではなく，人間尊重は経済合理性追求の中に含まれている（付録参照）。人間尊重をないがしろにした経済合理性追求は成立しえない。(64)

　先ほど確認したように，第4節1段落目で「能力主義管理の目的」と結びつけられていた「効率」は2段落目で「経済合理性」と書き換えられていたが，その直後のこの段落では，「能力主義管理の目的」からより限定された「能力主義管理の直接的目的」が「人の面における経済合理性」と結びつけられている。さらに続く段落では，「人の面における経済合理性」は「経済合理性」を介して，従業員を「人間として尊重」することへと接続されている。そして，その論拠としてトップ経営者の認識を紹介するなかで「人間として尊重」することはさらに「人間尊重」へと言い換えられている。このような敷衍によって，ここで何が行われているのだろうか。

　これまで見てきたように，第4節1段落目で述べられているのは第1節と第2節の内容に対応するような「能力主義管理」を「効率」によって正当化する議論であった。2段落目ではそのような議論を「経済合理性」によって正当化する議論として再記述していた。そして3段落目と4段落目では，さらに「人間尊重」によっても正当化できる議論として再記述していた。このように，制度を正当化するものを「効率」から「経済合理性」さらに「人間尊重」へと敷衍することによって，「能力主義管理」を「人間尊重」によって正当化するための手続がここでは行われているのである。そしてこの「人間尊重」はさらに次のように敷衍される。

　ところで，人間尊重とは具体的には何か。われわれの調査によれば，トップ経営者は
それを「従業員の能力の伸びに即応した処遇を行ない，将来への希望を与え，やる気
を起こさせる」，「従業員個人の能力の最大発揮の場を与え，能力ある者を年功学歴に
関係なく厚遇する」，と理解している（付録「トップ経営者の意見調査」参照）。「**人間
尊重**」とは，企業である以上当然「**人間能力尊重**」である。そしてトップ経営者層は，
人間尊重は能力主義管理の実践によって実現されるものであると考えていることが明
らかである。(65)

　この段落では，「人間尊重」とは何かという問いに，トップ経営者の意見を紹介
して答えながら，その答えを利用して「人間尊重」を「人間能力尊重」へと限定し，
さらに「能力主義管理」へと結びつけている。

　「人間尊重」によって正当化される議論は，元々，「効率」によって正当化される
「能力主義管理」についての議論を敷衍したものであった。そうであれば，ここで
「人間尊重」が「能力主義管理」に結びつけられていることは，敷衍してきた議論を
出発点へと再接続して循環させることになっている。すなわち，「人間尊重」を理念
とする「能力主義管理」が，「効率」によって正当化される制度であったことのリマ
インドになっているように見える。実際，このような循環は，「企業」の「トップ経
営者層」の考えを紹介する中で生じており，ここで述べられている「人間尊重」が，
「企業」の「トップ経営者」が求める経営の論理の一環として掲げられているもので
あることがわかるだろう。

　このように，ここでの「人間尊重」が経営の論理の一環として「効率」追求を目
的とするものであるならば，経営目的のための「人間尊重」とは，経営資源として
の「人間」，すなわち人的資源としての「人間」を「尊重」することだと考えられる。
つまり第4節のここまでの議論では，「効率」で正当化していたそれ以前の議論を，
さらに人的資源としての「人間」を「尊重」するという理由によっても正当化する
活動が行われているのである。

　しかし，「人間尊重」が「効率」追求の手段として「能力主義管理」を正当化する
ものとして用いられているならば，「能力主義管理」を正当化する議論自体はすでに
第2節までで完了しているはずである。なぜ同じような内容を，「人間尊重」概念を
用いて再記述せねばならないのだろうか。

4-2　人的資源としての「人間」と自己実現人としての「人間」

「効率」で正当化される議論を「人間尊重」概念によって正当化される議論として
再記述することの意味について，続く議論から考えていこう。

> この点について，もう少し**従業員**の側からみてみよう。いままでは企業経営をめぐる
> 環境，条件の重大な変化を前提として，それらの厳しい諸情勢に対する**企業**の適応の
> 一環として，人事管理面における能力主義の必要性を強調した。〔…〕
> この点〔環境条件の変化がなくても能力主義管理である必要はあるのかどうか〕につ
> いては，**企業が人間に対して何を求めているかという観点をしばらくはなれて，人間
> が企業に対して何を求めているか**という観点に立って考察することが必要である。す
> なわち**人間の欲求**をめぐる問題である。人間の欲求には個性的な差異もあり，次元の
> 低いものから高いものまである。一般的に考える場合には，心理学における**欲求段階
> 説**が参考になる。(65-6)

　この2段落で興味深いのは，登場するアクターの呼び方が次々に変化すること
である。すでに確認したとおり，直前の段落では「トップ経営者」の意見が紹介さ
れていたが，この段落冒頭では「従業員」側から見ることが提案されている。段落
をまたいで「経営者／従業員」の対が形成されていることがわかる。さらに，それ
までの議論を情勢変化に対する「企業」の適応に関するものだったと述べることで，
前段落で紹介されたトップ「経営者」の意見を「企業」に関する議論の一部に位置
づけ直して，「経営者／従業員」の対を「企業／従業員」の対へと敷衍している。次
の段落冒頭では，「企業が人間に対して何を求めているかという観点をしばらくはな
れ」るよう提案することで，それまでの議論を「企業」が「人間」に求めるもの
についてのものと位置づけ直して，「企業／従業員」の対をさらに「企業／人間」の
対へと敷衍している。

　このように，この2段落では登場するアクターの呼び方を次々に変化させること
で，カテゴリー対を小刻みに敷衍して，「経営者／従業員」の対から「企業／人間」
の対を導いている。そして，「トップ経営者の意見」を「企業が人間に対して何を求
めているかという観点」からのものだったと再記述し，その「観点」を反転させる
提案をすることで，この2段落の冒頭で提案された「従業員の側からみてみ」るこ
とは，「人間が〔…〕何を求めているかという観点に立って考察」することに言い換
えることが可能になるのである。このような言い換えをすることによって何が行わ

れているのだろうか。

　言い換えが行われた先にある新たなトピックに着目しよう。すなわち「心理学における欲求段階説」である。「欲求段階説」とは，「人間」の「欲求」は低次の欲求が満たされるとより高次の欲求が発現してくるという心理学説として，現在でも広く知られる（山下 2019）。この欲求段階説の内容を考えると，「人間」が企業に対して何を「求めている」かという観点に立つよう促すことは，「人間」の「欲求」を扱う心理学説を議論に導入することを自然なものにしているようにみえる。そうであればここで行われているのは，それまでの議論との接続を維持しながら欲求段階説をトピックとして導入するための手続だといえる。

　それではこのような手続きで欲求段階説を議論に導入することで何が行われるのだろうか。続く議論を確認しよう。

> **企業で働く人間**はすべて，その生涯における最も活動的な時間を大部分企業において働くことに投入しているし，また，その社会的なつながりや活動の場は主として企業にあり，企業を中心に展開している。したがって人生そのものを企業に託しているといってよく，**人生の目的を企業の仕事の中に見出すこと**を望むのが当然である。なかには，企業で働くことを**生活の糧を得るための手段**と見なしている人もいるかも知れないが，この場合は，**不幸**にして仕事の中に生きがいを見出すことができなかった結果そうなったのであって，決して**正常な姿ではない**。企業で働くということは単に労働を売って，その対価として報酬を受けるというだけの関係ではない。欲求段階説でいえばもっとも高い段階の欲求についてまで，企業において充足されんことを期待して働いているのである。最も高い段階の欲求とはふつう**自己完成の欲求**と呼ばれているが，これは**自分のもてる可能性をきわめ尽す**ということであって，いいかえれば，**能力の最大限の発揮**ということに他ならない。
>
> 〔…〕企業のもとに集まったすべての人が，着実に自己完成への道を歩み続けているという姿にもって行くことが人事管理の理想であり，理念と呼ぶに値するものである。われわれは，この理念を**人間尊重**ということができる。(66)

　ここでは欲求段階説がその欲求について論じている「人間」が，早速「企業で働く人間」のことだと限定され，その欲求が「人生の目的を企業の仕事の中に見出すこと」にあると述べられる。これによって「人間」の欲求から排除されているのは「生活の糧を得る」ことを目的とするような働き方である。こうした働き方は「不

幸」なことであり「決して正常な姿」ではないと評価される。それでは，ここでいう「人間」の「正常な姿」とはどのようなものなのか。それは「自分のもてる可能性をきわめ尽す」「能力の最大限の発揮」によって「自己完成」に至るようなものである。

ここで「自己完成」といわれているのは，本章でこれまで「自己実現」と呼んできたもののことである。すなわち，「仕事を通した自己実現をめざすべきだという価値観」（藤村 2015: 264）がここで明確に示されているのである。

そして，このような議論を確認して気づくのは，直前の段落において，欲求段階説の導入手続として「従業員」を「人間」へと敷衍することは，同時に，そこで論じる「欲求」のもち主を「従業員」ではなく「人間」である存在と示すことにもなっているということである。一般的に「人間」の「欲求」には様々なものがあるが，この「欲求」のもち主が「経営者」に対する「従業員」であれば，その欲求が「人生の目的を企業の仕事の中に見出す」ことにあるということを当然視することはできないように思われる。少なくとも，そこから「生活の糧を得るための手段」として働き，「対価として報酬」を得ることを排除することは容易ではない。このように「従業員」を「人間」へと敷衍することは，「人間」の欲求について述べた「欲求段階説」を導入し，そこで焦点となる欲求を「次元の低いもの」ではなく「最も高い段階の欲求」へ方向づける手続きにもなっているのである。そして，そのような「理想」に与えられた名前が「人間尊重」だと宣言されることで，ここで掲げられた理念が自己実現人としての「人間」を「尊重」することであることがわかる。

ここから，自己実現人の理想を「効率」の論理のなかで語る『能力主義管理』の議論は，同じような内容であっても，「従業員」ではなく「人間」の欲求に関わるものとして，「効率」ではなく「人間尊重」によって正当化され直さねばならなかったことが理解できるようになる。

4-3　自己実現人としての「人間」を「尊重」することで可能になる経営

このように，元々は「効率」によって正当化されていた「能力主義管理」を，人的資源としての「人間」を「尊重」する制度として再記述することで，自己実現人としての「人間」を「尊重」するものとしても正当化することが可能になっていたのである。

それでは，このような正当化は誰に向けて行われているのだろうか。ここで行われている議論が，自己実現という理想を掲げることで人事労務管理制度を正当化す

るものであると考えるなら，それは自己実現欲求に訴えかけて低条件の労働を受容させることが問題視されてきた「〈やりがい〉の搾取」（本田 2008）に通底するようなものであるように思われる。すなわち，そこで行われているのは，「能力主義管理」によって管理されることになる人びとに向けた正当化であると考えることができそうである。実際，自己実現人をめぐるここでの議論は，「従業員の側からみてみよう」という提案から始まっており，従業員にとっての肯定的価値に訴えかけることで従業員の説得を目指しているものだと考えることができる。

　しかし，ここで注意すべきなのは「生活の糧を得る手段」として働いている従業員を，「不幸」で「正常な姿ではない」存在と述べるような議論が，本当に従業員に向けて制度を正当化する議論になりえたのだろうかという点である。現代に比べればいまだ労働組合の力が強かった時代に，このような表現で生活のために働くことを格下げするような議論が，従業員に対して説得力を持ったのかどうかは慎重に考えなければならないだろう。

　このように考えると，ここでの議論は従業員に向けて制度を正当化しているのではなく，従業員に向けて制度を正当化できると示すことによって，むしろ経営者に向けた正当化を行っていると考えることができるのではないだろうか。さらに踏み込んで言うならば，「経済合理性」と「調和」するような理想の従業員像を提示し，そのような従業員との協調的な労使関係が可能になるようなものとして，この制度を経営者に向けて正当化していると考えることもできるのではないだろうか。

　このように，経営者に向けて「能力主義管理」を正当化するために自己実現という理想が持ち出されている可能性が視野に入ってくるならば，ここで語られるような理想が「心理学における欲求段階説」の議論から導かれるものとして提示されていることも，誰に向けた正当化なのかという観点から重要であるかもしれない。すなわち「能力主義管理」は，日経連自身がリッカート，アージリス，マグレガーらの影響を受けた「行動科学に立脚した管理手法」（日経連 1981: 435-8）と総括するように，行動科学の影響が随所に見られる制度であり，本文中においてもそのことは「科学的管理法→ヒューマン・リレーションズ→行動科学」という「アメリカにおける経営思想」の変遷が，「人間尊重」と「経済合理性」の「調和」の重要性を示す証拠として示されていることから伺える（64）。このような「科学」の発展を語ることは，自己実現の理想を掲げる制度を科学的権威によって正当化することにつながると考えられる。そしてこのような「科学」の発展を示すことで行われる正当化は，ここでも踏み込んで言うならば，科学的管理法の時代からの伝統を引き継ぐ職務給

路線からの日経連の方針転換を正当化することも可能にしていると考えることもできるのではないだろうか。そして，そのような方法で方針転換を誰に向けて正当化せねばならないかと考えると，やはりそれは従業員であるよりも，それまでの方針に従ってきた経営者であると考えられる。日経連の方針転換を正当化することができるようにみえる「科学」の発展が，「経営思想」の変遷と位置づけられているからである。「経営思想」が正当化に用いられているのであれば，それが可能なのは普通，従業員に対してであるよりも，経営者に対してであろう。これらのことは，日経連が経営者団体であり，その文書がまずは会員である経営者に向けて書かれるものであることからも十分考えられることだろう。

このように，「能力主義管理」が自己実現人としての「人間」を「尊重」するものだとされることで行われる正当化は，ここでは経営者に向けて行われていると考えられるのである。

5 自己実現人をめぐる社会学的研究の可能性

以上のような議論によって，経営者が従業員に対して仕事を通した自己実現を求めることは，『能力主義管理』においていかに正当化されたのかという本章の問いにどのように答えられるだろうか。

まず，同書が従業員の自己実現という個人的な問題を語ることができるのは，その議論が「効率」追求という経営の論理を敷衍することによって展開されていたからであると答えることができる。すなわち，「能力主義管理」において「仕事を通した自己実現」は，「効率」追求という，経営者が求めることを自明視できる概念を敷衍して，その一部に位置づけられることによって，経営者が正当に求めることができるものになっていたことがわかった。

しかし同書は，そのような論理によって経営者が従業員に対して直接，要求を行うものでは必ずしもなかった。経営者が従業員に対して仕事を通した自己実現を求めることについて議論はしていても，それが従業員に向けて行われているとは必ずしもいえず，そのことは，そもそも同書の読者は誰なのかを考えることでより明確になった。すなわち同書において，経営者が従業員に仕事を通した自己実現を求める語りは，経営者に向けた正当化を意識してのものだったと考えられ，本章の冒頭で確認した新聞記事の経営者が行ったような語りとは，いまだ距離があるものだと考えられる。

　このような本章の議論はどのような意義と限界をもつだろうか[6]。まず，『能力主義管理』が従業員の能力や意欲を評価しようとしたことを，「勤労者の公平観」を反映したものとして説明する従来の議論に対して（石田 1990），「効率」や「経済合理性」規範によって，経営者が経営者を説得しようとしたものである側面を浮かび上がらせたことの意義が指摘できる。すなわち労働者の公平観とは異なる経営者の公平観とでもいう，別の規範があることを制度の分析から浮かび上がらせることができた。これは，経営者が労働者を説得するというコミュニケーション様式を暗黙の前提におくような従来の研究では十分見えてこなかった，経営者が経営者を説得するコミュニケーションについての研究であるという点で，今後の展開が期待される「経営（学）者の言説分析，経営（学）が自明視する概念の再考」を行う「経営に踏み込んだ労働社会学的研究」（伊原 2021: 53-4）の可能性を示す試みにもなっているだろう。

　また，「自己実現系ワーカホリック」（阿部 2006）や「〈やりがい〉の搾取」（本田 2008）といった社会現象を考えるうえでは，「仕事を通した自己実現」という価値観がいついかなるときも従業員を駆り立てるものとして経営者に利用されているわけではないことを示した意義が認められるだろう。それは，これらの名で呼ばれ問題化されるような社会事象が存在しないことを主張するものではなく，「仕事を通した自己実現」という価値観の効果を見定め，経営者の「悪意」に回収しきれない行為の記述を目指すことで，それらの問題を指摘する研究がさらに進展する可能性を主張するものである。

　もちろん本章が扱ったのは『能力主義管理』という資料の，そのなかの一部でしかなく，ここで明らかになったことが直ちに同時代のどこでも通用する論理であったことや，そのまま現在の「仕事を通した自己実現」をめぐるわれわれの経験可能性を用意したことを意味するわけではない。また，人的資源と自己実現人をともに包摂するような「人間」概念を用いた『能力主義管理』の正当化が，後年の日経連

6）本章の意義と限界については北田暁大氏（東京大学大学院）から助言を受けた。記して感謝する。
7）ここでは十分論じられないが，一つの仮説として当時の首相，佐藤栄作のキャッチフレーズであったことと関係している可能性が指摘できる。この言葉は，第1次佐藤栄作内閣の所信表明演説で用いられ，それを報じる新聞記事でも「佐藤首相，両院で所信表明演説　人間尊重の政治を」（『読売新聞』1964.11.21 夕刊）と見出しが掲げられ，当時の人びとに知られた言葉だったと考えられる。また佐藤内閣で，前任の池田内閣から留任した石田博英労相が，佐藤の所信表明演説直前にあった全日本労働総同盟（同盟）結成大会で，「労働問題の基本はいかなる場合も人間を手段と考えない，つまり人間尊重の理念である」（『朝日新聞』1964.11.12 夕刊）と挨拶しており，元々「仕事」との結びつきがある概念であった可能性が指摘できる。

（1995）が「人間尊重」と並べて掲げるようになる「人間中心」という，これも当時は広く使われた語ではなく，「人間尊重」という語によって行われた事情などは，資料外の当時の社会状況も含めたさらなる検討が必要であり[7]本章の資料と方法だけでは議論に限界があるだろう。

　しかし，そのテクストでいえることの限界を慎重に見定めるならば，一つの資料からでも社会学的分析を行うことは可能である。本章の成否はともかく，その方法論的可能性も示すことができたといえるだろう。

【引用・参考文献】
阿部真大, 2006,『搾取される若者たち——バイク便ライダーは見た！』集英社.
石田光男, 1990,『賃金の社会科学——日本とイギリス』中央経済社.
伊原亮司, 2021,「分野別研究動向（労働・産業・経営）——格差社会論をこえて」『社会学評論』72
　　(1): 37-57.
梅崎修, 2010,「企業内で「能力」はいかに語られてきたのか——評価・賃金制度をめぐる言説の分
　　析」本田由紀編『労働再審① 転換期の労働と〈能力〉』大月書店, pp.59-93.
岡沢亮, 2022,「エスノメソドロジーとテクストデータ」『社会学評論』72(4): 540-56.
黒田兼一, 2018,『戦後日本の人事労務管理——終身雇用・年功制から自己責任とフレキシブル化へ』
　　ミネルヴァ書房.
酒井泰斗・浦野茂・前田泰樹・中村和生編, 2009,『概念分析の社会学——社会的経験と人間の科学』
　　ナカニシヤ出版.
田中恒行, 2019,『日経連の賃金政策——定期昇給の系譜』晃洋書房.
西阪仰, 1997,『相互行為分析という視点——文化と心の社会学的記述』金子書房.
西阪仰, 2001,『心と行為——エスノメソドロジーの視点』岩波書店.
日本経営者団体連盟編, 1969,『能力主義管理——その理論と実践』日本経営者団体連盟弘報部.
日本経営者団体連盟, 1981,『日経連三十年史』日本経営者団体連盟.
日本経営者団体連盟, 1995,『新時代の「日本的経営」——挑戦すべき方向とその具体策』日本経営者
　　団体連盟.
間宏, 1997,『経営社会学——現代企業の理解のために〔新版〕』有斐閣.
藤村博之, 2015,「第2次大戦後の人事制度の変遷——中長期の視点で人事制度を考える」佐藤博樹・
　　藤村博之・八代充史『新しい人事労務管理〔第5版〕』有斐閣, pp.252-69.
本田由紀, 2008,『軋む社会——教育・仕事・若者の現在』双風舎.
前田泰樹, 2008,『心の文法——医療実践の社会学』新曜社.
八代充史・梅崎修・島西智輝・南雲智映・牛島利明編, 2010,『能力主義管理研究会オーラルヒスト
　　リー——日本的人事管理の基盤形成』慶應義塾大学出版会.
山下剛, 2019,『マズローと経営学——機能性と人間性の統合を求めて』文眞堂.

第2部
現代社会における生活とマネジメント

第6章

「やりたいこと」と〈仕事〉の
分離・近接・管理
美術作家と音楽家の実践を事例として

髙橋 かおり

1 「やりたいこと」と安定の天秤

「やりたいこと」という言葉は，不安定な進路を選ぶ若者を象徴する用語として労働研究や進路研究において用いられてきた。1990年代末に行われた日本のフリーター調査（日本労働研究機構編 2000）では，「やりたいこと」が明確であり夢を語るフリーターは「夢追求型」フリーターに分類された。この報告書によれば「夢追求型」フリーターは，「やりたいこと」を探すためにフリーターになった「モラトリアム型」や，本人の希望や意に反してフリーターの状態にいる「やむを得ず型」とは異なり，「尊敬さえ集める」ことがあるという。当時調査対象となったフリーターの周囲には，旧来の学業達成や学歴の獲得では到達できない夢を語り，「やりたいこと」を追求することへの肯定的評価があったと推測できる[1]。

他方，学力が評価基準となる大学受験から降りるために「やりたいこと」が大義名分として使われる場合もある[2]。高校の進路指導の現場を調査した荒川葉（2009）は，デザイナーやミュージシャンなど，就ける人はわずかであるが人気のある学歴不問の職業を「ASUC職業」と名付けた。これらの職を希望する生徒は「やりたいこと」がある存在とみなされ，とりわけ一定以下の学力の高校で肯定的に捉えられていた。

自身に向けられる「やりたいこと」という言葉について，ある制作家（演劇の脚本家）は次のような経験を振り返る。

---

1) 本報告書は「夢追求型」フリーターのなかでも，実際に「夢」実現のための努力をほとんど行っていない，つまり「ファッションとして「夢」を語っているに過ぎない」ケースにも触れている。
2) ASUC職業であっても学ぶ場は必要であり，音楽大学や美術大学，大学の演劇専攻，専門学校や養成所などは一定の受け皿になっている。またASUC職業の選択は，常に学力競争以外の代替的選択としてあらわれるわけではない。

〔引用者注：大学を〕卒業するときに，同じ学年の知り合いに，「好きなことできてい
いね，俺は就職しなきゃいけないからやりたくないけど安定をとったよ」って言われ
た。ちょっと見下されるんですよ。社会人としてやるべき当たり前のことをやらずに，
夢を追う，夢追い人，かっこ笑い，みたいな。結構それがしんどいっていう時期が
あったんですけど。（髙橋 2021: 778）

就職活動を経て企業に就職する予定の「知り合い」にとって，この作家は演劇と
いう「好きなこと」のために就職活動やその後の労働など「やるべき当たり前のこ
とをやら」ない存在と認識されていた。しかし，「やりたいこと」と安定は本当に二
者択一なのだろうか。

今は完全に逆転して。今の時代は会社にいても安定がない。いつ失職するかわからな
いし，中途採用の人たちに負けるかもしれないし。終身雇用制があってないようなも
のにってリスク以外の何物でもないなっていう。（髙橋 2021: 778）

この語りの後には「やりたいことをやるっていうのは必ずしもリスクじゃないで
すね」と続く。安定と「やりたいこと」はどちらかが必ず得られるものではなく，ど
ちらも得られない可能性がある。不安定で流動化する時代において，「やりたいこ
と」を捨てたとしても安定し続けられるとは限らない。逆に「やりたいこと」を選
ぶことがリスクともいいきれない。不安定であることが前提ならば，「やりたいこ
と」をやりつつ自身の生活を組み立てることが最終的に生活の持続につながるので
はないだろうか。

芸術家（芸術に関わる人たち）は不安定で流動化した状況にある現代社会のリスク
にさらされつつも，活動を継続しようとする人たちとみなされる。芸術家は「やり
たいこと」を追求できる特別な存在であり，芸術実践とは自発的に「やりたいこと」
だと想定される。とするならば，芸術家とはやりたくないことから免れる存在なの
だろうか。これが本章の主題である。芸術家，とりわけそれを職業としようとする
人たちは，「やりたいこと」だけを続けているわけではない。むしろ，芸術活動を通
じて「やりたいこと」をやるためには，義務でやるべきことや他者からの依頼に応
じることなど，芸術活動内外においてやりたくないことや気の進まないことにも取
り組まなければならない。そしてこの「やりたいこと」とそれ以外の境界は，常に
更新されている。

　本章では，ハンナ・アレントの議論（Arendt 1958=1994）を受けたリチャード・セネットの批判（Sennett 2008=2016）に基づき，芸術家が自分のために自発的に行う芸術実践を「やりたいこと」，他者からの依頼に基づいて行う芸術実践を〈仕事〉（work）とそれぞれ呼ぶこととする。文化・芸術業界を対象とした先行研究を踏まえ，同心円モデルにおいて核となる創造芸術に従事する美術作家と音楽家への聞き取り調査を通じて，「やりたいこと」と〈仕事〉の相互作用を両者の分離・近接・管理という点から論じる。

2 「やりたいこと」と〈仕事〉の区別

2-1 芸術実践の階層化：同心円モデルから考える

　文化や芸術には様々な種類が存在する。たとえば，文化芸術基本法による定義では「文学，音楽，美術，写真，演劇，舞踊その他の芸術」が文化芸術と位置づけられ，漫画やアニメなどは「メディア芸術」，華道や茶道などは「生活文化」，日本古来の芸能は「伝統芸能」と別の分類になる。この定義は様々な文化や芸術を同一次元で整理分類したものであるが，このような分類に序列や順位をつけたのはデイビッド・スロスビーによる同心円モデルである。図 6-1 の同心円モデルは，芸術や文化に関わる人たちが創作・流通においてそれぞれに分業していることが前提にある。中心はいわゆる高級芸術（ハイアート）であり，中心から周縁に行くにつれてより商業化し，関わるアクターも増加する。

　複数の人での分業を前提にした同心円モデルは，芸術家個人のなかでの分業，とりわけ個人の芸術活動における「やりたいこと」と〈仕事〉の関係にも当てはめる

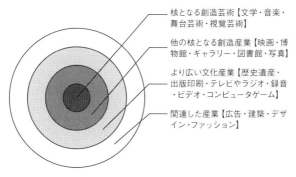

核となる創造芸術【文学・音楽・
舞台芸術・視覚芸術】

他の核となる創造産業【映画・博
物館・ギャラリー・図書館・写真】

より広い文化産業【歴史遺産・
出版印刷・テレビやラジオ・録音
・ビデオ・コンピュータゲーム】

関連した産業【広告・建築・デザ
イン・ファッション】

図 6-1　スロスビーの同心円モデル（Throsby 2008: 150 をもとに筆者作成）

ことができるのではないだろうか。

　芸術家は自分が請けた依頼や案件について「仕事」という表現を用いる。芸術家たちが用いる「仕事」という言葉の定義や用法は，一定ではない。十分な金銭的対価が保証されているものに限らず，金銭的対価が少ないもの，あるいはほとんどないものであっても，自分の芸術的技術や経験が生かされ，発表されるものを「仕事」という。金銭的対価を得ることを重視する芸術実践のみを「仕事」ということもあれば，その取り組む行為自体を指すことも，最終的な結果としての作品を指すこともある。これらを踏まえて本章では「他者からの依頼や要求に合わせて対価を期待して行う芸術実践とその表れ」を〈仕事〉とする。これは他者（外部）への応答であり，ある程度可視化された成果が求められる。それに対して「やりたいこと」とは「内発的動機付けに従い，自らのために行う芸術実践」であり，必ずしも可視化された結果に結実するとは限らない。もちろん両者は排他的ではなく，〈仕事〉が「やりたいこと」になることもあり得るが，「やりたいこと」と比べれば相対的にはやりたくないことである。

　ここで同心円モデルに基づいて個人の芸術活動を整理すれば，中心に近いほど「やりたいこと」として，そして周縁に行くほど他者からの期待に応える〈仕事〉として，それぞれの芸術実践を認識するモデルを示すことができよう。図6-1では同心円モデルの内から外に向かうにつれてその活動が商業化することが想定されていると考えると，図6-2では「やりたいこと」は金銭に直接結びつきにくく，他方〈仕事〉を得ることは経済的動機づけに基づく。さらに芸術家は，個人が単一の領域にのみ従事しているのではなく，同心円内の複数の領域，あるいは円の外の仕事を含めて掛け持ちしている。

　芸術家にとっての「やりたいこと」と〈仕事〉が図6-2のように構成されると考えるのであれば，両者はどのように相互に峻別され，異なる役割をもつのだろうか。

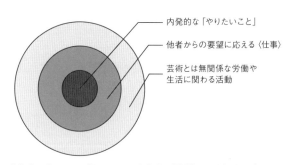

図 6-2　芸術家にとっての「やりたいこと」と〈仕事〉の同心円モデル（筆者作成）

2-2　芸術家の〈仕事〉の成立

　人から何らかの行為を強制され，その結果対価を得ることは労働といえる。アレントは労働・仕事・活動を区別し，仕事を「人間存在の非自然性に対応する活動力」として非自然的に生み出した人工物を介するものと定義する。労働と仕事よりも高次の次元に活動は位置づけられ，活動こそがもっとも人間らしい振る舞いになる（Arendt 1958=1994: 19-20）。生きるための金銭的対価を得るために労働を，精神的充足や人間らしさを確認するために活動をそれぞれ行い，その間に仕事がある。

　アレントは芸術家を消費者社会での例外的存在として扱った。「生計を立てる」ために何かをするのではなく，「必ずしも個人の生命や社会の生命過程のためではない活動力」を労働と真逆の遊びの領域で発揮する人こそが，アレントが論じた当時の理想的な芸術家の姿である。芸術家が行っていることは仕事ではなく，むしろ芸術家の仕事は遊びに溶けてしまっている（Arendt 1958=1994: 189-90）。活動が仕事を侵食していった結果，労働から解放された理想的存在として定義されたのが芸術家である。

　活動を象徴する存在としての芸術家という認識は，第1節で示した語りの背後にあろう。だからといって芸術家が労働や仕事をすることをやりがい搾取とすぐに結びつけるのは性急である。

　アレントの労働・仕事・活動の分類に対して，仕事，とりわけ手仕事の可能性を提示しつつ反論したのはセネットである。アレントが自らの「思想から快楽も遊びも文化も除外している」ことを批判するセネットは，アレントが否定的に捉えた「労働する人間」のなかにある技能（craft）やその反復から生まれる価値を強調する。そして目の前の仕事それ自体を目的とする「労働する動物（アニマル・ラボランス）」と，生を共同的なものにする「工作人（ホモ・ファーベル）」に人間を二分するアレントの前提に疑義を呈する。思考と作業を分けず，作業の過程を通じて思考を生み出す存在として「工作人」を定義することで，「人間は自分たちが作るモノを通して自分自身を学ぶことができる」（Sennett 2008=2016: 26-30）。セネットが説くのは労働の積み重ねによって快楽や遊びも探求できる可能性である。

　セネットは，手を通じた技術の習得や訓練の事例を通じて，手と頭の一体性という考え方を示した（Sennett 2008=2016: 259-306）。図6-2をこのセネットの議論に合わせて考えれば，反復を通じた思考の進化を経ることで〈仕事〉の繰り返しを通じた「やりたいこと」の認識ができる。ここから分離と近接という二つの可能性が導ける。

　一つは，〈仕事〉と対比することで「やりたいこと」の輪郭を明確にして両者を分

離するという区別の強化である。芸術の技能を用いて何らかの〈仕事〉を繰り返すなかで，それとの対比によってその人の「やりたいこと」の独自性や個性が明らかになろう。

　もう一つは，〈仕事〉を繰り返すことを通じて「やりたいこと」と〈仕事〉を近接させることがある。労働のなかにクラフツマンシップ（craftsmanship）が見出され，作業や行動を通じて思考が深化していく。これはアレントへの反論にも表れているように，芸術家が他人からの要望や依頼に応答する〈仕事〉のなかに快楽を見出していく状況として理解できる[3]。

　「やりたいこと」と〈仕事〉の相互作用を検討する際，両者の管理の工夫も論点になる。今日，流動化する芸術業界においては芸術家たちが複数の仕事を掛け持ち（multiple-job holdings）することが前提となっている。芸術家の複数の仕事の掛け持ちについて，生活の維持のためという経済的観点からの議論を踏まえつつ（Menger 2006），いかなる自己認識から仕事の掛け持ちを行い，その結果いかに自己呈示するのか，という社会学的観点からの分析もできるだろう。

　吉澤弥生（2015: 4）がアレントの議論にのっとり整理したアートプロジェクトに従事する人たちの分析においては，文化や芸術の表現や活動に関われるという〈仕事〉と「やりたいこと」の近接を目指しつつも，その〈仕事〉を継続するには劣悪で不安定な労働環境に身を置かねばならないという困難が指摘される。吉澤の議論には首肯できるとはいえ，いくつかの前提を論じる必要がある。その一つとしてやりがい搾取という観点からすれば，現代社会において完全に労働から解放された芸術家は存在しうるのかという疑問が残る。〈仕事〉の繰り返しによって「やりたいこと」との分離や近接が起こるというセネットから導いた二つの可能性を踏まえれば，やりがい搾取と呼びうる状況は，分離も近接も失敗した状況だといえる。これらの失敗を回避するためには，「やりたいこと」と〈仕事〉を区別しつつも，どの面から両者を同一視し，どこに境界を引くのかという認識の根拠とその企図を見据えていく必要がある。労働の強制や不十分な対価は由々しき事態である一方，搾取されないように労働を管理するしたたかな芸術家のやり方もあり得るのではないだろうか。

　以上の議論から本章での問いを整理し直せば，「やりたいこと」と〈仕事〉の意味づけの違いについて，第一にその分離と近接の実際を示しつつ，第二には「やりたいこと」と〈仕事〉の管理と認識の実際を，芸術家の語りと実践を踏まえつつそれぞ

---

3) アンジェラ・マクロビーは「クラフツマン」の議論を芸術実践へと置き換えつつ，その裏にある生活やジェンダー・エスニシティの不平等さを指摘する（McRobbie 2016）。

れ明らかにすることである。このことにより，芸術家たちの実践を単に遊びの領域に溶かしてしまうのではなく，あるいは昨今叫ばれているようなやりがい搾取の文脈にとどまらず，芸術の特性を仕事や労働と結びつけて考えることが可能になろう。

3　芸術や文化に関わる人たちにとっての「やりたいこと」

　芸術や文化に関わる活動が「やりたいこと」か〈仕事〉かという問いは，アマチュアとプロフェッショナルの境界でとりわけ問題になる。野村駿（2021）がバンドマンの調査を通じて主張するのは，バンド活動が本人たちにとって「趣味でも仕事でもない」と解釈される両義性である。金銭的な意味でいえば収入を得られていないかもしれないが，遊びではない。アレントにおける遊びも労働も否定している存在としてバンドマンを捉えるのであれば，彼らの活動は〈仕事〉のグラデーションのなかに位置づけられ，それぞれの意味づけは個々人の解釈に開かれている。

　バンドマンの認識は小劇場俳優の認識（田村 2015）とも共通する。小劇場俳優は舞台に立ちつつも，時間の融通の利くアルバイトや派遣社員として日々の収入を得る。あるいは家族や配偶者からの支援を受けている場合もある。舞台出演だけで生計を立てうる収入を得られないことは自明であるにもかかわらず，彼らは舞台出演を本業と捉える。小劇場俳優の特徴は同じ俳優であってもアマチュアであることを明言する社会人俳優（社会人劇団員）の語り（高橋 2015）と比較することでより明確になる [4]。社会人劇団に所属する俳優は，舞台出演をしつつも別の仕事を本業であるとみなし，本業があるからこそアマチュア俳優としての活動の仕方を自身の個性としていた。

　経済的収益の見込めない芸術活動に従事する場合，バンドマンや小劇場俳優として芸術活動を本業とするのか，社会人俳優のように別の本業を持ちつつアマチュアを明言するのか主観的に区別される。社会人俳優にとって舞台出演は「やりたいこと」ではあるが〈仕事〉にはなりにくいのに対し，小劇場俳優たちはそれ以外の収入の方が多かったとしても舞台活動を〈仕事〉にしたいと考える。

　このような本業と副業の組み合わせは，芸術活動内における複数の仕事の掛け持ちの論理とも共通する。松永伸太朗と永田大輔（2017）はアニメーターたちの経験を本人たちの論理に従い分析し，「やりたいこと」と〈仕事〉の均衡を描き出した。ク

4）これらのカテゴリーには劇団に所属しない俳優も存在する。

リエイター的側面を「やりたいこと」の追求，職人的側面と〈仕事〉への対応とするならば，それぞれの活動時期や期間に応じて自己認識と自己呈示は変化し，いずれを重視しどのように均衡を維持するのかが，アニメーターの個性や経歴を決定づける。

〈仕事〉のなかに「やりたいこと」を持ち込むことで積極的に〈仕事〉が提供する経済的対価を壊す試みもある。「スター建築家」を頂点としたヒエラルキーや分業が明確な建築業界においては，評価を得て「やりたいこと」を続けるために〈仕事〉に過度な投資をする建築家がいる一方，建築家のエートスから距離を取りつつ，足りないものがあるからこそ個性を強調することで，差異化戦略を勝ち抜く建築家も存在する（松村 2021）。周辺的建築家の事例は，「やりたいこと」のために〈仕事〉における自らの見せ方を変えたり，他者からの発注に応じて自らのできることに気づいたりすることで，新たな「やりたいこと」を見出す可能性を提示する。

これらの先行研究に基づけば，「やりたいこと」か〈仕事〉かという判断は，短期的な経済的利益の有無や多寡で判断されるだけではなく，長期的な計画や目標に応じて操作的に行われる。ただし先行研究ではいずれも商業的要素の強い芸術活動——図 6-1 においては周辺に位置する分野——が事例とされており，そもそも芸術対商業，「やりたいこと」対〈仕事〉という構造が分野として内包されやすい。

それでは，核におかれる創造芸術，とりわけそのなかでもフリーランスで活動する人においても同様のことがいえるのだろうか。「やりたいこと」と〈仕事〉の相互作用を通じた分離と近接を明らかにしつつ，どのような実践を「やりたいこと」として前面に出し，〈仕事〉のなかでも何を「やりたいこと」と結びつけ，どの〈仕事〉を語らないのだろうか。「やりたいこと」と〈仕事〉の相互作用と管理についての解釈はどのように事後的に語られ，今後の目標として位置づけられるのだろうか。

4 「やりたいこと」と〈仕事〉の相互作用

4-1 調査概要

以下では現代美術とクラシック音楽に関わるフリーランス芸術家の活動から，芸術家個人の活動継続において芸術業界内外の仕事をどのように意味づけ，いかにしてそれらの仕事を組み合わせて管理をしているのかを明らかにする。

本章で引用するのは 2017 年 8 〜 9 月と 2019 年 4 月〜 2020 年 1 月の二つの時期に実施した海外在住日本人芸術家の聞き取り調査である。調査全体では 40 名近い芸術家に聞き取りを行ったが，本章ではそのうち 4 名の美術作家（A1 〜 4）と 3 名

の音楽家（演奏家 M1，作曲家 M2，演奏家兼作曲家 M3）の計 7 名の語りを取りあげる。本章で引用した調査協力者たちはインタビュー時点ではドイツ・ベルリンを拠点としており，その後別の国に移住したり，日本に帰国したりした人もいる。

　芸術家にとって海外移住はそれだけで意味をもちうるが（髙橋 2018），今回引用した芸術家たちはいずれもより自分に適した活動拠点を求めて国外に移住しており，日本での活動と海外での活動を地続きのものとみなしていた。日本での活動を継続している人もおり，拠点移動といっても日本国内の芸術活動を完全に断念したわけではなかった。なお，本章の調査はコロナ禍以前のものであり，その後は国際移動が制限され状況が変化していることには注意が必要である。

4-2　〈仕事〉への態度

　芸術家たちはすべての芸術実践や〈仕事〉を自身の CV（活動履歴）に書くわけではない。明文化されない活動や実践もある。インタビューでも個人のウェブサイトや CV に書かれていない活動や，書かれていても語られない活動などの存在が明らかになることがあった。図 6-2 に基づけば，〈仕事〉もグラデーションがあり，より中心に近く自己呈示に使える〈仕事〉と，より周辺に位置し，生活を維持する要素の強い〈仕事〉が存在する。両者の関係を考えると，第一にはその分離を維持しつつ，後者の〈仕事〉を請けないという方向があり，第二には自己呈示に使う〈仕事〉をより「やりたいこと」へと近づけ開示する方向が存在しうる。

　まずは「やりたいこと」と〈仕事〉の分離についてみていこう。A1 さん（30 代・男性・美術作家）は，芸術活動において原則として〈仕事〉は請けず，自分のために制作する「やりたいこと」のみで芸術活動を構成し，芸術関係ではない別の仕事をすることで生計を立てていた。自身の作品が売れることを期待する一方，売れるために美術制作における「やりたいこと」を曲げようとは考えていなかった。インタビュー中でこのことは何度も強調された。

> A1：売れるためとか有名になりたいとかで描き始めたんじゃないんだから。自分の本当にやりたいことを純粋にやるために，それを守るために。その環境を整えようと思って。〔…〕第三者からそんな作品じゃあ売れないよ，とか言われても気にしないし，これは強がりでも何でもなくって。本当に売れなくても大丈夫ですよって。好きなようにやってるんで。

　A1 さんは自身の「やりたいこと」を貫いた結果，「大きい作品がぽんと売れたり」することがあるからこそ，自分の制作活動の方針を曲げずに行こうという考えをもつに至った。「やりたいこと」が将来的に誰かの期待や要望に応えうる（〈仕事〉になりうる）可能性に希望を見出しつつも，経済基盤を作品売却だけに頼らないことで，芸術を通じた収入だけに依存しない生活をしていた。

　他方，ヴァイオリニストの M1 さん（20 代・女性）はこれまで培った芸術の技能を用いて収入を得ることを肯定的に捉えている。〈仕事〉が「やりたいこと」に近接していくことに喜びを感じたり，〈仕事〉に「やりたいこと」を内包したりするという方針は，調査全体でも多くみられた。学生時代，生活を維持するために自分で収入を得る必要が生じたとき，まったく無関係な労働（「アルバイト」）と比較して芸術の技能を用いた労働（「楽器で稼ぐ」こと）の方が自分にとって意味があると考えていた。

　　M1：いろんな興味があるので。たとえば，ただ弾いてる，弾いて，お金ももらって，やったー，じゃなくて。ま，お金はもちろん大事，大事ですけど。行ったときにこう何を学んで。自分のやりたいことを取り込むかっていうのがすごいおもしろい。

　M1 さんにとって依頼された演奏は収入を得るための必要に迫られた〈仕事〉でありながら，そこに「自分のやりたいことを取り込む」ことでそれぞれの案件から自分なりの収穫や学びを得ていた。演奏での様々な経験をとても楽しそうに話していた M1 さんは，インタビュー時点ではクラシックもポップスも現代音楽もとジャンルを問わず積極的に演奏依頼を引き受け，必ずしも「やりたいこと」ではないからこそ得られる出会いのなかで，自分自身の音楽的関心を広げていた。

　A2 さん（30 代・女性）は，美術作家として「アートだけだと不安定」であるためにデザインを中心として〈仕事〉を請け負うことで，両者の相乗効果を意識していた。〈仕事〉ではない自分自身のプロジェクトでは「精神的に一人だから誰にも相談できない」ため，「次のステージに行けなくなっちゃって，アイディアが出ない」状態になってしまった経験もあった。自分自身のプロジェクトは「やりたいこと」である一方，A2 さんの場合，それは〈仕事〉と重なる部分もあるため，他人からの助言を取り入れていた。だからこそ「作りたいものを表現するというのはベスト」であり，「作りたいものを表現するのが優先ではあるんですが」と留保しながらも，「やりたいこと」だけでは不安定になりがちであるため，同心円の周辺の〈仕事〉をしたりそのために求められる芸術以外の技能（外国語能力）も磨いたりすることで，

生きていくための「保険」をかけていた。

　A2さんは，他の人と関わる〈仕事〉を通じて，自分の「やりたいこと」を明確にし，〈仕事〉ではできないことを「やりたいこと」としての自身の表現活動で行っていた。孤独で集中できる環境は常に生産性を高めるわけではない。他者からの依頼を請けたり，他の人との共同制作をしたりしながら〈仕事〉をすることで，自分の「やりたいこと」に対して反省的になれる環境が，A2さんにとってはよい制作環境なのであった。

　A1さんが最終的に「やりたいこと」と〈仕事〉が結びつくことを期待しつつも現時点では〈仕事〉を回避しているのに対し，M1さんは〈仕事〉のなかに「やりたいこと」につながる要素を見出していた。「やりたいこと」と〈仕事〉を分離しつつ芸術業界外の仕事を含めた複数の仕事の掛け持ちによって自身の芸術活動を維持するやり方と，両者を近接させつつも〈仕事〉のなかに「やりたいこと」とのつながりを見出すやり方がある。A2さんの実践はこの中間に位置しており，「やりたいこと」をはぐくむために〈仕事〉を請け，〈仕事〉から得た刺激や経験を「やりたいこと」に反映させていた。

　ある人が芸術活動で目指す「やりたいこと」は〈仕事〉のなかや〈仕事〉との相互作用において見出されることがある。芸術家といえば，第1節で引用した語りのように，「やりたいこと」しかしていないという想定をもつ人は少なくない。確かにA1さんのように両者を分離している人もいる。しかし，実際にはM1さんやA2さんのように，他者からの依頼に応じて収入を得たり，生計を立てるためやキャリアを築くために必要な〈仕事〉に従事したりしていることと，自分の追求する「やりたいこと」の活動を組み合わせ，それぞれを近接させたり両者の相乗効果を狙う場合もある。それぞれの芸術活動の成立は，複数の仕事の掛け持ちを行いつつ，芸術を自身のなかでどのような存在としているのかという解釈に拠るのである。

4-3　「やりたいこと」を〈仕事〉に／〈仕事〉を「やりたいこと」に

　「やりたいこと」と〈仕事〉の区分は流動的である。A3さん（40代・男性・美術作家）の事例では「やりたいこと」を〈仕事〉にする一方，それまでの〈仕事〉への意識や評価が変化する様子がみられた。A3さんは舞台美術家のアシスタント（制作助手）として活動しつつその仕事を楽しんでいたため，自分の作品はほぼ作らず「家でちょっとしたドローイングとかコラージュみたいな」作品を作る程度だった。しかしインタビュー時点では自分自身で舞台美術のデザインを担いたいと考え始めており，「やりたいこと」を自らの名前で責任をもって行う〈仕事〉にしようとしてい

た。そのため様々な人たちと連絡をとったり，ウェブサイトやSNSアカウントを開設して積極的に自身の作品を発信するようになったりしつつあった。アシスタントの〈仕事〉は楽しいものでありながらも，すでに生活のための収入を得る労働の要素が強くなっていた。これはけっしてアシスタントがつまらなくなったからではなく，別の〈仕事〉のあり方を追求してのことである。

　逆に作曲家のM2さん（30代・女性）の事例では，〈仕事〉の継続によって「やりたいこと」を具体化する方法が語られている。これはA2さんとも共通し，「やりたいこと」だけをやっていてもうまくいくとは限らない。スランプの時期において，技術や技能があればできないなりに形になることがあり，その時でも最低限のレベルには達したものが作れるからこそ，芸術が〈仕事〉として成り立つ。

> M2：それまでにわりと，少しずつ発表してたので，評価は出てたんですけど，ほんとに
> 　　　行けたねっていうのが20XZ年だったので，それまではずっと苦しんでたんですかね。
> 髙橋：そのときもずっと書けないなーってまま？　書けはしたけど？
> M2：書けないけど書けないなりにどう書くか，っていうのをみちみちやってたってっ
> 　　　いう。

　スランプだからといって〈仕事〉を辞めるのではなく，納得しきれる作品を書けなくても，最低限の要求を満たしつつできないなりに作品発表をし続けることは，明確に表現するために必要な経験であった。この時期を経てスランプを脱し，作曲において自分のなかの表現したいものを明確に形にできるようになったとM2さんは話す。

　「やりたいこと」は不変で絶対でもなければ，常に維持できるものでもない。だからこそ，〈仕事〉を続けたりやりたくないことにも目を向けたりすることで改めて「やりたいこと」に気づくこともある。外からの期待や要求に〈仕事〉を通じて応えることは，自身の芸術活動への評価や反応を受け入れることである。

4-4　「やりたいこと」を通じた過去の再解釈と未来への抱負

　とりわけ職業として芸術活動を続けていくためには，〈仕事〉は不可欠な要素である。それは金銭的対価を得るだけではなく，他者との相互作用によって創発的な芸術実践を可能にするからである。ただし，他者から依頼される〈仕事〉のなかに自分の核を見つけてしまうと，「やりたいこと」がすり替わることもある。

　A4さん（30代・女性・美術作家）は美術大学を経た後に日本で就いた美術関係の

教育職のなかにやりがいを見出し，教育職は自分にとって「やりたいこと」と〈仕事〉が一致した活動だと認識していた。しかし，海外でのレジデンス（滞在制作）に次第に目を向けるようになると，その考えは変化する。教育職に就いていたかつての自分をインタビュー時点では次のように振り返る。

> A4：だけど，逆に言えば〔引用者注：教育職が〕適任，というか自分に合ってしまっているから，なんて言うかアーティスト業を，に，言い訳をしてしまってきた部分もあるので。それはとりあえずアーティストになって教育に関われるんだったら将来的にはあるかもしれないけど，まず自分は言葉を得ないといけないなと思って。今はすごく制作に，自分のやりたいことに集中しようと思っています。

　「アーティスト業」という別の選択肢を選んだ現在から振り返れば，教育職の時は「アーティスト」としての「やりたいこと」を覆い隠し，〈仕事〉として他者からの要求に応えることこそが「やりたいこと」だと感じていたのではないか，と自らの考えを顧みている。かつては教育に携わることで他者からの期待に応えていたが，今は自分の「やりたいこと」や表現したいことに向き合うことを優先しつつ，自分の作品やその制作を媒介に他者の問いかけに応答し，コミュニケーションをとっていきたいと考えていた。

> A4：コミュニケーションをしたかったんです。外の人と。だからなんて言うんだろう……うーん，必ずしも，まったくその人と，〔引用者注：作品を通して〕誤読が生まれてもいいかもしれないんだけど何か形によって，誰かの記憶を喚起させたりとか，接点をもてるもの，にしたいと思ったんだと思います。個人完結するものではなくて。

　A4さんは作品制作において他者を意識することで，誤解（「誤読」）が生まれたとしても，作品を通じてコミュニケーションしようとしていた。「やりたいこと」を自らのなかで明確に意識することによって，他者から求められる新たな〈仕事〉との対比から，自分の作品制作の可能性の広がりを感じていた。

　もちろん，自分の表現について十分に理解されないまま依頼される〈仕事〉もあろう。調整やコミュニケーションの重要性を踏まえつつ，次のように話していた。

> A4：最初のころはすごい抵抗していて。見てもらう人に自分の，活動みたいなものを

誤解されてしまうと，そっち〔引用者注：A4さんの意図していない分野やジャンル〕の世界になっていっちゃうので。やたら線引きしてたんですけど。今は何をやっても大丈夫です（笑）。もう心は乗り越えたかなという感じで。

　A4さんは自分の考えや表現，つまり自分にとっての「やりたいこと」が明確になったからこそ，他者からの依頼に応じる〈仕事〉も楽しめるようになった。教育職をやっていた当時は美術を教えることを自分の中心においていたが，インタビュー時点では作品制作を自分の核として考えていた。海外に拠点を移すことになったA4さんは，自身の経緯の振り返りをしたうえで，今後は美術作家としてできることに集中したいと話していた。

　〈仕事〉として依頼された作曲作品（委嘱作品）を請けつつも，「やりたいこと」に従った自分らしい作品をどう世に出すのかについて，演奏活動をしながら作曲も行うM3さん（30代・男性）は次のように今後の展望を話していた。

> M3：委嘱作品って誰かに献呈するとか誰かのために作るってことが多い。自分のために作った作品ってあまりないじゃないですか。歴史的にも。だから，そこは自分のなかのビジョンとして自分のための作品も作りたいっていう。自分のために作った自分の作品で勝負したいというのもありつつ，でも，誰かのために従来のクラシックのように，頼んできてもらった人のために作ることで報酬を得るという仕事もし続けるかなとは思っているんですけど。今そんな最中です。

　M3さんは今後，誰かのために〈仕事〉として作った作品だけではなく，「自分のための作品」を作曲し，「やりたいこと」でも報酬を得ることを目指していた。「やりたいこと」と〈仕事〉の二つのアウトプットの仕方を維持しつつ，それの組み合わせで自身の芸術活動の独自性を示そうとしていた。

　芸術に関わり続けるためには「やりたいこと」を最優先すべきであり，「やりたいこと」だけできるようになることが芸術家として達成すべき目標だと考えてしまいがちだが，それだけやり続けることは不安定である。そして〈仕事〉のなかにだけ「やりたいこと」を見出そうとすることもまた難しい。そこで芸術家たちは「やりたいこと」を積極的に呈示しつつ，他者からの依頼である〈仕事〉をその応答として捉えていた。自身の芸術活動に対してときに誤解や異なった解釈が生まれることもありつつ，その違いを調整したり，少なくしたりすることで，芸術家としての

自らの実践や作品を世に伝えていこうとしている。

4-5　〈仕事〉に対する「やりたいこと」の卓越

　本章で例示した芸術家たちは，自分の核となる「やりたいこと」の達成のために，他者から求められる〈仕事〉を制限したり調整したりする。両者の分離と近接に加えて，そもそもの「やりたいこと」と〈仕事〉の内実や目指すものそのものもまた変化し続けている。

　個々人の選択や判断の違いは，よって立つ芸術分野において〈仕事〉の性質が異なることにも由来していよう。美術の場合，必ずしも依頼や発注がなくても，またA1 さんのように第三者から「売れないよ」と言われても作品制作を継続する人もいる。モノとしての作品があればいつかは売れる可能性がある。と同時に「やりたいこと」としての芸術活動を分離して別に〈仕事〉としての芸術活動を設定したり，芸術業界外の労働や仕事を設定したりすることで複数の仕事の掛け持ちを行い，芸術活動を維持するのである。

　他方，演奏やパフォーマンスには発表機会が必要であり，教育職も他者からの反応が内包されている。〈仕事〉のなかに「やりたいこと」を忍び込ませて近接させる活動が可能であると同時に，掛け持ちする仕事の種類が少なくなる傾向があると推測できる。

　A4 さんは〈仕事〉のなかに「やりたいこと」とのつながり（近接）を見出すことができたことで，自分の制作の方針がみえてきたと話す一方，M3 さんは，〈仕事〉としての委嘱作品と「やりたいこと」としての「自分のための作品」を分離することで，「やりたいこと」を強調させていた。これはそれぞれの分野の常識や通例を踏まえつつ，それを覆すことで自分らしさを見出そうとする取り組みともいえる。

　その芸術活動にどの程度の人数が関わるのか，どの程度の（経済的・人的・物質的）資源が必要とされるのかによって，個人のなかでの「やりたいこと」と〈仕事〉との距離が設定される。芸術家たちにとって時間も資源であり，芸術活動の調整における判断材料になる。他者から求められる〈仕事〉に応え続けることは，「やりたいこと」のための時間を減らすことになる。自身の核となる「やりたいこと」と他者から依頼される〈仕事〉との間での均衡をとることは，芸術実践に限らず他の社会活動の場面でも見られる。ポピュラー芸術や商業芸術は，多くの人が関わる制作形態が想定されている。職務上の役割やヒエラルキーも存在するため，必ずしも個人の要求が通るわけではない。他方，個人で完結する活動であるほど個人の裁量に

任されやすく，ある程度個人での管理や調整が容易である。図 6-1 の中心に近い創造芸術の場合は「やりたいこと」を貫くことが前提にあり，それをうまく調整する方法を模索する傾向があろう。

5　〈仕事〉に基づいて「やりたいこと」を定める

本章では，芸術活動が「やりたいこと」と〈仕事〉で構成されているとみなし，芸術家の活動経歴の回顧的な語りの分析を通じて，両者の相互作用と管理を論じた。

本章で例示した美術作家と音楽家は，図 6-1 のうち，より中心に近い活動に従事しようとする。美術大学や音楽大学で訓練や教育を受けてきた人たちは他者からの要望に応えた〈仕事〉をしつつ，芸術教育によって訓練づけられた自身の「やりたいこと」を追求する。確かに高等芸術教育の根幹には内発性に基づく芸術性や創造性の追求という原理がある。これは自分で「やりたいこと」を追い求め続けることだと言い換えることができる。しかし内向的に「やりたいこと」にのみ応答し続けることでかえって自分自身を見失うことがある。観客や他の同業者からの期待や要望に応えたり，時には芸術以外の活動にも興味をもったりするような〈仕事〉もあわせて行うことで，図 6-2 の同心円モデルの中心に位置する芸術実践（「やりたいこと」）を明確にし，芸術家としての自己を維持することが可能になる。

アリソン・ガーバーが調査した美術作家の語りにおいても，内発的な動機に基づいて芸術活動に没入するものだとする「職業に基づく説明」（vocational account）と，他者に応じて行う〈仕事〉として芸術活動を捉える「関係に基づく説明」（relational account）の絡み合いがみられた。数字では測りにくいものの，両者は価値や作品の質を測る際の評価軸の両極として位置しているのであり，芸術家たちはその間で自らの芸術実践の管理を行っている（Gerber 2017: 57-85）。

本章の第一の問いに答えるならば，「やりたいこと」と〈仕事〉の分離の方針を採ることは，両者の差異化によって「やりたいこと」を明確にする一方，近接の方針では共通点を見出すことで両者を関係づけるといえる。

第二の問いにおける管理と自己認識の実態においては，「やりたいこと」を前提にしつつ，その時点の自分の活動方針から示すべき〈仕事〉の選択を行い，過去の経歴や活動を回顧する語りのなかでは，当時の選択や判断を相対化して再認識することになる。同時にその方針は未来の展望を語る時にも反映される。

経済的利益をなげうっても〈仕事〉に「やりたいこと」を見出す周縁的建築家の

事例は将来的な見返りを期待しての投資である。他方，公演収支が黒字になろうと

もそれを〈仕事〉とせず「やりたいこと」とする社会人劇団の俳優にとって，舞台

に立つことはあくまで趣味であるという認識が自身の活動の基盤にある。これらの

先行研究の事例に従えば，本章で分析した美術作家や音楽家もまた，長期的な「や

りたいこと」に合わせて〈仕事〉の経済性を考慮しないことがありえる。特に自分

の名前で〈仕事〉を請けつつ，図 6-1 の同心円モデルの中心に位置する核となる創

造芸術に従事する芸術家の場合，芸術活動における裁量や創造性が発揮しやすい。

そのため，自身の「やりたいこと」に合わせて〈仕事〉の請け方と見せ方を調整し，

「やりたいこと」に近く外に示すべき〈仕事〉と，「やりたいこと」から分離された

暗黙の〈仕事〉の両方を管理することが可能になる。

　だからこそ，そこに搾取されているという意識は薄い。〈仕事〉を複数掛け持ちそ

の管理をすることは，個々の〈仕事〉の経済性を複合的に解消し，経済的なリスク

回避の役割を果たしているだけではない。自身の「やりたいこと」に呼応して〈仕

事〉のポートフォリオを作り上げ，複数の仕事の掛け持ちを行うことは，その個人

の芸術家らしさや自己呈示における要素となるのである。

　本章で取り上げたフリーランスの美術作家や音楽家が，自律的に自身の活動や依

頼を選択しやすい存在である。しかし，吉澤がアートプロジェクトに見出したやり

がい搾取においては，不安定雇用や契約に基づく創造的労働としての逃れがたさが

反映されており，他者からの応答に応えるという〈仕事〉の拡張の失敗が表れてい

る。個人の裁量が少ないとき，本来ならば自分で選択できる調整や管理が自由にで

きなくなる状況が起こりうる。それに対して阿部真大（2006）が論じた自己実現系

ワーカホリックになっていくバイク便ライダーの事例は，本来の業務のなかに「や

りたいこと」を過剰に見出した結果といえる。自由に選択できる（ように見える）か

らこそ，その過剰さが没入を誘発し，「やりたいこと」の拡張が失敗を導く。自律性

をもちつつ，没入しすぎない構造や，その没入を防ぐ同業者同士の結びつきが，適

切な芸術創造環境の維持のためには重要になる。

　不安定な社会を生きる芸術家の態度は，アート的思考や芸術的な発想力として芸

術業界以外（とりわけビジネス業界）からも注目を集めている。これらの論調にはそ

もそものアートの定義の偏狭さや「良い」ものだけを称揚することへの疑義が呈さ

れていることに加えて（森 2021），創作や実演を伴わずに芸術から思考様式やアイ

ディアだけを抽出することは可能なのだろうかという疑問も残る。本章の問いに立

ち返れば〈仕事〉を抜きにして「やりたいこと」は成立するのだろうかと言い換え

ることもできよう。芸術活動は芸術実践における「やりたいこと」という核があるからこそ生じるものであると同時に，それを支える〈仕事〉もなくては成立しえない。芸術活動と社会の相互作用を見定めていくのであれば，図6-1における同心円の周辺の実践のみならず，その核にある芸術実践も探究していくべきであろう。

【付　記】
本章は2019年度山岡記念財団研究助成，ならびに科研費19K21731の成果の一部である。インタビューにご協力いただいたみなさん，ならびにインタビュー調査を共同で実施した相澤真一先生（上智大学）に感謝を申し上げます。

【引用・参考文献】
阿部真大, 2006,『搾取される若者たち——バイク便ライダーは見た！』集英社.
荒川葉, 2009,『「夢追い」型進路形成の功罪——高校改革の社会学』東信堂.
髙橋かおり, 2015,「社会人演劇実践者のアイデンティティ——質の追求と仕事との両立をめぐって」『ソシオロゴス』39: 174-90.
髙橋かおり, 2018,「芸術家の海外経験が持つ意味——キャリア形成の観点から」山田真茂留編『グローバル現代社会論』文眞堂, pp.67-89.
髙橋かおり, 2021,「たぶん富山ずっと住んでると，少なくとも岡山のデニムは欲しがらないと思うんですよ（語り手＝松澤くれは 聞き手＝髙橋かおり）」岸政彦編『東京の生活史』筑摩書房, pp.772-78.
田村公人, 2015,『都市の舞台俳優たち——アーバニズムの下位文化理論の検証に向かって』ハーベスト社.
日本労働研究機構編, 2000,『調査研究報告書 Vo.136 フリーターの意識と実態——97人へのヒアリング結果より』
野村駿, 2021,「夢追いバンドマンにとって音楽活動は趣味なのか，仕事なのか」宮入恭平・杉山昂平編『「趣味に生きる」の文化論——シリアスレジャーから考える』ナカニシヤ出版, pp.67-75.
松永伸太朗・永田大輔, 2017,「フリーランスとして「キャリア」を積む——アニメーターの二つの職業観から」『日本オーラルヒストリー研究』13: 129-50.
松村淳, 2021,『建築家として生きる——職業としての建築家の社会学』晃洋書房.
森功次, 2021,「「ビジネスパーソンのためのアート」本の流行と，教育的に注意すべきこと」『人間生活文化研究』31: 409-19.
吉澤弥生, 2015,「労働者としての芸術家たち——アートプロジェクトの現場から」『文化経済学』12(2): 1-5.
Arendt, H., 1958, *The human condition,* Chicago: The University of Chicago Press.（志水速雄訳, 1994,『人間の条件』筑摩書房.）
Gerber, A., 2017, *The work of art: Value in creative careers,* Stanford: Stanford University Press.
McRobbie, A., 2016, *Be creative: Making a living in the new culture industries,* Cambridge: Polity Press.
Menger, P.-M., 2006. "Artistic labor markets: Contingent work, excess supply and occupational risk management," *Handbook of the Economics of Art and Culture,* 1: 765-811.
Sennett, R., 2008, *The craftsman,* New Haven: Yale University Press.（高橋勇夫訳, 2016,『クラフツマン——作ることは考えることである』筑摩書房.）
Throsby, D., 2008, "The concentric circles model of the cultural industries," *Cultural Trends,* 17(3): 147-64.

第7章

夢を追うために正社員になる

文化・芸術活動者の労働を問う

野村 駿

1 問題の所在：夢追いフリーターはもう古い？

1-1 夢追いフリーターから夢追い正社員へ

　本章では，「音楽で成功する」といった夢を掲げて活動するロック系バンドの
ミュージシャン（以下，バンドマン）を事例に，文化・芸術活動者の労働について考
える。ただし，それは彼らの活動自体に労働的側面を見出すものではない。一方で
夢を追って精力的に活動しながら，他方である者はフリーターとなって，またある
者は正社員として働くという，この二面性を検討するのである。夢を追ってフリー
ターになる前者は，これまで夢追いフリーターとして把握されてきた。

　1990年代以降の長期経済不況は，若者の学校から職業への移行のあり方を大き
く変化させた。教育社会学では，若年無業やフリーター／ニートといった若者の移
行・就労問題をいち早く取り上げ，その不安定で困難な実態と，それらの問題を引
き起こす構造的背景とが明らかにされてきた（苅谷ほか 1997; 粒来 1997）。

　日本労働研究機構編（2000）は，フリーターになった契機と意識に着目して，フ
リーターを「モラトリアム型」「夢追求型」「やむを得ず型」の三つに類型化した[1]。

1）「モラトリアム型」は「やりたいことを探したい，正社員になりたくないなどの理由からフリー
　ターになったタイプ」，「夢追求型」は「仕事以外にしたいことがあるため，当面の生活の糧を得
　るためにフリーターになったタイプ」，「やむを得ず型」は「正社員になれない，または家庭の事
　情などで，やむなくフリーターになったタイプ」を指す（労働政策研究・研修機構編 2017: 114）。
　なお，「夢追求型」はフリーターの中で多数を占めるわけではない。労働政策研究・研修機構編
　（2017: 114）では，フリーター類型の分布を2001年，2006年，2011年，2016年（いずれも25-
　29歳）の4時点で示している。そこでは，「夢追求型」はもっとも少なく，「11.0%→25.4%→
　22.5%→20.3%」となっている（ちなみに「モラトリアム型」は，「46.0%→41.0%→37.8%→34.2%」，
　「やむを得ず型」は，「43.0%→33.7%→39.7%→45.5%」）。

このうち，「夢追求型」に相当する夢追いフリーターは，「芸能関係の職業，もしく
は職人・フリーランス型の職業につきたいという，明確な目標をもっている」とさ
れ，いずれも「それらの労働市場は未経験者を新規学卒一括採用のような形態で正
社員に採用する市場ではなく，安定した地位と収入を得るまでには長い試行錯誤の
期間を必要とする市場である」という特徴がある（日本労働研究機構編 2000: 23）[2]。

　では，彼らはいったいどのような夢を追っているのか。日本労働研究機構編（2000:
26-9）によると，「夢追求型」（27 名）が目指す職業の内訳では，バンドや歌手などの
音楽関係が 10 名ともっとも多く，劇団や俳優などの演劇関係 5 名，バーテンダーなど
の〈手に職〉4 名，〈アート・デザイン関係〉3 名，〈執筆関係〉3 名となっている。そ
のほとんどが，何らかの文化・芸術活動を伴う職業である。ここに，夢追いが特定の
文化・芸術活動とフリーターという働き方が結びついて立ち現れる様相が指摘できよ
う。

　こうした夢追いフリーターについて，先行研究では大きく次の二点から説明がな
されてきた。第一に，やりたいこと志向に代表される若者の意識に着目した研究で
ある。やりたいこと志向そのものは，フリーター全体，ひいては若者全体に共有さ
れた意識であることが強調されているが（下村 2002），そのなかでも夢追いフリー
ターは，まさに自身のやりたいことを追求するべくフリーターとなっている点で中
心的な存在だといえる。

　ただし，だからこそ先行研究では，自身のやりたいことを追求して夢を追うフ
リーターではなく，「実際には夢を追っていない」夢追いフリーターの存在を指摘
し，問題化してきた。たとえば，小杉礼子（2003: 100）は，「「夢」に向かう具体的
な活動や努力に欠け，「夢を持つ」という生き方が好ましいから「夢」を語っている
にすぎない，ファッションとしての「夢追い」である者も見られる」と述べる。ま
た，生井達也（2013）も，「当該活動で生計を立てる」という夢を追うのではない形
で，フリーターとしてクリエイティブな活動に従事しようとする若者がいることを
示して，夢追いという見方の一面性を批判している。やりたいこと志向が強いから
こそ夢追いフリーターになるという説明はきわめてわかりやすい。だからこそ，夢
追いフリーターに概括されながらもそこから逸脱する者——夢を追わない夢追いフ

---

2) もともと「フリー・アルバイター」の略称であるフリーターは，「当時〔1980 年代後半〕増えつ
　つあった，学校を卒業しても定職に就かずアルバイトで生計を立てる若者たちを指した。念頭に
　置いていたのは，何らかの目標を実現するため，あるいは組織に縛られない生き方を望んで，あ
　えて正社員ではなくアルバイトを選ぶ若者であった」（小杉 2003: 1）。その点で，夢追いフリータ
　ーは，フリーターの原義にもっとも近い。

リーター——を示すことで新たな知見を導き出してきたといえる。ただし，それによって，夢を追う夢追いフリーターの実態は十分に論じられてこなかった。

　第二に，夢を追う若者にフリーターを選択させる構造について論じた研究がある。本田由紀（2004）は，夢を追うにあたってフリーターという働き方が選択される背景を「特殊労働市場要因」として説明した。つまり，副次的にフリーターとして生活費を稼ぎながら参入するしかない職種の労働市場が，「特に文化・芸術活動の中心である大都市圏」において，「一定の規模で成立して」おり，「これらの職業はいずれも何らかの「才能」や特殊スキルを必要とし，多くは雇用されることなく自由業の形態をとる」（本田 2004: 98）。こうした構造があるからこそ，特定の文化・芸術活動に従事し，それを生業にしようとする若者たちは，夢を追うためにフリーターへと水路づけられていくのである。

　「社会的弱者としての若者」（宮本 2002）が発見されて以降は，どちらかというと「やむを得ず型」をはじめ，より不利の大きい若者の困難に焦点が当てられてきた（中西・高山編 2009; 宮本ほか編 2021 など）。そのなかで，夢追いフリーターを対象とした上記の知見は，貴重かつ重要なものである。

　しかしながら，次の二点で課題を指摘することができる。第一に，先にも述べたように，先行研究では必ずしも夢追いフリーターの実態を十分に論じてこなかった。「夢を追わない」夢追いフリーターの発見は，反対に夢を追う若者の存在を前提にすることで，それ以上の追究を困難にさせる。無論，夢追いフリーターの実態がまったく捉えられていないわけではないが（小杉 2003），なぜ特定の文化・芸術活動に従事して夢を追うことがフリーター選択へと結びつくのかについては，十分な説明がなされてこなかった。この点に回答するのが本田（2004）であるが，多くの文化・芸術活動にあてはまる全体的な説明にとどまっており，特定の文化・芸術活動に固有の文脈を踏まえた議論が必要である。

　そして，さらに重要な課題として，第二に，既存の研究は夢追いフリーターに着目するあまり，フリーター以外の形で働きながら，なお夢を追って文化・芸術活動に取り組む者の実態を看過してきた。端的には，夢追いフリーターではなく夢追い正社員とでも呼べるような若者たちが存在している。

　この点を考えるにあたって，社会人演劇実践者の事例を検討した髙橋かおり（2015）が参考になる。髙橋（2015）は，正社員として働きながら，演劇の質も追求するという形で活動することの可能性と困難性を論じた。つまり，自ら社会人劇団を立ち上げ，計画的な時間管理によって仕事と演劇の両立を可能にさせる一方で，結

婚・出産・看病という家庭問題に直面することで両立が困難となり，演劇の中断に至るプロセスである。この知見は，必ずしも夢追いを論じたものではない。しかし，何らかの将来の夢を抱いて，その実現のために文化・芸術活動に従事する若者を対象とする本章では，大多数が夢を追うにあたってフリーターを選択するなかで，どのようにして正社員となり，文化・芸術活動との両立がいかに図られているのかを，その過程で直面する困難も含めて検討する必要がある。フリーターではなく，正社員として文化・芸術活動に取り組み，夢を追うことは可能なのだろうか。本章では，正社員になった夢追いバンドマンを取り上げることで，夢追いフリーターとは異なる論理で活動する彼らの実態を明らかにし，そこから，フリーター／正社員を問わず，何らかの形で働きながら文化・芸術活動に取り組み，夢を追うことが孕む困難性を指摘したい。

1-2　文化社会学・ポピュラー音楽研究における文化・芸術活動と労働の関係

　以上の課題に取りかかる前に，先行研究において文化・芸術活動と労働の関係がどのように論じられてきたのかを振り返っておこう。本章で事例とするバンドマンを含めた様々なミュージシャンやアーティストの実態については，文化社会学・ポピュラー音楽研究に蓄積がある。

　たとえば，グローバルに活動するインディー・ミュージシャンについて検討した平松絹子（2017），人的ネットワークを巧みに用いながら活動機会を得るラップ実践者の実態を論じた木本玲一（2003），ストリート・ミュージシャンの「他者への認識」「路上への意味づけ」「演奏の目的」から，その拡散＝多様化傾向を指摘した木島由晶（2006）などである。これらは，対象も注目点も異なるが，いずれも音楽活動に従事する者を捉えて，それを様々な角度から分析している。

　また，ミュージシャンのみならず，音楽の「受け手」であるオーディエンスにも焦点を当てて，両者の関係性を論じた研究がある。様々な音楽空間でのパフォーマーとオーディエンスの関係を検討した宮入恭平（2008）や，アイドルとファンとのコミュニティを〈ライブアイドル共同体〉と位置づけて，ライブアイドルの労働問題を論じた竹田恵子（2017）などである。さらに，音楽産業や市場のマクロ構造との関係からミュージシャンの活動を捉えた研究もある（Frith 1983=1991; Toynbee 2000=2004）。

　このように，ミュージシャンの音楽活動自体は多くの研究で論じられている。しかし，音楽活動のみで生計を立てられる者がきわめて限られるにもかかわらず，音楽活動とは別に働いている側面はほとんど顧みられてこなかった。文化・芸術活動

者としてのミュージシャンの実態が子細に描きだされる一方で，時にそれを支え，彼らの生活の重要な一部を構成する労働の側面については十分に検討されてこなかったのである。

　そこで，本章では，夢追いバンドマンたちがフリーターや正社員として働きながらバンド活動に取り組む実態を記述することで，それぞれの選択がもたらされる背景を明らかにする。次節で使用するデータの概要を示した後，第3節で夢追いバンドマンたちのフリーター選択プロセスを，第4節と第5節で正社員となって夢を追うバンドマンたちの戦略や困難を検討する。

2　使用するデータ

　筆者はこれまで，愛知県に所在する複数の小規模ライブハウス（150〜250人キャパシティ）に通いながら，そこで活動する夢追いバンドマンを対象に調査を行ってきた。調査期間は，2016年4月から2020年2月までで，合計35名のバンドマンにインタビューを行った。彼らのほとんどが，離学時にフリーターとして夢を追い始めている（28/35名）。

　その一方で，本章で中心的に取り上げるのは，正社員として夢を追うに至ったバンドマンたちである。離学後すぐに正社員となったのは，調査当時学生で正社員希望の3名を含めた7名である。加えて，離学時にはフリーターとなったが，その後正社員へ移行した5名も分析対象にする。彼らは，フリーターと正社員の両方を経験しており，それぞれへの意味づけを検討することができるからである。また，Mは調査時点でフリーターであったものの，メンバーの正社員化に伴って考えを大きく変えた旨を語っており，本章の検討に重要な示唆を与えてくれるため，同じく分析対象とした。表7-1には，正社員となった12名と，Mを含むフリーターバンドマン3名の属性をまとめた。分析に先立って，彼らの特徴を確認しておこう。

　まず，全員が男性であり，LとNを除いて大学進学者がほとんどである。これらは，筆者の調査全体にも当てはまる傾向であり，以下の分析結果を読み解く際の留意点となる。

　次に，彼らの職種とバンド活動継続の有無をみたい。正社員となった者たちの職種については，音楽に関連する仕事に就いた者はCのみであり，それ以外はまったく関係のない職種である。また，フリーターから正社員へ移行した者に限ると，それによってバンド活動を辞めた者が2名いる（表7-1「バンド活動継続の有無」の項

目：×）。残りの３名は，正社員に移行してもなお夢を追い続けるという選択をしていたが，バンドの解散や新型コロナウィルス感染拡大の影響を受けて，他のバンドのサポート活動のみ，もしくは表立った活動がまったくみられなくなった（△）。

インタビューは原則個別に行い，「バンドを始めた契機」「現在の活動状況」「将来展望」を主な質問項目に，半構造化の形式をとった。調査時間は１時間から３時間程度である。なお，離学後すぐに正社員となった者でも，フリーターから正社員に移行した者でも，余暇の一つとしてバンド活動に取り組む者はいない。全員がプロのバンドマンになることを目指している／いた点で共通する。したがって，本章の検討はあくまでも夢追いバンドマンの経験であることを強調しておきたい。

分析では，得られたすべての語りに対しコードを付して，フリーターおよび正社員としての職業生活に関する部分を抽出した。そして，バンド活動との両立がどのように達成されているのかを，特に共通する経験に着目して確認した。以下の分析では，その典型的な語りを引用しながら議論を進める。＊は筆者発言を，…は中略を，［ ］は筆者補足を示す。

表 7-1　研究参加者の概要（筆者作成）

仮名	性別	生年	最終学歴	雇用形態	音楽関連の職種か否か	バンド活動継続の有無	担当
A	男性	1988	大卒	正社員	×	―	ドラム
B	男性	1991	大卒	正社員	×	―	ボーカル
C	男性	1995	大学中退	正社員	○	―	ドラム
D	男性	1996	大卒	正社員	×	―	ボーカル
E	男性	1996	大学在学	正社員希望	―	―	ギター
F	男性	1996	大学在学	正社員希望	―	―	ドラム
G	男性	1996	大学在学	正社員希望	―	―	ベース
H	男性	1991	大卒	フリーター→正社員	×	△	ドラム
I	男性	1992	大卒	フリーター→正社員	×	×	ベース
J	男性	1992	大学中退	フリーター→正社員	×	△	ボーカル
K	男性	1992	大卒	フリーター→正社員	×	×	ベース
L	男性	1997	高卒	フリーター→正社員	×	△	ボーカル
M	男性	1994	大学中退	フリーター	×	―	ボーカル
N	男性	1996	高卒	フリーター	―	―	ギター
O	男性	1994	大学在学	フリーター希望	―	―	ボーカル

第1部

3　夢追いバンドマンのフリーター選択・維持プロセス

　分析に入る前に，本章で対象とする夢追いバンドマンについて，文化・芸術活動と労働の関係をもう少し丁寧に押さえておこう。彼らは，一方でフリーターや正社員として働きながら，もう一方でバンドマンとして音楽活動を行っている。これは，既存の枠組みでいえば，「仕事 - 趣味」や「労働 - 余暇」として区別されてきたものと重なる。つまり，生活費を得ることを主目的にした「仕事」「労働」としてのフリーターや正社員であり，それ以外の「趣味」「余暇」としてバンド活動に取り組むという理解である。

　ただし，すぐさま問題になるのが，本章で検討するような夢追いバンドマンたちが，バンド活動を決して「趣味」や「余暇」とはみなしていない点である（野村2021）。言い換えれば，正社員として働いていることを「仕事」や「労働」の側に位置づけたとき，自ずとバンド活動はそうではない側に位置づけられるが，彼らは決して趣味や余暇活動の一つとしてバンド活動に取り組んでいるわけではないのである。あくまでも，それを仕事にすることを目指している／いた点で，趣味や余暇活動とは明確に異なるものとして捉えられている。

　　＊：じゃあ今はまったく趣味でやってる感覚はない？
　　Ｎ：ないです。だから僕，趣味は？って聞かれたときにギターって答えたこと１回もないです。始めたときから趣味ではなかったんで。まあ，なんだろ。趣味っちゃ趣味なんすけど，好きなことではあるんですけど，趣味は趣味じゃないですか。僕は仕事にしたいんで趣味じゃないんです。

　「仕事にしたいんで趣味じゃないんです」というＮの語りからは，バンド活動が「趣味」とは異なる位置づけを与えられていることがわかる。まさに彼らは，仕事にすることを目指してバンド活動に従事しつつ，それとは別の部分で，フリーターや正社員として働いているといえる。

　そして，この働き方の選択肢として，ほとんどのバンドマンがフリーターを選んでいる。野村（2018）では，バンドマンたちが夢を追うにあたって積極的にフリーターを選択・維持する背景を，「若者文化の内部構造」の視点から検討した。

　はじめに着目したのは，彼らがバンドという集団で活動している点である。活動形態の集団性が，メンバー全員の進路をフリーターへと誘う力学を生んでいる。次

のＯの語りでは，「趣味ではやりたくない」というメンバーの主張に促される形で，就職せずにフリーターとして夢を追い始めたことが示されている。

　＊：［バンド名］って何年目ですか？
　Ｏ：［バンド名］自体は３年目で，しっかりバンドやりだしたのが去年の５月から。
　＊：しっかりやり始めたっていうのは？
　Ｏ：あの，それまではデビューできたらいいねぐらいでやってたんですけど，ちょっと色々あって，メンバーが変わったんですよ。そのときに，僕はずっと趣味でやってこうって思ってたんですけど，じゃあどうする？みたいな。大学４年生になるときだったので，やっぱ進路とバンドとで選ぶじゃないですか。だから一回やめようってなったんですよ，バンド。…でも，バンドをやっぱ俺は趣味でもやりたいってなって。けど，メンバーは趣味ではやりたくないって。そんだけあいつはバンドに対する思いが強かったので，趣味でやるぐらいだったらやらないって。やるなら本当に就職せずにそのまま頑張っていきたいってふうに言ってて。そんな感じで真剣にやろうかって。

　そして，彼らがフリーターであり続ける理由にも，この活動形態の集団性が大きく関わっている。つまり，集団で活動する以上，メンバーとスケジュールを共有する必要があり，そのためにもフリーターになる／であることが有効なのである。それは，夢の実現を目指して精力的に活動しなければならない夢追いバンドマンだからこそ，より顕著に確認できるものである。

　Ｊ：やっぱ，どうしてもバンドがおろそかになるのが一番嫌だから。その，自分が金持つよりかは，もう普通にバンドのことちゃんとできる時間がほしいし。あと，そうだな，正社員，でも四人とも正社員になるとさ，休みが合わないじゃん。ほぼ働いた後にライブなんてできないわけよ。てなると，ほぼライブできる日がないから。
　＊：集団で動いてるからこそ，フリーターじゃないとみたいな？
　Ｊ：そうそうそう。逆に誰か一人が就職すれば，みんな就職すると思うのよ。誰か一人が就職すると，休みがこの日しかないってなっちゃうから。それだとフリーターやってる意味もあんまりなくなってくるじゃん。

　このように，バンドマンたちが夢を追うためにフリーターになることには一定

の合理性がある。彼らは，フリーターになることで，バンドという集団でより円滑に活動することができるのであり，またそのためにフリーターであり続ける。では，正社員バンドマンたちは，夢を追うにあたって，なぜフリーターではなく正社員を選んだのだろうか。正社員として働きながら夢を追ってバンド活動をする生活とはいかなるものなのか。これまでの研究では，夢追いフリーターに注目が集まる一方で，フリーターではない形で夢を追う若者は，ほとんど等閑視されてきた。夢を追うにあたってフリーターになる／であることのメリットを享受できない彼らは，独自の方法や意味づけでもって，その現実に対処していると考えられる。以下では，正社員バンドマンたちがフリーターではなく正社員をあえて選択した背景に迫りながら，その戦略と困難を明らかにする。

4 正社員になった理由：「バンドマンはフリーターでなければならない」？

　正社員になったバンドマンたちから口々に語られたのは，夢追いバンドマンをフリーターに誘おうとする様々な力学が存在しているということである。研究参加者のほとんどがフリーターとして夢を追い始めていたが，彼らの間では，「バンドマンはフリーターでなければならない」とでもいえるような規範が共有されていた。次のMの語りからみていこう。

> ＊：結構，バンドマンの人っているじゃん。「いや，フリーターじゃないとダメだ」みたいな。
> M：それね，本当ね，僕も一時期めっちゃ思ってましたね。なんか，もうバンドにどんだけ時間割けるか。バンドっていうものに対して，めちゃくちゃシビアに時間を使っていける。たとえば，バイトとかなら融通が利いちゃうわけじゃないですか。そういう立場であることがめちゃくちゃ大事やって，もうなんとなくそうやって思い続けてた時期があって。その，バンドにどんだけ尽力するかみたいな。

　フリーターであるMは，バンドに尽力するために「フリーターでなければならない」と考えていたという。それは，第3節で論じたように，フリーターであることによって，「バンドっていうものに対して，めちゃくちゃシビアに時間を使っていける」からである。「そういう立場であることがめちゃくちゃ大事やって，もうなんとなくそうやって思い続けてた」のである。

　このように，バンドマンに対してフリーターであることを当然視するようなまな
ざしは，とりわけ進路選択の迫った離学前のバンドマンに多大な影響を及ぼす。F
は，大学卒業後に正規就職を果たすべく就職活動を行っていたが，その際に周囲の
バンドマンから向けられた視線は否定的なものであった。たとえば，「フリーター
になったほうがバンドに時間割けるから」「就活してバンドできるの？」などと言わ
れたという。彼自身は，バンドマンがフリーターでなければならないとは決して考
えておらず，逆に周囲に反発して正社員になることを希望していたが，ここにはバ
ンドマンたちにフリーター選択を促すような磁場が，彼らの活動する環境に確かに
存在することがみてとれる。

　　F：まあ，どことは言わないっすけど，フリーターになったほうがバンドに時間割け
　　　るからみたいな。いやもう，確かにそう。時間の選択は自由かもしれんけど，時間
　　　数で言ったらそんなに変わらんのじゃないかと思って。なんか，薄いなー，その理
　　　論ってずっと思ってたんで。
　　＊：周りのバンド，ほとんどフリーターでしょ？
　　F：そうです。就活してバンドできるの？って。いや，できるでしょみたいな。でき
　　　るかできんかは，ねえ，できるっしょみたいな（笑）。それを言い訳にはしたくなか
　　　ったんで。確かに，動きづらくはなりますけど，そこに見合ううまい動き方が絶対
　　　あると思うんで。

　では，彼らはそうした状況のなかで，どのようにして正社員選択へと踏み切った
のか。はじめに強調すべきは，その選択は決して容易なものではなかったという点
である。フリーターとして活動するバンドマンが多勢を占めるなかで，正社員にな
ることには多くの葛藤が伴っていた。Dは，大学在学中のインタビューにおいて，
正規就職すると明確に語ったバンドマンの一人である。

　　＊：就活やってみてさ，これから正社員としてバンドやってくわけじゃん。そういう
　　　の考えたうえで，フリーターでやってる人たちに対してなんか思うこととかある？
　　D：フリーターで成功してる人というか，軌道にのってる人は，まじかっこいいと思
　　　う。覚悟を決めてやってるから。僕はまあ，言い方変えたら，そっちの覚悟は決ま
　　　らなかった，決めれなかった人なんで。なかには一本にした方が絶対捗るのにって
　　　思ってる人もいると思うから，僕の場合は絶対成功させないと。一個でやってこう

って決意した人は，それでちゃんと活動に落とせてる人はめっちゃ尊敬します。

＊：でも，周りから正社員じゃ無理だよみたいなこと言われない？

Ｄ：言われますよ，全然。難しいよねって言われます。平日に動ける方がいいって。

　Ｄはまず，「フリーターで成功してる人というか，軌道にのってる人は，まじかっこいいと思う」と評価する。それは，「覚悟を決めてやってるから」であり，自分は「そっちの覚悟は決まらなかった」。そして，「なかには一本にした方が絶対捗るのにって思ってる人もいると思う」と，フリーターにならないことをよく思わない人がいる可能性を示唆して，「難しいよね」「平日に動ける方がいい」と言われた経験を語っている。

　こうして正社員になったバンドマンたちに共通するのが，程度の差こそあれ，バンドマンとフリーターをつなげて捉える見方を否定的に評価している点である。つまり，「バンドマンはフリーターでなければならない」というまなざしに対して，正社員として夢を追い続ける活路を自ら切り開くことで，オルタナティブな可能性を提示しようとする[3]。たとえば，Ａは大学卒業後に正規就職を果たしたが，バンドマンは「フリーターでないとっていうのは一つのバイアスだと思ってて」と語り，「フリーターじゃないといけないとは思わない」と断言する。

Ａ：フリーターでないとっていうのは一つのバイアスだと思ってて。ずっと脈々と受け継がれてきた伝統なわけじゃないですか。じゃあみんなそうやってやってきたかっていうと，いやそうじゃないよねって。［バンド名］とかさ。もともと会社員でやってて，じゃあ自分たちでリスクとっていこうぜって。できるよね，別にっていう。

＊：結構探すといるんですよね。

Ａ：いるいる，全然いるよ。［バンド名］とかもそうだし。それはだから自分のタイムマネジメントをどれだけできるか。別にだからフリーターやっててもしっかりや

3）この点は，彼らが追求する夢の中身にも関係する。つまり，単に「音楽で売れる」といったバンド活動に関わる夢のみを語るわけではない。むしろ，彼らの生活においては正社員としての労働も重要な一部になっている。ゆえに，「普通に仕事しながら，結構なレベルのバンドをツアー回ったりとかしてるっていうロールモデルになりたい」（Ａ）といった夢が語られる。ただし，これに該当するのはＡとＤのみであり，音楽関連の職種に就くＣや，両立に著しい負担を感じるＢ（後述）からは確認できなかった。その点で，彼らの夢の中身については，さらなる検討が必要である。

ってる子は全然，俺，否定しないし，むしろ素晴らしいことだと思うから。別にそれが悪いとは思わないけど，フリーターじゃないといけないとは思わない。

また，Dはそれまでの学生生活の延長線上に，正社員として働きながらバンド活動を続ける展望を位置づけることで，正社員選択へと踏み切った。彼は，先の引用にもあるように，フリーターが多数を占める周囲の環境のなかで，様々な葛藤を経て，最終的に正社員になってゆくのだが，それは「大学と音楽を両立してる」という現在の状況から，大学卒業後も「忙しくしてたほうがいいのかな」と意味づけた結果である。

> D：僕が就職どうでもいいやって思ってるんだったら全然いいんですけど，音楽一本で。それこそ今，大学と音楽を両立してるじゃないですか。それよりきっと，大学よりきついとは思うんですけど，なんだろ，たぶん大学行ってなくって音楽一本っていう道は選んでないけど，もし選んでたとしたら，たぶんだれてたし，音楽一本だと。結構時間できるじゃないですか。何もしないと。バイトするにしても，でも朝とか暇だしみたいな。結構だらけると思うから，何か忙しくしてたほうがいいのかなっていう。

ここで論点となるのは，正社員になることに伴う時間の問題だろう。ここまでに引用したバンドマンたちの語りにも示されているように，時間に融通が利くことが，夢を追うにあたってフリーターが積極的に選択される背景であった。それに対し，Dはフリーターになると「朝とか暇」になる，「だらけると思う」という認識に依拠して，正社員になることに積極的な意味を見出している。同様の認識は，次のMの語りでも確認できる。

> M：むしろ社会人の働きながらバンドをやるっていうことに対して，フリーターバンドマンより絶対有効に使える時間は多いと思います。そもそも金銭的余裕があって，そのうえで，会社によるかもしんないですけど，基本的に定時で帰れて，そのあとの時間は自由に使えるわけじゃないですか。土日もある程度って考えると，別に平日のイベントも出ようと思えば出れるわけじゃないですか。そう考えたら，フリーターである必要ってなんやろうみたいな。

　また，A は「フリーターをやりながらバンドをやってる人，社会人をやりながら
バンドやってる人って別に雇用形態が違うだけであって，時間のスキームってそん
な変わらないと思う」と述べる。

　　A：これ核心だと思うんだけど，フリーターをやりながらバンドをやってる人，社会
　　　人をやりながらバンドやってる人って別に雇用形態が違うだけであって，時間のス
　　　キームってそんな変わらないと思うんだよね。もちろんフリーターの方が時間に
　　　融通が利くっていうメリットがあるけど，別に食ってくために生活して，俺も食っ
　　　てくために生活してるし。別にそれは，正社員かフリーターかなだけであって，別
　　　に時間の実感変わらないし，自分の意識の問題だと俺は思ってるから。

　つまり，彼らにとって，フリーターであれ正社員であれ労働しているからには，
自由になる残りの時間はほとんど変わらないと認識されているのである。フリー
ターのバンドマンたちは，「時間に融通が利く」というメリットを強調するが，それ
は「自分の意識の問題」でいかようにもなり，むしろ「金銭的余裕」というフリー
ターの難問をクリアできる点に，正社員であることの意義が見出されていく。
　このように彼らは，時に「バンドマンはフリーターでなければならない」という
規範に抗いながら正社員を選択している。そして，ここでも重要となるのが，バン
ドという活動形態の集団性である。先に示した J の語りにも，「逆に誰か一人が就
職すれば，みんな就職すると思うのよ」とあったように，正社員になったバンドマ
ンたちもまた，メンバーの影響を強く受けていた。
　このことがもっともはっきりわかるのは，M の語りである。彼は，当初こそバン
ド活動への尽力を最重視してフリーターでなければならないと考えていたが，その
後には「フリーターである必要ってなんやろう」と認識を改めている。その背景に
は，メンバーの正社員化が密接に関連していた。

　　＊：正社員になろうと思ったことある？
　　M：それね，今でも思ってます，正直。それは，僕のメンバーが社会人なんですよね。
　　　普通に土日休みの，完全週休二日の人なんで。って考えたら，それに合わせて就職
　　　すんのもありかなって思います。それこそだって，僕が今やりたいことっていった
　　　ら，そのメンバーと，どんだけおもろい，お客さんにどんだけ刺さることするかみ
　　　たいなところが信条なわけじゃないですか。やっぱ，そのメンバーとやるっていう

　ところがメインなわけで，自分の生活ってそれに合わせれるところって全然あると
思う。だから，就職も全然，もう視野ですね。

　ただし，より重要なのは，こうして正社員となったバンドマンたちが，実際に夢
を追う過程で様々な問題に直面している点である。正社員となってフルタイムで働
き，同時に夢の実現に向けて精力的に活動するという二足のわらじの生活はいかな
るもので，そこにはどのような困難が見出せるのか。次節でこの点を明らかにする。

5　正社員バンドマンの困難と対処方法

　まず，フリーターから正社員へと移行したHの語りに着目したい。次の語りは，
フリーター／正社員ともに経験のあるHに，正社員として活動するうえでの長所
と短所を尋ねたものである。

> ＊：正社員になって，ここはよくなったなってことはありますか？
> H：給料が安定した。あと，生活も安定した。この時間は絶対仕事だから，それを中
> 　　心に生活と活動を組み立てるようになったから，だいぶ楽かな。
> ＊：逆に正社員になって，ちょっとここはってのは？
> H：音楽中心の生活ができなくなった。
> ＊：それは具体的に，どんな？
> H：音楽中心の生活っていうよりは，まあ音楽中心の生活してるんすけど，もちろん。
> 　　なんだろうな。平日にライブがあってもどうしても仕事があるからって，その日1
> 　　日を音楽に充てられなくなったのは，結構俺の中では辛いことっすね。

　Hの語りからわかるのは，正社員であることによる長所・短所が，まさにフリー
ターであることの長所・短所と正反対になっていることである。つまり，フリー
ターのバンドマンたちが抱える困難のなかでも大きな部分を占める金銭的問題（野
村 2018）が，正社員になることで解決され，その一方で，バンド活動中心の生活が
できるというフリーターの長所は，やはり正社員では難しく，短所として指摘され
ている。
　では，正社員バンドマンたちのスケジュール調整はいかにして行われるのか。B
は大学卒業後に正規就職し，他のメンバーもみな正社員として働いている。次の語

りは，夢の実現を目指して精力的に活動するうえで，スケジュール調整を行うことがいかに困難であるかを示している。

> ＊：なんか，やっぱフリーターと違って時間的にも縛られるし，みたいなのもあるじゃないですか？
>
> Ｂ：ありますね。
>
> ＊：工夫されてることとかあるんですか？　　メンバー内でも，活動面でも。
>
> Ｂ：んー，工夫というよりは，あの，努力してます（笑）。うまくやろうじゃなくて，もう前みたいにうまくできないんで。ちょっと身を削ってでもしっかり。たとえば，僕はいつも 10 時出勤の 19 時半終わりの仕事だったりとか，職場が遠いので結構早めの 8 時ぐらいに出るんですよ，家を。朝 8 時に家出て，で，その 10 時から 19 時半まで仕事しました，そっからまた帰ってくるとなんやかんや 21 時になるんですよ。もう，最初に準備しておいて，車に。直接スタジオに向かうんですよ。で，21 時にスタジオ入って 4 時間入ります，で，1 時になるんですよね。で，1 時に終わって家帰ります。で，シャワーだけあびて寝ます。んでまた次の日朝仕事です，っていうのがたまにありますね。…工夫もくそもないですね。力わざで頑張ってるぐらいで（笑）。

メンバー間のスケジュール調整で求められるのは，「工夫」ではなく「努力」だという。「うまくやろう」と思ってもできず，「ちょっと身を削ってでもしっかり」やるしかない。メンバー全員が正社員として働くがゆえに，時間が合うのは仕事が終わってから，スタジオ練習は深夜になる。そして，次の日にはまた仕事がある。こうした「力わざ」によって，なんとか仕事とバンド活動との両立が達成されているのである。

また，一つのバンドのなかに，正社員とフリーターが混在する場合には，状況がさらに複雑となる。常に誰かのスケジュールが合わないために，スタジオ練習すらもままならなくなるのだ[4]。

> ＊：スタジオとかはどうすんの？

---

[4] バンド活動をめぐってメンバー間の対立も先鋭化しやすい。同じく D が語ったのは，正社員になったメンバーとフリーターになったメンバーとで活動方針が合わずに度々衝突したエピソードであった。

D：あ，だからそこが，僕は全然平日に入ってもいいんですけど，スタジオってなる
と，［バンドメンバー名］がダメってなる。やっぱ，仕事柄遅いんですよ，終わるの
が。だから平日はそのせいでできず。

このように，正社員としてのフルタイム労働とバンド活動の両立は容易ではない。
では，そうした状況を彼らはどのように対処しているのだろうか。すでにその答え
の一端は示されている。つまり，Bが「努力」と表現したように，個人の力でもっ
て乗り切るという方策である。言い換えれば，正社員であることによって生じる困
難の多くが自己責任として引き受けられているのである。次のAの語りから，ま
とめていこう。

＊：Aさんのなかで，みんな社会人でバンドもできるっていう感じですか？　それと
もある程度の条件がないと社会人でバンドマンはできないっていう感じですか？

A：まあ，現実的な話すると後者だね，やっぱり。条件はあると思うよ。会社の理解
も要るし，理解が得られないんだったら理解させるための，やっぱ何かエビデンス
だったりとか，結果出さなきゃいけないだろうし。あとは収入だね。休みとか，そ
ういう条件が合ってないとできないのはわかる。わかるけど，それはどこまで本気
でできるかだと思うから。

＊：割とじゃあ，そういう条件を揃えるところまでも。

A：そう。現実的にって話をしたけど，じゃあその一歩手前のところで，そういうふ
うな生活をしたいんだったら，そういう仕事を選ぶべきだし。だから，極端な話，
仕事をバンドができない理由にしちゃった瞬間終わりだなと思う。いや，してると
きもあるよ，俺も。「この日，ごめん，どうしても仕事でリハできない」とかあるけ
ど，いわゆる「俺って別に今働いてるからバンドできないんだよね」っていうのは，
本気でやりたいと思ってないってことですよねっていう。「いや，そうじゃないん
だよ」みたいな感じで，「やれるならやりたいんだけど」，「じゃあなんでやんない
の」って。「土日何してんですか？」みたいな。「昼まで寝てます」，「いや，寝なく
てよくない？」って。スタジオ行けばいいじゃんみたいに思っちゃう。…［仕事
と］同じレベルでバンド活動もやりたいっていうんだったら，それなりにやっぱ払
わないといけない対価もあるし，犠牲にしなきゃいけないものもあるから。そこは
全部取ろうってのは，おこがましいなと思う。

　まず，正社員として働きながらバンド活動を続けるAだが，それがすべての「社会人」にとって可能だとは認識されていない。たしかに条件は存在する。「会社の理解」だけでなく，「収入」や「休日」も関係してくる[5]。しかし，重要なのは，「どこまで本気でできるか」である。あくまでも個人の「本気」度によって調停すべき問題として認識されているのである。たとえば，仕事の選択段階で「そういうふうな生活をしたいんだったら，そういう仕事を選ぶべき」とされる。また，「仕事をバンドができない理由にしちゃった瞬間終わり」とも語られる。そして，仕事と「同じレベルでバンド活動もやりたいっていうんだったら，それなりにやっぱ払わないといけない対価もあるし，犠牲にしなきゃいけないものもある」。あくまでも個人の裁量や責任の問題として，仕事とバンド活動の両立やそれに伴う困難への対処が語られているのである。

6　まとめと考察：文化・芸術活動と労働の両立という難題

　本章では，夢追いバンドマンたちの文化・芸術活動（＝バンド活動）と労働（＝フリーター／正社員）との関係をみてきた。明らかになった知見は次の3点である。

　第一に，バンドという集団で活動するからこそ，夢を追うにあたってフリーターという働き方が積極的に選択されていた。彼らは，他の何にもまして，自身の将来の夢を実現するべく，日々バンド活動に取り組んでいる／いた。夢の実現のためには，バンドメンバーで足並みをそろえて精力的に活動し続けなければならない。こうした状況において，フリーターになる／であることがもっとも適合的な進路になっているのである（→第3節）。

　第二に，フリーターではなく正社員となったバンドマンたちは，フリーターになることを当然視する周囲の環境のなかで，それに反して正社員を選択していた。正社員になることは必ずしもデメリットばかりをもたらすわけではなく，フリーターとして働くことと変わらないと主張したり，むしろ正社員になることのメリットを

5）彼らの正社員選択には一定の傾向性が指摘できる。つまり，AやDは就職活動の段階でバンド活動を続けたい旨を企業側に伝えており，また夢を諦めずにフリーターから正社員へと移行した者たちも，バンド活動が続けられる条件の整った正社員の職種を選択している。言い換えれば，正社員であればどのような職種でもよいわけではなく，バンド活動との両立をある程度見込んだうえで，特定の「正社員」が意図的に選択されている。ただし，本章の検討にとってより重要なのは，そのように戦略的に正社員になったとしても，バンド活動との両立には多くの困難が伴うという点である。

強調したりすることで,「バンドマンはフリーターでなければならない」という,これまで長きにわたって受け継がれてきた見方に疑問符をつけて,そうではない夢の追い方=活動の仕方を模索していた(→第4節)。

しかし,第三に,正社員としてのフルタイム労働と夢の実現を目指した精力的なバンド活動は,彼らの生活に様々なひずみをもたらしていた。メンバー間でのスケジュール調整もままならず,都合をつけても仕事が終わった後,深夜になることも少なくない。まさにギリギリの状態で,「工夫」ではなく「努力」によって,「力わざ」でどうにかしているというのが現状を正確に言い表しているといえる。にもかかわらず,彼らはそれを自己責任とみなしている。正社員として夢を追う選択をした以上,それに伴う困難は自身の責任であり,そうした困難をあらかじめ予測することや対処することが必要であると考えられている(→第5節)。

もちろん,その困難を彼らが語るように,そうした生き方を選択した自己責任として,社会的に断じることも可能であろう。しかし,そうではない方途を探す手がかりとして,本章では次の論点を提起したい。つまり,何らかの犠牲を伴ってしか夢は追えないのか,文化・芸術活動に従事できないのかという論点である。

フリーターになる/であることの問題やリスクは様々に指摘されてきた。だからこそ,先行研究ではフリーターの回避,またはフリーターからの積極的な離脱,そして正社員への移行が求められてきた(堀編 2007; 小杉 2010)。確かに,「モラトリアム」的にフリーターになる層や「やむを得ず」フリーターになる層にとっては,それらの指摘はあてはまるかもしれない。

しかし,「夢追求型」,それもフリーターではなく正社員となって夢を追う若者にまで対象を広げて検討した本章の分析からは,たとえ正社員であったとしても多くの困難を抱え込まざるを得ない現実が明らかとなった。こうしたリスクや困難がそもそもの前提にある地平でしか,夢が追えない,文化・芸術活動に従事できないとしたら,その構造こそが問題ではないだろうか。

さらに,このことは職業生活と家庭生活の両立・調和を目指す「ワーク・ライフ・バランス」政策に対しても新たな視点を付け加える。「ワーク・ライフ・バランス」,「ワーク・ファミリー・バランス」(高橋編 2021),「ワークライフ・インテグレーション」(平澤・中村編 2021)等々,様々な概念でもってその必要性が謳われているが,いずれも企業における雇用労働者を想定している点で共通している。そして,本章で対象とした正社員バンドマンも,フルタイムで働いている点で,その射程に含めることができる。

　だが本章で明らかになったのは，職業生活と家庭生活の両立が困難であることによってもたらされる問題ではない。職業生活にも家庭生活にも当てはまらない文化・芸術活動が固有の領域として重要性をもっており，職業生活と文化・芸術活動との両立が自らの責任として引き受けられているために，その両立に伴う困難が，彼らの生活全体における不調として生起している現実である。このことは，特に文化・芸術活動を行う者を対象とする場合には，既存の職業生活と家庭生活という二項対立が，その生活を見通すうえで不十分であることを示している。対象に応じて，第三，第四の領域を柔軟に設定しながら，その複雑な関係性を紐解いていくことが求められるのではないだろうか。今後は，職業生活と文化・芸術活動だけでなく，結婚や家族形成といった家庭生活も含めて，この三者がいかなる関係のもとでバンドマンの生活を形作っているのか，そこにはどのような問題が見出せるのかを包括的に検討していきたい。

【引用・参考文献】

苅谷剛彦・粒来香・長須正明・稲田雅也, 1997,「進路未決定の構造——高卒進路未決定者の析出メカニズムに関する実証的研究」『東京大学大学院教育学研究科紀要』37: 45-76.

木島由晶, 2006,「路上演奏者の公共感覚——心斎橋の弾き語りシンガーを事例として」『ポピュラー音楽研究』10: 16-39.

木本玲一, 2003,「日本におけるラップ実践と人的ネットワーク——二つのグループの実践を事例として」『ポピュラー音楽研究』7: 3-14.

小杉礼子, 2003,『フリーターという生き方』勁草書房.

小杉礼子, 2010,『若者と初期キャリア——「非典型」からの出発のために』勁草書房.

下村英雄, 2002,「フリーターの職業意識とその形成過程——「やりたいこと」志向の虚実」小杉礼子編『自由の代償／フリーター——現代若者の就業意識と行動』日本労働研究機構, pp.75-100.

髙橋かおり, 2015,「社会人演劇実践者のアイデンティティ——質の追求と仕事の両立をめぐって」『ソシオロゴス』39: 174-90.

高橋美恵子編, 2021,『ワーク・ファミリー・バランス——これからの家族と共働き社会を考える』慶應義塾大学出版会.

竹田恵子, 2017,「ライブアイドル，共同体，ファン文化——アイドルの労働とファン・コミュニティ」田中東子・山本敦久・安藤丈将編『出来事から学ぶカルチュラル・スタディーズ』ナカニシヤ出版, pp.117-33.

粒来香, 1997,「高卒無業者層の研究」『教育社会学研究』61: 185-209.

中西新太郎・高山智樹編, 2009,『ノンエリート青年の社会空間——働くこと，生きること，「大人になる」ということ』大月書店.

生井達也, 2013,「「現実」を生きる「夢追い」フリーター」『常民文化』36: 25-56.

日本労働研究機構編, 2000,『調査研究報告書No.136 フリーターの意識と実態——97人へのヒアリング結果より』

野村駿, 2018,「バンドマンのフリーター選択・維持プロセスにおける積極性と合理性——若者文化の内部構造に着目して」『東海社会学会年報』10: 122-32.

野村駿, 2021,「夢追いバンドマンにとって音楽活動は趣味なのか，仕事なのか」宮入恭平・杉山昂平編『「趣味に生きる」の文化論——シリアスレジャーから考える』ナカニシヤ出版, pp.67-75.

平澤克彦・中村艶子編, 2021,『ワークライフ・インテグレーション――未来を拓く働き方』ミネルヴァ書房.

平松絹子, 2017,「グローバル時代のインディー・ミュージック――アンダーグラウンド音楽文化のエスノグラフィーからみるアーティスト活動の実態」毛利嘉孝編『アフターミュージッキング――実践する音楽』東京藝術大学出版会, pp.249-78.

堀有喜衣編, 2007,『フリーターに滞留する若者たち』勁草書房.

本田由紀, 2004,「トランジションという観点から見たフリーター」『社會科學研究』55(2): 79-111.

宮入恭平, 2008,『ライブハウス文化論』青弓社.

宮本みち子, 2002,『若者が《社会的弱者》に転落する』洋泉社.

宮本みち子・佐藤洋作・宮本太郎編, 2021,『アンダークラス化する若者たち――生活保障をどう立て直すか』明石書店.

労働政策研究・研修機構編, 2017,『労働政策研究報告書 No.199 大都市の若者の就業行動と意識の分化――「第4回 若者のワークスタイル調査」から』

Frith, S., 1983, *Sound effects: Youth, leisure, and the politics of rock' n' roll*, London: Constable.（細川周平・竹田賢一訳, 1991,『サウンドの力――若者・余暇・ロックの政治学』晶文社.）

Toynbee, J., 2000, *Making popular music: Musicians, creativity and institutions*, London: Arnold.（安田昌弘訳, 2004,『ポピュラー音楽をつくる――ミュージシャン・創造性・制度』みすず書房.）

第**8**章

芸能という労働

「アイドル・ワールド」において共有される情熱の価値

上岡 磨奈

1 アイドルという仕事

　エンターテインメントに関わる仕事，特にパフォーマー，例えばステージ上で歌い踊るアイドルはとても楽しそうで，それは仕事ではなく好きなことを好きなようにやっているのだと見られることがある。しかし，実際のアイドルの具体的な仕事内容や芸能活動を行う環境について見ていくと，日々の営みの中心に芸能があり，他者からの指示によってステージやメディアに出演するという点において労働的であるといえる（上岡 2022）。アイドルが歌やダンスのパフォーマンスを披露する行為を，本人，ファン，スタッフ，メディアやイベントの関係者は，一般的に，そして習慣的に「仕事」（「お仕事」）と呼ぶ（上岡 2022: 31）。また，個人のスケジュールは，ほとんどの場合，主に「事務所」と呼ばれるマネジメント組織の管理下にあるため，好きなように活動しているとはいいがたい。しかし，労働らしからぬゆえにその問題点は可視化されにくい。またステージという別世界の中の虚像のように捉えられるアイドルの姿は，血の通った人間とも見られないことがある。観客と同じように息を吸い，吐き，同じ世界に生きているにもかかわらず，アイドルは「アイドル」としてしか見なされない。そこには生きるうえでの困難も多く見出される。

　筆者はこれまでアイドルとしてパフォーマンスを行う演者に焦点を当て，その労働性を指摘しつつ，労働者および生活者としての「アイドル」に目を向けてきた。具体的にはフィールドワークおよび聞き取り調査のデータを通じて，アイドルの姿を日々の営みから再検討することで，パフォーマーを取り巻く環境と社会組織としての芸能界における労働のあり方について整理してきた。特に彼らが感じている生活上の困難に着目しているが，華やかなステージ上の姿と相反する舞台裏の様子に

はこれまでスポットが当たらず、「仕事」の過酷さは疑問を付されることもなく保持されてきたといえる。

しばしば芸能は水物と語られ、経済的な成功条件が変わりやすく、先の予想が立てづらい。故に、パフォーマーは不安定な生活を強いられるのが当然であるという共通認識がもたれていることが多い。この現状について、従来アイドルや芸能者の「仕事」と考えられてきた活動であっても、演者本人は仕事と認識できず、趣味の延長にあると理解していることもある（上岡 2021）。この「理解」は、「仕事」が実際には生活を経済的に支えず、かえって圧迫しているという矛盾、辻褄の合わないことを、趣味、好きでやっていることとして自身を納得させる姿勢である（この「好きでやっている」という理解は冒頭に述べたように観客や演者を取り巻く他者からのまなざしとも共通する）。ここに生じている困難とは、芸能という労働が抱える問題とは何であろうか。

2 アイドル研究で語られてきたもの、こなかったもの

アイドルについての研究は、音楽社会学、文化社会学、メディア論、カルチュラルスタディーズ、さらに経済学、美学などの分野で幅広く進められてきた（稲増 1989; 小川 1993; 太田 2011 他。田島（2022）では「アイドル研究」の動向や論点を整理している）。これらの研究は、学術的なテキスト以外によっても支えられ、特に近年では 2010 年代からアイドルを語る論考が急増した（田中 2010; 濱野 2012; さやわか 2015 他）。しかし分析や議論の対象は、アイドルという表現方法やその音楽作品、特定のアイドル歌手の魅力、ファンの動向などが主であり、芸能活動そのものについて論じるものは少ない。アイドルというコンテンツには、パフォーマーとしてアイドルを演じる、アイドルを表象する人間の存在が不可欠であるにもかかわらず、演者本人が労働者として記述される事例はほとんどなかった。それは、アイドルはステージ上の存在であり、作品であり、虚構であると考えられてきた旧来の議論に則しているともいえるだろう。

しかし少ないながらアイドルを労働の観点から分析、また職業として論じる研究、テキストも存在する。竹田恵子は、ジェンダー、フェミニズム、感情労働をキーワードに、カルチュラルスタディーズの視点からライブハウスでのイベント等を中心に活動するライブアイドルの「労働」の特徴と問題点を明らかにしている（竹田 2017）。竹田は、ケア労働に類似したライブアイドルの活動の特徴として①女性が

多い，②非熟練労働であるという「偽装」によって低評価＝低賃金の図式を生み出す，③「卒業」による人材の入れ替わり，の3点を挙げながら，ジェンダーを要因としたケア労働の問題を引き受けてしまっていることを指摘した。また香月孝史は，グループアイドルである乃木坂46を例にアイドルの身体による多層的な演技，その主体性およびアイドルの職能について論じた（香月 2020）。香月によれば「ミュージシャンや俳優，モデルなど，ある単一ジャンルの専従者ならば」芸能者としての職能を認められやすいが，「さまざまなジャンルへと越境しながらそのつど自らの役割を探り当て，順応し続けるアイドルの営み」は「一人前」，言い換えればプロフェッショナルとしては理解されにくい（香月 2020: 14-15）。いずれもアイドルの仕事が孕む困難について他者からの評価の低さ，または不安定さ，不明瞭さが関係していると捉えられるだろう。では，パフォーマーであるアイドル自身の言葉は研究の中でどのように用いられてきたか。

　石井純哉は，アイドルの感情労働についてより実践の現場に迫ることでその仕組みを明らかにした（石井 2022）。アイドルによる著作，およびインタビューを参照すると同時に，過去にアイドルとして活動していた女性たちを対象に行ったインタビューのデータを用いて，特にファンとの交流において求められる「夢」を実現する実践としての感情労働モデルを提示した。竹田はアイドル当事者へのインタビューは行っていないが，石井と同じく姫乃たまによる手記『潜行——地下アイドルの人に言えない生活』を参照している（姫乃 2015）。同書は「地下アイドル」としての姫乃の経験を中心に，対談や座談会を交えながら，「地下アイドル」がどのように活動するか，それをどう感じているかを綴っている。このような演者当事者による語りはインタビュー，随筆，メールの記録，ノウハウの開示など複数の形式で存在する（吉田 2005, 2007; BiS 2013; 大木 2019; 倉持 2019 他）。メディア上のインタビューや発言を含め，これらの演者の発言はデータとしてしばしば引用されてきた。香月もメンバーの発言は雑誌，メイキング映像，ドキュメンタリー映画等を参照している。あくまでも読者，視聴者を意識して編集されたデータであることには留意が必要であるが，アイドルの労働環境に迫る時，当事者の言葉から実情を素描していく作業は有益である。本章では，演者による直接の語りをデータとして参照することで，公には語られていない（またはその可能性がある）アイドルの仕事の問題点をより具体的に指摘する。

　さらに，アイドルという表舞台を中心とした商品，そして作品群は，アイドルと名指されるパフォーマーのみならず様々なアクターの協働によって成立するという

ことに注目する。こうした協働はアートの分野にも共通する。ハワード・ベッカーの『アート・ワールド』によれば，アートはアーティスト個人によって産み出されるものではなく，規則（Convention）を共有する人びとの協働と連携によってアートたりえる（Becker［1982］2008=2016）。アイドルの世界を紐解いていくと，パフォーマー個人にのみ，またパフォーマーと観客にのみ焦点を当ててその問題点を浮かび上がらせることは難しいとわかる。パフォーマーが前景化することによって，その背後にある構造的な問題がぼやけてしまう。よって『アート・ワールド』に着想を得ながら，協働という点にもフォーカスする。

3 研究の対象と方法

　筆者は1992年より芸能活動を開始し，歌唱，舞踊，演劇等の指導を受ける場，また撮影や出演の機会に他の芸能者やその志望者と交流を始めた。これらの経験を通じて得た芸能者の生活に関する知見，人脈を土台として，2019年4月8日〜30日，20代〜30代の男女8人を対象に，アイドルとしての活動について，活動当時および現在の生活，仕事内容，仕事に対する態度，振る舞いなどを問う半構造化インタビューを行った。全員に共通する質問項目は経歴，契約内容，仕事内容とその認識，労働条件とスケジュールなど21項目である。同インタビューおよび筆者による芸能事務所，ライブイベントの現場，レッスンの現場などでのフィールドワークの結果を中心に報告と分析を進めていく。

　ここで対象とする「アイドル」と名づけられた芸能ジャンルで演技を行う芸能者，演者について補足する。このインタビューの依頼文には「アイドルとしてお仕事をしている，又はしていた方」（依頼文よりまま）と記載したが，対象の（パフォーマーとしての）「アイドル」をどのようにアイドルと判断するのか，いかにして対象者を限定するのか，ということはいうまでもなく本調査において重要な点である。しかし，これらを決定するにはいくつかの留保が必要である。その理由は，現在のアイドルの多様さにある。

　2022年現在，アイドルはその正確な人数を把握することが困難なほど日々増減を繰り返し，アイドル文化を形作っている。新たなアイドルが生まれる様はオーディション番組などの形式でテレビなどでも報じられるが，マスメディアに出演しないライブアイドルは特に多く把握することがさらに難しい[1]。膨大な数のアイドル同士は差異化のために既存のアイドルとの違いを強調する。そのため活動形式も

音楽ジャンルも技能も容姿も多様で，歌とダンスによるパフォーマンスが中心であるということ以外，共通項を見出すことは難しく，もちろん歌とダンスのパフォーマンスもアイドルの特徴とはなり得ない（歌とダンスのパフォーマンスを本分とするが，「アイドル」とは決して呼ばれない歌手は数多く存在する）。

またライブアイドル——「地下アイドル」と名指すこともある——を区別して論じることも本調査においては適当ではない。というのも，「地下アイドル」とされるアイドルは基本的にマスメディアへの出演，知名度の獲得を目指している途上にあるため（岡島・岡田 2011: 170），活動の場も知名度も非常に流動的である。つまりライブアイドルがメディアに出演することも，突如として知名度が上がることも起こりうる。もちろんその逆も然りである。それこそが芸能が水物と語られる所以であり，後述するように本章で扱う問題の一因である。よってアイドルの労働を研究対象とするうえで，現状の活動の場を分析において勘案することは必要だが，対象を限定する指標とすることは適当でない。

以上の点から本調査で対象としたアイドルは，アイドルと他者に名指される，または自ら名乗る者としての芸能活動経験があることのみを条件とし，知名度や経済的成功の度合いを限定しない。また竹田（2017）では女性アイドルの労働を中心に分析していたが，本調査では包括的にアイドルの労働について調査を行った。アイドルの労働そのものが女性的であり，すでに筆者の調査から男女を問わず，抑圧され，熟練非熟練を問わず未熟であるとして正当な評価を受けることができていないことがわかっている。この点を踏まえて調査対象者の性別は限定していない。

4 アイドルの世界における時間，報酬，感情

「アート・ワールド」におけるアーティストが「それがなければその作品がアートとはみなされない中核的な活動をする者」（Becker [1982] 2008=2016: 29）と定義さ

---

1) 女性アイドルに限定すると 2010 年から毎年開催されている世界最大級といわれるアイドルフェス「TOKYO IDOL FESTIVAL」（以下 TIF）には 2022 年，200 組以上のアイドルが出演した。しかし，TIF への出演は現状，アイドルにとって目標として掲げられ 2017 年以降は出演のための公開オーディションも行われている（ただしこれによって出演できるアイドルは数組のみである）。よって出演した 200 組はアイドル全体のごく一部と推測する。またこれらのアイドルのほとんどは複数人によるグループ体制であり，アイドルとして活動する個人は少なくとも数千人規模で存在することがわかる。またアイドルの活動領域は女性アイドルと男性アイドルで分けられていることが多く，以上に男性アイドルはほぼ含まれていない。しかしライブイベントを中心に活動する男性アイドルも 2010 年頃から緩やかに増加傾向にある（上岡 2019: 222-3）。

れるのと同様に，アイドルもその中核にある。アイドルを中核に置きつつ，「アイドル・ワールド」内の規則を共有する様々なアクターによる分業（division of Lavor）によって「アイドル」という労働が構成されていると考えると，アイドルを取り巻く環境を網羅的に検討する必要がある。

　また，アイドルの活動は，労働的な活動とそうではない活動の境が観客にとってもパフォーマーにとっても曖昧であるがゆえに，時間や活動内容で切り分けて記述することや，その境界について分析することはやや困難であるようにみえる。アイドルとしてメディアに登場する時間のなかには，労働外と推測される時間もコンテンツとして提供されることがたびたびあり，芸能活動そのものが労働であるか否かの議論を混乱させることもある。

　本章では，まずアイドルの1日のタイムスケジュールを提示することによって，時間の観点からみられる生活上の困難を指摘する。次にその時間の背景にある報酬の問題および観客ではなく，内部に向けての感情労働について言及する。パフォーマーの時間軸を中心に，他のアクターとの関わりに注目し，アイドルの仕事の全体像について記述する。

4-1　アイドルの1日と「仕事」

　調査協力者は，皆「アイドル」と名乗って芸能活動を行った経験を有し，アイドルであった当時は，アイドルとしての活動，「仕事」が日常的にスケジュールに組み込まれていた。これらのスケジュールは主に事務所によって管理されている。芸能活動において，「事務所」とは，所属タレント（アイドル）に「仕事」を斡旋する組織または団体で，必ずしも企業，会社組織とは限らないが，多くは芸能プロダクションやレコード会社の形を取っている。通常，スケジュール管理のほかにアイドル活動における売上や報酬の管理，イベントの企画，グッズの制作などマネジメント業務全般を行う。

　本調査の協力者はいずれも事務所等に所属することで，芸能者としてのキャリアをスタートさせている。つまり監督者が存在し，タレント自身が主体となって仕事を自由に決定するのではなく，時間や報酬についても決定権はほとんどない，という状況での芸能活動であったことを意味する。また「仕事」の特徴として，いかにも賃金労働を思わせる呼称である一方，報酬，特に経済的な報酬には必ずしも結びつかないということも共通して語られた。

　以下は，調査協力者Aの1日のタイムスケジュールである。この日は事務所で

の事務作業とオンライン配信，事務所から近いライブハウスでのライブ出演があり，それ以外の時間にアルバイトをしているという A にとって，当時のごく平均的な 1 日の様子である。

23:00	アルバイト
8:00	帰宅 洗濯，掃除，入浴
10:00	就寝
13:00	起床 身支度，移動
14:00	事務所到着 掃除と報告 オンライン販売商品の発送などの事務作業 オンライン配信の準備
16:00	オンライン配信
17:00	ライブ準備，食事
18:00	ライブ打ち合わせ 移動，リハーサル，会場準備
20:00	ライブ出演
21:00	特典会（ファンとの交流の時間）
22:00	片付け，着替え
22:30	撤収，移動
23:00	アルバイト

　アイドルの仕事内容は多岐にわたるが，中心となるのはまず歌やダンスなどのライブパフォーマンスである。それに伴ってダンスレッスンやボイストレーニングなどのレッスン，他のタレントや指導者と共にダンスの振付を覚える時間，または一人で動画などの資料を見ながら振付を覚える時間，楽曲や歌詞を覚える時間，その練習の時間，場合によってレコーディングなどが必要になる。そしてイベント出演に際し行われる物品販売（以下，物販）と特典会も主な仕事の一つとなる。物販では CD などの音楽ソフトや，T シャツやタオルなどのグッズを販売し，購入者を対象とした特典会，握手会，チェキ会などの交流を主としたイベントが開催される（上岡 2019）。さらに，動画配信サービスでの生配信（オンライン配信）と SNS への投稿も日常的な仕事の一つである。これは 2020 年以降の新型コロナウイルス感染症の影響を受けて始まった活動ではなく，プラットフォームや配信ツールを変えて少なくとも 2010 年代前半には一般的になっていたと筆者はみている。そして物販グッ

ズの発送準備などの事務作業や，上記にはないが人によっては作詞作曲，振付，衣
装製作など裏方と呼ばれる業務もアイドルの「仕事」となることがある。特典会へ
の出演は当然だが，物販を自ら行うこともある。

　裏方としての仕事を含めすべての仕事は「事務所」の指示で行っており，パ
フォーマー自らが個人で主体的にスケジュールを決定することは，事務所に所属せ
ず，一人のパフォーマーがすべての仕事を一人で担うなどの状況でない限り，ほと
んどない（少なくともAは事務所が上記の仕事のスケジュールを決定している）。よって
「仕事」を欠席する場合は「事務所」の許可が必要であり，また「仕事」を行うに
も許可を求めることになる。たとえばそれは生配信についても適用され，Aの場合，
生配信を行うことを「事務所」および他の所属タレントにも周知し，許諾を得たう
えで開始しなければならなかった。SNSへの投稿も回数や内容について指示があり，
Aは「数字では決められてないけど1日2〜3回は少ないって言われて，できる時
間があるならしなさいって」「内容は，たまに指示される時があって，（観客）動員
とか必要な時は自分たちの気持ちが伝わるようなことを書きなさいって」とその詳
細について回答した。

　そして「仕事」以外の時間はアルバイトで占められており，睡眠や休息の時間が
非常に短いことにも注目する。報酬については次節で詳述するが，この日Aは事
務作業と特典会の時間に行ったファンとの交流活動に対してあらかじめ決められた
歩合制で給料を得た。その報酬額が適正であるかはここでは問わないが，Aの生活
費を賄うには足りず，アルバイトを並行して行う必要があった。仕事の時間を優先
した結果，休息の時間，経済的な報酬（を得るための時間）が削られている。しかし
これらの類の芸能活動をいずれも経済的な報酬の有無を問わずあくまでも「仕事」
と呼ぶことは，このインタビュー調査全体で得られた回答からも明らかであった。

　アイドルの「仕事」には，まず指示監督者としての事務所が存在していることを
確認したが，さらにその仕事はどのように指示されるのか。筆者の観察から，一例
ではあるが，上述のライブパフォーマンスについて，出演が決まり，タレント（ア
イドル）に通達されるまでのフローを挙げる（図8-1）。

　ここで注目したいのは，出演依頼時期である。3ヶ月前というのは早い方だが，
さらに早いこともあるだろう。そして前日，または当日などイベントの直前に出演
が決定することも特段に珍しいことではない。その場合，当然ながら出演者への通
知も短い時間で行われ，急なスケジュールの変更に対応することが求められるため，
臨機応変さが芸能活動の要となる。上述したように「仕事」に報酬が伴うとは限ら

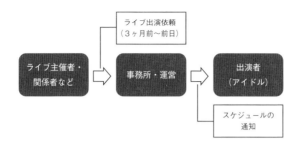

図 8-1　出演までの流れ（ライブの場合）（筆者作成）

ず，また報酬が発生するとしてもそれが出演者にとって不足がないかということは不問となることもあるが，それでも出演そのもの，つまり「仕事」をすることこそが優先される[2]。

　次に示すのは同じく調査協力者 A の別の 1 日のスケジュールであるが，この日は所属事務所が主催するライブイベント「WAKU WAKU」（仮称）があり，同イベントのために終日スケジュールが組まれている。なお，同イベントには筆者も立ち合い，観察を行った。

6:30	起床 身支度，準備 電車 & 車で移動
8:30	会場入り（到着） 会場準備 打ち合わせ，リハーサル
10:00	開場
10:20	「WAKU WAKU」開演 MC としてステージに出演
10:30	ライブパート出演
11:00	物販・特典会
12:15	公開ラジオ収録
13:00	待機（昼食，買い出し，打ち合わせなど）

---

2) 2022 年 7 月に開催されたイベント「2022 TOKYO アイドル博 LIVE!」（同実行委員会主催）では多くの出演者が熱中症などの症状により救急搬送されたが，これについて出演者の 1 組である「令名の和歌」は Twitter 〈https://twitter.com/reiwa_info（最終確認日：2022 年 7 月 19 日）〉で出演の機会が得られたことを「素晴らしい」と綴っており，出演の機会が得られることが「ありがたい」と明示している。なお，同イベントでは主催者との連絡が不通となる等の事態により，開催前から出演辞退者も複数組確認されていたが，その出演枠をめぐって直前，または当日に出演や出演時間の追加を申し出る出演者も見受けられた。

21:20	物販・特典会
22:50	ライブ出演
23:00	「WAKU WAKU」終演 客出し（片付け，撤収作業）
24:00	撤収
24:40	帰宅 翌日のイベント準備（衣装の洗濯など），寝支度
2:30	就寝

　先に示した1日よりも拘束時間が15時間半と長く，一方で8時間以上の待機時間が含まれていることが特徴的である。「WAKU WAKU」には複数のアイドルが出演し，Aが出演していない時間は他のアイドルがステージに立っていることを意味する。しかし，この時間はあくまでも待機時間であり，たとえば会場から30分以上離れるようなことは許されていない。Aの監督者であり，同イベントの主催者である事務所からどのような指示があっても即座に対応できるようにしておかなければならない。対応する内容としては，予定外のステージや特典会への出演，またその補助，準備，イベント制作に伴う事務作業の請負等が想定されていた。ただ待機時間は同時に休憩時間でもあるため，決して休憩なく「仕事」を指示されている状況ではない。この間に身体を休めることも指示のなかに含まれていると判断しなければならない。指示があれば，すぐに仕事ができるようアイドリング状態にある時間といえる。つまりここでも求められるのは臨機応変さと仕事を優先する姿勢である。このことを先に示した1日に当てはめると，もしアルバイトの時間や休息（睡眠）の時間に新しい仕事が入った場合，アルバイトや睡眠は削らなければならない（ただし裏方の仕事は出演者としての仕事よりも優先度は低い。出演の仕事についてもより得られる利益が大きいもの，または機会が少ないものが優先される）。つまり仕事の時間は常に時間の流れの中心となる。

4-2　裏方の「仕事」と報酬

　「WAKU WAKU」当日のAの動向からは，イベント運営に伴って様々な行程や行為が同時進行的に行われていたであろうことが推測されるが，同イベントに関わるアクターには他にどのような役割をもつ人がいたのか。表8-1に，順不同に筆者の観察から上述の「WAKU WAKU」に関わっていたと考えられるアクターを挙げる。なお，○はイベント当日会場で業務を行っていた人，▲は当日のイベントそのものとの

表 8-1　「WAKU WAKU」キャスト・スタッフ一例（筆者作成）

出演者		業務内容
○	アイドル／タレント	ステージに立ちパフォーマンスを行う，特典会や収録等に出演する。
楽曲関係者		
	作曲家	ステージで演奏される各楽曲の作曲者。
	作詞家	ステージで歌唱される各楽曲の作詞者。
○	プロデューサー	各出演者のパフォーマンス内容，コンセプト，使用楽曲等について指示，監修する。
▲	音楽ソフト製作者（音楽出版）	ステージで使用される各楽曲の音楽出版に関連する業務を担当する。
パフォーマンス関係者		
	振付師	パフォーマンスされるダンスの振付を行う。
	ダンス指導者	タレントのダンスレッスン等を行う。
	歌唱指導者	タレントの歌唱指導等を行う。
タレント所属事務所スタッフ		
○	マネージャー	スケジュール調整，各事務所外部とのやり取り（渉外）
○	他スタッフ	制作，経理等出演に関連する事務業務を行う。
○	社長／代表	各タレントに対するマネジメント責任者。
物品販売関係者		
○	販売者	売り場で物品，金銭のやり取りを行う。
	製作者（外部製作を含む）	販売される物品を製作する。
	物品デザイナー	販売される物品のデザインを行う。
メディア関係者		
○	撮影者／カメラマン	静止画または動画を撮影する。
	WEB コンテンツ管理者	SNS 等のアカウントを管理する。
○	広報担当者	イベントおよび各出演者に関する情報を発信する。
▲	プラットフォーム事業者	オンラインプラットフォームを管理する事業社等。
衣装関係者		
	衣装製作者	各ステージで着用される衣装の縫製等を行う。
	衣装デザイナー	各ステージで着用される衣装のデザインを行う。
興業関係者		
○	イベント主催者	イベントを主催する。
○	イベント制作スタッフ	イベントに伴う事務作業，配券等を行う。
	イベント協賛者	イベントに協賛する。
○	会場運営スタッフ	もぎり，観客誘導，会場整備等を行う。
会場関係者		
○	会場管理者	会場をイベント主催者に貸し出す。
ステージ関係者		
○	音響	各ステージの音響を担当する。
○	照明	各ステージの照明を担当する。
○	舞台監督	ステージイベント全体の進行を担当する。

第1部

第2部

第3部

表 8-1 「WAKU WAKU」キャスト・スタッフ一例（続き）

観客		
○	観客	チケットを購入し，ステージを観覧する。

関連性はやや薄いが業務に関わる事業者等である。もちろん▲印に該当する人の裾野を広げていくことはどこまでも可能であり，タレントの家族から会場の建設業者まであらゆる人をアクターとして列挙できる。よってここで挙げるアクターはその一部である。

　以上に挙げた業務内容はある程度表面的なものであり，実際の業務は別の業務とも横断的に関連するなど，このように明確に整理することは難しい。またこれらは各所で兼業されている。例として，今回アイドルとしてステージパフォーマンスを行う立場にある A が担っていた活動や作業は以下である。

▼出演者（出役）として：
ステージ出演，特典会参加，ラジオ公開収録出演，オンライン配信，SNS でのイベント告知，他ステージ出演に伴うリハーサル，振り写し
▼スタッフ（裏方）として：
フライヤー作成（3種900枚，デザインから印刷まで手作業），特典券の作成と印刷，物販商品の管理と搬入，イベント全体で使用する資材の準備と積み込み，搬入搬出の手伝い，会場準備，会場の片付け，公式 SNS の更新，出演用 CD 音源制作，出演用書類の作成，特典会の進行

　A が出演者としてだけではなく，スタッフとして裏方の「仕事」を兼業することによって同イベント，および A の表現するアイドルというコンテンツが成立していることがわかる。こうした出役と裏方をまたぎ，複数の役割を担うような兼業をタレント以外のアクターは行っていなかったが，こうした兼業自体は出演者に限ったことではない。『アート・ワールド』では，「アート制作の状況は，一人が全部をするという極端と，個々の最小行為を別の人がするという極端の間のどこかにある」としているが（Becker［1982］2008=2016: 13)，それはアイドルの世界にも当てはまる。しかし，特にアイドルについて，上に挙げたタレント以外の役名の人間が担う業務を行っていることが明らかである。つまりタレントは，タレントでありながら，広報担当者であり，振付師であり，イベント制作スタッフであり，会場運営ス

タッフなのである。こうした兼業の状況は，スタッフ不足，ひいてはスタッフを雇うための資金不足をカバーするためであるが，タレントの心身の負担は大きくなるだろう。この状況では分業はあまり機能していないと推測される。

　このように裏方としてタレント自身が動いていることは，観客（ファン）には明らかにされておらず，基本的にスタッフが実際よりも大勢いるかのように装う場面もあった。タレントがタレントとしてではなく，スタッフとして SNS を更新するなどの行為である。タレントが裏方として働くことは隠されるべきことであり，本来の仕事（パフォーマンス）とは関係がないということが示されているようにも見える。それが本来の仕事，つまりパフォーマンスに影響を与えているかということについては，評価の仕方が明確でないことから判断が難しい。それでも指示された「仕事」である以上は遂行しなければならないと認識される。

　では，イベントにおいてスタッフとして働くことは，前節で示したような経済的な報酬の不足を満たす手段になるのであろうか。「WAKU WAKU」での諸活動によって A が得た報酬は，観客（ファン）との 2 ショット撮影 1 回につき 100 ～ 200 円の支払い，移動交通費および宿泊費（事務所負担），1 日 300 円相当の金券（イベント会場内飲食店で使用可能）のみであった。一方，主催者である事務所で臨時に雇われたスタッフには時給 1,000 円が支払われることになっていた（実際に臨時で雇われたスタッフがいたかは確認できなかった）。つまりタレントは出演者としての活動に加えて，専業スタッフと同様の裏方業務を担っているにもかかわらず，専業のスタッフと兼業のタレントでは報酬内容に差がある。出演者である以上，ステージに立つことで外的（金銭的）報酬ではなく内的報酬を獲得しているという見方である。

　ステージに立つことで得られる内的報酬とは何か。今後のキャリアに影響するような経験はその一つといえるが，出演者としての仕事が与えられているということそれ自体が報酬とみなされている。パフォーマンスを行い，観客の前に立つことは演者としての技術を磨くことにつながる。もちろんファンが増えるような機会も与えられている。調査協力者 A は，自分が望む形でステージに立つことを内的報酬と感じると語った。A は，実際には事務所に所属する際のオーディションの段階で希望していた分野とは違う形でもステージに立っており，それには苦痛を感じていた。また筆者の観察では，望まないステージの前に「本当にやだ，出たくない。帰りたい」と言うタレントを他のタレントが励まして出演させるという場面もあった。つまり，ステージに立つことそのものが苦痛であるという場面も存在し，将来的なビジョンと眼前のステージが直結しない場合は報酬どころかマイナスに感じられる

ということになる。それでも「仕事」をするのは，次の仕事が自分の望むもの，自分の望んだ報酬を得られるかもしれないと期待する姿勢の現れなのである。それは前節で記述した突発的なライブイベントにも対応する出演者がいる，という主催者側の認識にもつながる。出演者にとっては出演することそのものが内的報酬に相当し，また出演することで次の仕事を期待する思いがあるということを主催者が想定しているからこそ，金銭的な報酬が不十分であっても出演者を確保できるのである。

4-3　アイドルの感情労働

　予見することが不可能な未来の成功に期待を託しながら，仕事に対する向き合い方，つまり感情をコントロールすることは，ここまでみてきた芸能の仕事にとって肝要である。芸能者，表現者の労働に大きく関わる概念の一つに感情労働があるということは先行研究でも確認されている。感情労働とは A. R. ホックシールドによると，感情規則に従って感情管理を行うことを職務として要求される労働である。感情労働者は「心の状態」を顧客に対する商品としてその対価である賃金を得る（Hochschild 1983=2000: 6-7=6-7）。ホックシールドが対象としたのは客室乗務員で，感情労働の特徴の一つである企業による研修の場で調査を行っている。アイドルは歌唱やダンスの演技によって，また一方的なメッセージや相互的なコミュニケーションによって観客の感情に変化を与えるが，それは表現者として自明の行動，言動である。観客とのコミュニケーションについては研修などがないことが多く，管理者による規制が曖昧という点では厳密には感情労働者といえないだろう（ただし上に示したように SNS の投稿に対する指示や管理は行われている）。またアイドルは自身に仕事を与える立場にある管理者に対しても感情のコントロールを求められるが，山田陽子は岡原正幸（岡原ほか 1997）の論考を引用しながらそれは感情労働の概念には含まれない行動，言動だとしている（山田 2019: 29）。

　しかし，以上の点からアイドルに感情管理は不可欠であり，アイドルを感情労働者と捉えるか否かの議論には再検討の余地があるともいえる。毛利嘉孝はアイドルが握手会で見せる笑顔を感情労働の一形態と指摘しているし（毛利 2012: 231-3），大谷能生はジャニーズ事務所所属の男性アイドルを例にアイドルを感情労働の「最適モデル」ではないかと述べている（大谷ほか 2020: 294-6）。アイドルの労働が従来の感情労働の概念に符合するとは言い切れないが，少なくともその側面をもつことは確かである。そして，キャビンアテンダントに求められる感情コントロールとは異なる感情の示し方が芸能者には求められているのではないかと考える。それが仕事

への向き合い方，つまりやる気や情熱を強調する姿勢である。

　岡原は「大学教員」の感情労働を検討するうえで，マックス・ヴェーバーの『職業としての学問』を参照し，「情熱」は学者の労働に不可欠であるがそこには他者が関わらず，「情熱」を保つことは感情管理ではあるが，感情労働ではないとした（岡原 2013: 39）。しかしアイドルの感情管理において「情熱」の感情は優先度が高い。「やる気」という言葉にも言い換えられるが，「情熱」や「やる気」を他者に示すことで成り立つ労働ともいえるのである。管理者から仕事を得るために「情熱」を示し，「情熱」を示すことで観客からの応援を得る。SNS に「自分たちの気持ちが伝わるようなことを書きなさい」と指示されるのは，まさに情熱労働である。さらにウェーバーを引くと，教師が仕事を得るためには「僥倖」を頼むしかないとあるが，同様のことは前節までみてきたとおりアイドルにも該当する。たとえば容姿や演技が優れていることや，経済的な資本の大きさによって必ずしも仕事が得られるとは限らず，また仕事の結果，成功といえる結果を手にするか否かも，ある程度は偶然に因るところが大きい。こうした僥倖にめぐり合うまでには他者に示す，目に見える「情熱」が必要となるのである。またウェーバーは比較対象としてたびたび芸術家の話題を出すが，芸術家も大学教員（学者，研究者）も生活のなかの仕事の位置づけや，業務遂行方法の自由度が高いという点でアイドルとの類似を指摘されることが多い[3]。その共通項は主にやりがい搾取の構造にあるが，アイドルが搾取されるのはやりがいよりも「情熱」ではないか。ただ，上述の通り，その情熱は感情管理による生産物であり，演技でもある。つまりアイドル労働における搾取と感情は複雑に絡み合う関係にある。

　一例を挙げてみよう。芸能界的慣習として，A の所属事務所では仕事の際に挨拶の時間を設けることを徹底していた。出演するタレント全員が集まり，帽子と上着を脱いだうえで代表者が「ご挨拶させてください。○○です。本日もよろしくお願いします」，他タレントが最敬礼のうえ「よろしくお願いします」と続く。社内スタッフ，マネージャーに対しても同様に挨拶を行う。観察中の象徴的な出来事として，1 名のタレントが挨拶を欠いていたという理由からその場にいたすべてのタレントがプロデューサーに集められ，1 時間ほどの注意を受けるという場面があった。こうした儀礼的な習慣も「情熱」を示す行為，またはそのことを理解していると示す行為になる。挨拶は，他人からの印象を良くし，仕事を円滑に進めるので，次の

3）芸術家に労働性を指摘する先行研究に吉澤弥生（2011）などがある。

仕事につながるように周囲に良い顔をすることは必然である，という認識は日本の芸能界で共有されている。

　タレントで音楽イベントの主催等を行っているヲタルは Twitter の投稿で，挨拶をしない，または挨拶に挨拶で返答しないことによって「外部から入ってくる情報量」が減る，すなわち芸能界で仕事をするうえで必要とされる情報が届かなくなる可能性を語っているが[4]，ヲタルと同様の挨拶に対する認識は「WAKU WAKU」での観察や調査協力者の語りにも共有されていた。ここで指摘されている情報の遮断との関連を含む挨拶の重要性は，芸能界で共有されている規範であり，ルールである。日本の場合，挨拶教育は業界内のみに存在する規範ではないが，ヲタルが述べているように仕事の流れに大きく関わるため，より重要度も優先度も高い行為とされている。それは儀礼の範疇を超え，仕事を欲する「情熱」を示すという意味で挨拶以上の意味をもち，またそのことが業界内で共有されている。

　それだけ仕事と情熱が重要であるのは，言い換えれば，当事者が「アイドル」であることを保証する，存在意義を与える立場にあるのが「事務所」やイベント主催者等であり，職業達成のために「仕事」がある，「仕事」があるから「アイドル」でいられるからである。A は，「アイドルとしての仕事を仕事，職業，労働と思うか」という問いに対して「自分じゃない人が関わってるから（芸能活動は）仕事」と答えた。事務所をはじめとする他者との関わりによって「仕事」であると認識し，また他者に仕事相手として認められるために情熱を示すという構造の中で「情熱」が一つのコードとして各アクターに共有されている。

5　むすびにかえて

　本章でみてきたようにアイドルの活動は拘束時間が長く，その時間は仕事と休息

---

4) 2022 年 4 月 2 日の投稿。「〔…〕僕は学生時代，帽子をとって挨拶をしなかったら暴力を振るわれるくらいのゴリゴリの運動部に入っていました。／そしてそのあとは，軍隊ばりに挨拶に厳しい芸能界に入ったものですから，挨拶をする習慣が身体に染み付いています。〔…〕挨拶をしない人は，人から話しかけられる回数が減ります。／そしたらどうなるかと言うと，外部から入ってくる情報量が少なくなります。／そういう人が情報を仕入れるためには，自分から取りに行くしかありません。結果的に，情報に偏りが生まれます。〔…〕それ〔挨拶〕を積極的にやっている人は，どんどん話しかけられるので周囲の情報が次々にどんどん入ってきます。／そうすると，思考の選択肢の幅が広くなって，新しいチャレンジができるんです。／つまり結論は，挨拶をしないと話しかけられる回数が減って，情報が偏ってアホになるので，挨拶はしたほうがいいよ！／ということです。」〈https://twitter.com/RIPSLYME5/status/1510277617349718020（最終確認日：2022 年 4 月 8 日）〉

の境界がほとんどない。このような時間の使い方は芸能活動において決して珍しくはない。1日全体のスケジュールをみても，また日々の生活をみても同様の傾向があった。生活しているすべての時間が拘束時間であるともいえる。スケジュールにない「仕事」，ライブ出演やメディア出演，オーディション，打ち合わせなどが入った場合に対応すること，つまり，不測の事態に仕事への「情熱」を示すことは，仕事を指示する事務所へのアピールになる。予定があるので，またはアルバイトが入っているので「仕事」に行けない，という返答は「やる気」や「情熱」を疑われる行為であり，このような事態を避けるために，融通の利くアルバイトを選ぶ必要が出てくる。また都合に合うアルバイトが見つからない場合は，家族や知人からの援助を得て生活するケースもあるが，家族や知人，友人との予定を優先することはできない。タレントにとって仕事を与える事務所の存在は大きく，事務所の指示で生活そのものが左右されることになる。こうした「情熱」を示す時間の使い方が生活上の困難に直結する。

　時間，ひいては生活の糧となる経済的な報酬を犠牲にしても芸能活動への「情熱」を示すべし，というのは「アイドル・ワールド」における「規則」に相当すると考えられるが，ベッカーのいう規則とは「アート・ワールドへの参加者」，つまりアート作品に関わる人びとが「一緒に効率的に行為して，それに特徴的な作品を生産するための基盤を提供する」もので芸術的な知識や理解など作品の前提にある共通認識である（Becker［1982］2008＝2016: 47-53）。情熱労働とでも呼ぶべき慣習を規則としてそのまま当てはめることはいささか単純すぎるが，アクターに共有されることによって芸能界が形成されていると考えることは可能かもしれない。

　ベッカーは「アート・ワールドの多くは」「従事者にほとんど収入をもたらさない」ことを指摘している（Becker［1982］2008＝2016: 106）。作品制作を支えるのは，多くの場合自己サポート（Self-support）であり，アートとは関係のない仕事をする，または「アート・ワールド」のなかで自分が専門ではない仕事を請け負うなどしながら，一方で制作の時間を捻出する方法とも闘っていることを示している。このもっとも良い解決方法は，作品によって収入を得る自己サポートが可能になることであり，M. マッコールの研究によればその収入がアーティストをアマチュアと区別するとアーティスト自身が認識しているという（Becker［1982］2008＝2016: 106-10）。本章でみてきたようにアイドルは時に自己サポートすらも困難な状況に追いやられているが，「もっとも良い解決方法」を実現することを目指すほかなく，不安定な分業と協働のもとにアイドルを成立させるのである。

【引用・参考文献】

阿部真大, 2006,『搾取される若者たち——バイク便ライダーは見た！』集英社.

石井純哉, 2022,「アイドルが見せる「夢」——アイドルの感情労働」田島悠来編『アイドル・スタディーズ——研究のための視点，問い，方法』明石書店.

稲増龍夫, 1989,『アイドル工学』筑摩書房.

大木亜希子, 2019,『アイドル、やめました。 AKB48のセカンドキャリア』宝島社.

太田省一, 2011,『アイドル進化論——南沙織から初音ミク，AKB48まで』筑摩書房.

大谷能生・速水健朗・矢野利裕, 2020,『ジャニ研！Twenty Twenty——ジャニーズ研究部』原書房.

岡島紳士・岡田康宏, 2011,『グループアイドル進化論——「アイドル戦国時代」がやってきた！』毎日コミュニケーションズ.

岡原正幸・安川一・山田昌弘・石川准, 1997,『感情の社会学——エモーション・コンシャスな時代』世界思想社.

岡原正幸, 2013,『感情資本主義に生まれて——感情と身体の新たな地平を模索する』慶應義塾大学出版会.

小川博司, 1993,『メディア時代の音楽と社会』音楽之友社.

香月孝史, 2020,『乃木坂46のドラマトゥルギー——演じる身体／フィクション／静かな成熟』青弓社.

上岡磨奈, 2019,「メンズアイドルの見えざる世界——「指チュー」の向こう側」『ユリイカ2019年11月臨時増刊号』青土社, 217-26.

上岡磨奈, 2021,「アイドル文化における「チェキ」——撮影による関係性の強化と可視化」『哲學』147: 135-59.

上岡磨奈, 2021,「「アイドル，はじめました。」——アイドルは仕事なのか，趣味なのか」宮入恭平・杉山昂平編『「趣味に生きる」の文化論——シリアスレジャーから考える』ナカニシヤ出版.

上岡磨奈, 2022,「アイドルは労働者なのか——「好きなこと」を「やらせてもらっている」という語りから問う」田島悠来編『アイドル・スタディーズ——研究のための視点，問い，方法』明石書店.

倉持由香, 2019,『グラビアアイドルの仕事論——打算と反骨のSNSプロデュース術』星海社.

さやわか, 2015,『僕たちと アイドルの時代』講談社.

竹田恵子, 2017,「ライブアイドル，共同体，ファン文化——アイドルの労働とファン・コミュニティ」田中東子・山本敦久・安藤丈将編『出来事から学ぶカルチュラル・スタディーズ』ナカニシヤ出版, pp.117-34.

田島悠来, 2022,「「アイドル」はどのように論じられてきたのか」『アイドル・スタディーズ——研究のための視点，問い，方法』明石書店.

田中秀臣, 2010,『AKB48の経済学』朝日新聞出版.

濱野智史, 2012,『前田敦子はキリストを超えた——〈宗教〉としてのAKB48』筑摩書房.

BiS, 2013,『BiStory——アイドルを殺したのは誰？』エムオン・エンタテインメント.

姫乃たま, 2015,『潜行——地下アイドルの人に言えない生活』サイゾー.

本田由紀, 2008,『軋む社会——教育・仕事・若者の現在』双風舎.

毛利嘉孝, 2012,『増補 ポピュラー音楽と資本主義』せりか書房.

山田陽子, 2019,『働く人のための感情資本論——パワハラ・メンタルヘルス・ライフハックの社会学』, 青土社.

吉澤弥生, 2011,『若い芸術家たちの労働』, 平成21～22年度科学研究費補助金若手研究スタートアップ「アートプロジェクトの事例にみる芸術労働の社会学的研究」調査報告書.

吉田豪, 2005,『元アイドル！』ワニマガジン社.

吉田豪, 2007,『元アイドル！2』ワニマガジン社.

Becker, H. S., [1982]2008, *Art worlds*, Berkeley: University of California Press.（後藤将之訳, 2016,『アート・ワールド』慶應義塾大学出版会.）

Hochschild, A. R., 1983, *The managed heart: Commercialization of human feeling*, Berkeley: University of California Press.（石川准・室伏亜希訳, 2000,『管理される心——感情が商品になるとき』世界思想社.）

Stebbins, A. R., 2006, *Serious leisure: A perspective for our time*, London: Routledge.

Weber, M., 1919, *Wissenschaft als Beruf*, München: Duncker & Humblot.（尾高邦雄訳, [1936]2001,『職業としての学問』岩波書店.）

第9章

メイドカフェにおける店員と客の
親密性のマネジメント

「親密性の労働」としての「関係ワーク」の実践

中村 香住

1 経済が介在するパターンの「親密性の労働」

1-1 「親密性の労働」概念における「親密性」とは何か

　落合恵美子によれば，「家事（労働）」「再生産労働」「無償労働」「ケア」などとそれぞれ重なる面はあるが，同じではないものとして，「親密性の労働」（intimate labor）という概念がある（落合 2012: 9）。これは，従来から労働の領域として想定されていた公共圏に対して，もともとは非労働的な領域として想定されていた親密圏を，労働に再包摂化する概念であるといえる。

　E. ボリスと R. S. パレーニャスの編著『親密性の労働』（Boris & Parreñas 2010）のイントロダクションによると，「親密性の労働には広範囲にわたる活動が包含され，身体や家庭の維持，個人および家族のメンテナンス，性的接触や性交渉などが含まれる。それは，子どもあるいは顧客に触れること，性交渉や他者を入浴させることなどの身体的または感情的な親しさや個人的な親しみ，あるいは高齢者の見守りや研修生へのアドバイスなど他人を近くで観察し個人情報を把握することを必然的に伴う。このような仕事は，家庭，病院，ホテル，街，その他の公共の場所および私的な場所で起きる。それは，最高級な看護から最低級な家事まで，サービス労働およびケア労働の連続体に沿って存在し，セックスワーク，ドメスティックワーク（家事労働），ケアワークが含まれる」（Boris & Parreñas 2010: 2）という。また，冒頭でも触れた落合は，「「親密性の労働」は，家庭の中でも外でも，有償でも無償でも行われ，再生産やケアより広い範囲の活動を含むことができる概念である。すなわち肉体労働としての家事労働からケアや売春まですべてを括ることができる」（落合 2012: 9）と述べている[1]。

　しかし，そもそも，「親密性の労働」概念における「親密性」(intimacy) とは何だろうか。一言で「親密性」といっても，様々なパターンが想定されるが，その内実については今まであまり問われてこなかったように思われる。その点を問うためには，事例を通した経験的な記述が求められるだろう。

1-2 「親密性の労働」と経済を組み合わせた例としてのメイドカフェ

　さらに，一般的に，親密性の世界と経済の世界は「互いに敵対する二つの別々の領域」(Zelizer 2012: 152) であり，相容れない側面があるという前提がある。よって，「親密性の労働」に「経済」が介在すると，一筋縄ではいかない。この点について，具体的な実践およびそこで交換されている「親密性」の内実について検討するために，メイドカフェという事例は重要なものの一つであるといえる。メイドカフェ店員（以下「メイド」）の労働内容は，通常の飲食業と変わらない側面もある一方で，通常の飲食業に比べて親密圏に関わる労働であり，店舗で親密圏に携わるのみならず，時に SNS による勤務時間外のコミュニケーションを必要とすることもあるためである。

　そこで，本章では，「親密性の労働」における数ある親密性のパターンのうち，特に経済が介在するパターンの一つとして，メイドカフェと呼ばれる飲食店で働く労働者と客の間の親密性のマネジメントに着目する。本章では，そうした労働のなかで彼女たちがどのように客との親密性をマネジメントし，コントロールすることで，それを経済的報酬に結びつけつつ，自分も客も不愉快にならないような労働を達成しているのかについて，メイドカフェ勤務経験者へのインタビューデータを主に「関係ワーク」(Zelizer 2005, 2012) の観点から分析し，検討する。

---

1) ちなみに，一見単なるアンブレラタームであるかのようにも思われる「親密性の労働」概念が類似の労働概念と区別される点として，個人情報のマネジメントが労働内容に含まれることを想定している点がある。前述のボリスとパレーニャスによれば，「「親密性の労働」とは，また，他人に知られるとその人が脆弱な状態に置かれるような個人情報をあらわにする仕事のことも指す」(Boris & Parreñas 2010: 5)。また，ゲイアダルト映画産業でのパフォーマンスに従事する男性のエスノグラフィを書いた N. B. バークは，ボリスとパレーニャスの定義を参照しつつ，親密性の労働とは，「究極的には消費者についての広く知られていない知識を生み出す」労働であると述べている（Burke 2016: 781）。本章では，個人情報のマネジメントも含めた，メイドカフェ店員と客との間の「個人的な親しみ」(personal familiarity) のマネジメントがどのように達成されているかを分析することを目的とするため，大きな枠組みとしては「親密性の労働」が適していると判断した。

2 「親密性の労働」の分析枠組みとしての「関係ワーク」

2-1　ゼリザーの「関係ワーク」概念と「関係パッケージ」

「親密性の労働」と経済とを組み合わせて考えるための枠組みを提供したのが，経済社会学者 V. A. R. ゼリザーである。ゼリザーは，その著書『親密性の購入』（Zelizer 2005）にて，「関係ワーク」（relational work）という概念を使用し，その後に刊行された論文でさらにその概念を精査している（Zelizer 2005, 2012）[2]。ゼリザーの「関係ワーク」概念は，経済活動に「関係性」の観点から新たな説明を加えるものである。

ゼリザーによれば，すべての経済活動において，人びとは，意味のある社会関係を区別するプロセスに従事している。そのうえで，ゼリザーは「関係ワーク」を以下のように定義している。

> 社会関係のそれぞれ別個のカテゴリーごとに，人びとは境界を設定し，名づけや実践といった手段によって境界を印づけ，その境界の中で機能する特有な理解のセットを確立し，特定の種類の経済取引をその関係にふさわしいものとして指定し，その他の取引を不適切なものとして除外し，関係内の経済取引を計算し促進するための特定のメディアを採用する。私はこのプロセスを関係ワークと呼ぶ（Zelizer 2012: 146）

ゼリザーによれば，「『親密性の購入』（Zelizer 2005）は，人びとが経済取引と親密な関係の間に複数の結びつきを確立しながら「つながった生活」をどのように管理しているかを説明するために，関係パッケージと関係ワークの概念を利用している。経済活動と親密な関係を互いに敵対する二つの別々の領域とみなす代わりに，私は人びとがどのように経済活動と親密性を絶え間なく混在させているのかを明らかにする」（Zelizer 2012: 152）のだという。

しかし，このままでは，具体的に「関係ワーク」を形作っているプロセスがわからないままである。そこでゼリザーは，「関係パッケージ」（relational package）を提唱する。

---

2) V. A. R. ゼリザーの「関係ワーク」と「関係パッケージ」については，松永伸太朗氏から多くの助言をいただいた。記して感謝申し上げたい。

1　固有の社会的紐帯：経済活動に関わる個人間または集団間のつながり。

2　経済取引のセット：商品やサービスを伝達する相互作用や社会実践（例：補償，贈与，貸付，賄賂，窃盗）。

3　それらの取引のためのメディア：商品やサービスに対する権利を表象したもので，しばしば具体的なトークンの形で表れ，国が発行する法定通貨や電子マネーから，ベビーシッター・プールにおけるクレジット，カジノチップ，フードスタンプなどより限定的な形態のものまである。メディアには，時間，現物，好意などの項目も含まれることがある。

4　交渉された意味：道徳的評価を含んだ，関係，取引，メディアの意味に関する参加者の理解で，それらの意味の絶え間ない交渉，修正，係争と結合されたもの。

このような要素間の可変的なつながりが，私たちが関係パッケージと呼ぶものを構成している。これらは，(a) 固有の対人関係の紐帯，(b) 経済取引，(c) メディア，(d) 交渉された意味の組み合わせによって成り立つ。(Zelizer 2012: 151)

　この「関係パッケージ」の考え方によって，「関係ワークは，それらの意味ある関係，取引，メディアの間に実行可能なマッチングを作り出すことからなる」(Zelizer 2012: 151) と換言することができるようになる。

2-2　「関係ワーク」を用いた，ナイトクラブでの無償労働についての研究

「親密性の労働」の枠組みに当てはまる先行研究のなかで「関係ワーク」を分析視座として取り入れているものとしては，A. ミアーズによるナイトクラブのエスノグラフィ（Mears 2015, 2020=2022）がある。ミアーズによれば，VIP クラブのプロモーターは，高品質な「女の子」を毎晩クラブに呼ぶために，「女の子」たちに対して「関係ワーク」を行っているという。いわく，「戦略的親密さを構築しようとするプロモーターの努力にとって，関係ワークがいかに重要かがわかる。贈り物，共通の体験，親切心，セックス，それに「友だち」という言葉を通じて，プロモーターたちは人間関係に意味を持たせ，経済的動機を覆い隠す。腕のいいプロモーターは，友人たちとの夜遊びを楽しくする」(Mears 2020=2022: 280)。わかりやすい見返りとしては無料で飲食ができることや時々無料の旅行に行けることぐらいしかないにもかかわらず，「女の子」たちがクラブプロモーターに誘われた際にクラブに顔を出し，「ただそこにいてかわいくしているだけでなく，パーティーのノリに合わせるこ

とも必要」(Mears 2020=2022: 249) な美的労働をわざわざ無償で行うのは，プロモーターたちが「女の子」たちと日々の生活のなかで個人的な親密性（「友だち」）を取り結ぶ「関係ワーク」に成功しているからだ，というのである。そして，それによって「女の子」たちは「気持ちいい」形で搾取されている (Mears 2020=2022: 206)。こうした事象のまとめとして，ミアーズは，「VIP では，女性の剰余価値の生産は，プロモーターが熱心に構築する親密性の中に埋め込まれている。関係ワークは，関係性，その意味，交換するメディア，境界線（この場合，女の子とセックスワーカーを区別すること）を調整することを含む。贈与，仲介，友情の言説は，プロモーターによる女性の剰余価値の占有を保証するとともに目立たなくし，搾取を友人との楽しみであると再定義するが，それは正しい関係パッケージとともに行われる場合のみである」(Mears 2015: 1118) と述べている。

　ミアーズのナイトクラブの無償労働における関係ワークと，基本的には有償労働であるメイドカフェにおける関係ワークの違いについて考えてみると，まず剰余価値の確保である「搾取」において，質の違いがみられるのではないかと思われる。ナイトクラブでの関係ワークでは，「人間関係に意味を持たせ，経済的動機を覆い隠す」必要があるため，貨幣のやりとりがあると，この関係ワークがすぐに破綻してしまう。よって，慎重な取引メディアの選択を迫られることになる。それに対して，メイドカフェでの関係ワークは有償労働であるため，取引メディアは貨幣でも問題なく，さらに客からの好意や承認などでもよく，むしろそれらの組み合わせが問題になってくる。

2-3　メイドカフェにおけるメイドと客の関係性に関する先行研究

　以上，「親密性の労働」の研究として「関係ワーク」を用いている先行研究の事例を紹介し，それとメイドカフェでの労働にみられると思われる差異についても簡単に述べた。それでは，メイドカフェにおけるメイドと客の間の親密性や関係性はどうなっているのだろうか。この分野の先行研究は，数は少ないが，いくつか存在する。

　まず，P. W. ガルブレイスのメイドカフェ，主に秋葉原にあるあっとほぉーむカフェ[3] でのフィールドワークおよび「常連」客へのインタビュー調査を通じて執筆された論文がある (Galbraith 2013)。この論文では，メイドカフェにおける「常連」客とメイドとの交流に焦点を合わせ，それが新たな社会関係を作り出していると述べる。ガルブレイスによれば，メイドカフェにおいては，メイドという虚構のキャ

---

3) 当該論文執筆当時の店名は「@ほぉ〜むカフェ」表記であった。

ラクターであると同時に現実の人間でもある存在と，常連客とが，情緒的であり長
期間にわたる関係性を作る。しかしそれは，女性を「ゲット」しようという通常の
異性愛的な関係性とは異なる，オルタナティヴな社会関係を作っているのだという。

　次に，池田太臣による，大阪市日本橋地区にある「メイド喫茶」[4]で働くメイドへ
のインタビュー調査を用いて執筆された論考が挙げられる（池田 2017）。この論考
では，メイドにインタビューすることでメイドたちの話を記録するとともに，主に，
メイドとして働く女性たちが自分たちの仕事に対してどのような意義を見出してい
るかを導き出そうとしている。池田は，インタビュー分析の結果，メイド喫茶とい
う場所は「(1) カワイイ服を着て仕事をし，(2) 客とのオタク（ファン）的な交流を楽
しみ，(3) 自己のオタク（ファン）的な側面に対する承認の感覚を得ることができ
る場所である」（池田 2017: 256）と結論づけている。メイドと客のやりとりは，オタ
ク的交流の側面をもっており，それゆえにメイドたちは一定のやりがいと自己が承
認された感覚を得ているというのである。池田は，メイド喫茶とは「オタク女子の
「ホーム」」（池田 2017: 256）であるという表現も用いており，働く女性たちにとって
オタク的自己の承認の場であることを重視している。

　この二つの先行研究は，メイドと客の関係性についてある程度の見取り図を示し
てはいるものの，その関係性における親密性のマネジメントがどのようにして達成
されているのかについては論じられていない。そこで，以下では筆者が行ったイン
タビュー調査のデータをもとに，こうしたメイドと客の間の親密性のマネジメント
の実際について分析したい。

3　メイドカフェ店員の親密性のマネジメント実践：インタビューデータの分析

3-1　調査概要

　筆者は，2017 年 7 月〜 2022 年 1 月に，メイドカフェで働いている，ないしは働
いた経験がある女性 15 名に対して，1 時間〜 2 時間程度のインタビュー調査を実施
した。形式は半構造化インタビューであり，場所はカフェ，研究室，リモートビデ
オ通話などで行った。今回はそのうち，G さんと J さんの 2 名のインタビューデー
タを分析に用いる。今回のインタビューデータにおける主な質問項目は，店舗での
タイムマネジメント（飲食店業とその他の業務や客との会話のバランス）はどのように

4）池田はメイドカフェのことを「メイド喫茶」と呼称しているため，本章でも池田の記述に関する
　部分のみ「メイド喫茶」と表記する。

行っていたか，そうした店舗でのタイムマネジメントについて何か途中で行った工夫などがあったか，店舗での給仕の他に時間外でやらなければならなかった仕事としては何があるか，そうした時間外でやらなければならなかった仕事を行う時間はどうやって作り出していたか，そうした時間外仕事のタイムマネジメントについて何か途中で行った工夫などがあったか，などであった。インタビューデータは調査協力者に許可を得て録音し，逐語的に文字起こしを行った。本章では文字起こしデータを，調査協力者に確認をとりつつ，内容が損なわれない範囲で個人が特定されないように一部加工したものを引用する[5]。

3-2　メイドカフェという場の概要

　インタビューデータを分析するにあたって，メイドカフェという場の概要が情報として必要になるため，簡単に概観しておきたい。一口にメイドカフェといっても様々な営業スタイルが存在しており，一概に定義することは難しい。しかし，「メイドカフェ」や「コンセプトカフェ」[6]と呼ばれる店舗に共通する主な特徴であれば挙げることができる。それは，「①メイドなど特定のモチーフが店のコンセプトとして設定されており，②メイド服やそれに準ずるコスチュームを着用した店員が働く飲食店であり，③通常の飲食店よりも店員個人がフィーチャーされ，場合によっては「商品」化されている」（中村 2021: 47）の 3 点である。

　本章の議論に関わる③についてさらに詳述すると，メイドカフェと呼ばれる店では，ほとんどの場合，各店員が固有のメイド名を有している[7]。メイドカフェに来店したどの客にも等しくそのメイド名が伝わるようにと，メイド服に名札を着けている場合も多い。これにより，メイドは客から固有名をもった個人として認識される。さらに，多くのメイドカフェでは，席案内・メニュー説明・オーダー・飲食物提供・バッシングなど通常の飲食店業務に加え，業務の一環として，会話やチェキ（インスタントカメラの一種）撮影などを通じた客とのコミュニケーションが求められる[8]。チェキ撮影がメニューにある店舗では，客は 500 〜 1000 円程度の対価を

---

5)　＊は筆者発言を，（　）は筆者補足を，［　］は匿名性を保つための加工を示す。
6)　メイドカフェと「コンセプトカフェ」（ないしは「コンカフェ」）をどのように線引きするかは別途議論があるところだが，本章ではこれ以後，便宜上，「コンセプトカフェ」もメイドカフェの一種として扱う。そのため，この特徴は「コンセプトカフェ」も射程に入れた特徴となっている。
7)　一部，働いているメイドが固有のメイド名をもたない店舗もある。たとえば，秋葉原のキュアメイドカフェなど。なお，キュアメイドカフェは（正確にはその旧店舗名であるカフェ・ド・コスパが）世界で最初に設置された常設のメイドカフェであるといわれている。

支払うことで，特定のメイドを指定して2ショットチェキを撮影することができる。撮影したチェキには，その場でメイドがペンで「落書き」をし，撮影日時や簡単なメッセージを入れてくれることが多い。こうした客とのコミュニケーションが他の一般的な飲食店よりも強く求められる点が，メイドカフェが通常の飲食業に比べて親密圏に関わる労働であるということの根拠である。

フィールドにおける筆者の観察によれば，常連客のなかには，メイドカフェという空間が好きだという理由で通う者もいれば，自分が好きで「推して」いる特定のメイドとコミュニケーションを取りたいという理由で通う者もおり，この二つを両極としてその間の連続体にほとんどの常連客が含まれる。主にメイドカフェという空間が好きだという理由で通っている者も，特定のメイドというわけではなくとも，そこで働いているメイドたちと何かしらの形でコミュニケーションを取ることを前提として来店している場合が多い[9]。

3-3 自分と客の親密性のマネジメント：Gさんのケース

Gさんは，大学生の時にアルバイトとしてメイドカフェで働いていたメイドである。大学卒業後は企業に就職して会社員となった。以下，Gさんのインタビューデータを引用し，分析を行う。

　　＊：店舗での話，店舗で実際にお給仕というか，働いてる時の話なんだけど，いわゆる飲食店業と，チェキと，あとどれぐらい誰とお話しするかとか，あとチェキの順番とか，誰をどうするかとか，色々あるじゃないですか。そういうのって，どんなふうにやっていましたか。要は自分でなんかこんなふうにやろうと思っていたことがあるかっていうのと，

　　G：心がけていた。

　　＊：あと，スタッフからどれぐらい指示があったか，ぐらいの，こう。

　　G：スタッフからの指示は，ほぼない。己。いや，てかなんか，多分自分のバランス感覚の方を信じてたし，スタッフも別に私のバランス感覚を知ってきてたから。〔…〕基本的に自分がどう，何を一番気をつけてたかは，店舗を回すことで，チェキ

はまあ「次点」って感じ。次点で気にするぐらい。

　ここでは，Gさん自身のメイドとしての姿勢が示されている。Gさんの姿勢としては，「基本的に自分がどう，何を一番気をつけてたかは，店舗を回すこと」であり，「チェキはまあ「次点」」であった。そして，チェキ撮影を行う順番については，以下のように述べていた。

> G：で，基本的にまあ順番は，あんまり親しくない人（客）から先に撮っていく。で，親しい人（客）につれ，あとにする。
> ＊：うん，それはなんで？
> G：えっと，親しくない人間の方がそういうことにうるさいから。
> ＊：あー，はいはい。
> G：（店を時間通りに）出れないとか，次行くところがあるとか，うるさいし，ケアも難しい。そっちのほうが。仲良い人間（客）の方が理解度が高いので，私のそういう姿勢とかに対して，ケアがしやすい。のと，そういう後回しにされるのも「自分に対する信頼だな」になるので，やりやすい。ので，後回しにしてましたね。

　このインタビューデータからは，「仲良い人間」（客）は，店舗を回すことを一番に心がけていたGさんのメイドとしての姿勢，言い換えれば「キャラ」について学習し，理解していることがわかる。さらに，「親しい」客は，Gさんの姿勢をよく理解しているからこそ，チェキ撮影の際に後回しにされること自体を「自分に対する信頼」として読み解くことができるはずだと，Gさんは考えていた。
　客側がGさんのメイドとしての姿勢を理解していたという語りは，別の箇所でもみられた。

> G：あと，理解があったので。あの，お客さん側にね。
> ＊：お客さん側に理解があった。
> G：あの，しゃべりかけに来なくても，こいつ延々と働いてんねやろな，みたいな。
> ＊：うんうん。
> G：だから初手から別に粘着して取ったとかじゃないから，来ないのが当たり前。当たり前じゃないけど，そんなガツガツしゃべりかけに来ないのは当たり前で，まあもともと働きたい，店が詰まってるほうがイライラするタイプのメイドだってわか

ってるから，別に店が忙しい，来ない，なんで，っていうのがない。文句言われた
ことがほぼそれでないから。ほぼない。だからできてた。

＊：はいはいはい。それはやっぱりその，粘着して取ったとかじゃないし，

Ｇ：だって出会いが出会いじゃん？　しゃべりかけにきてない，たまたまちょっとし
ゃべったらおもしれえじゃん，みたいな。

＊：だから，ああでもこの人あんまりそもそも話しかけに来る人じゃないよな，みた
いな思ってるし，

Ｇ：じゃないし，あの，それでもまあその6分間なり（チェキ撮影などで個々の客に
割り当てられている時間）は精一杯楽しくさせようとかはしてたから，じゃない？
みたいな。

＊：うんうん。

Ｇ：わかんないですけどね。

　ここでは，なぜ客側にＧさんの「こいつ延々と働いてんねやろな」といったよう
なメイドとしての姿勢ないしは「キャラ」に対する理解があったのかについて，Ｇ
さんの考察が述べられている。また，いくら「親しい」客がＧさんのメイドとして
の姿勢を理解しているとしても，ただ「後回し」にされるだけでは親密性のマネジ
メントが難しいのではないかとも考えられるが，その点についてＧさんは，チェ
キ撮影などの有料メニューの購入によって個別の客に割り当てられている時間分は，
その客に向き合い精一杯会話を行っていたことによって，親密性を維持できていた
のではないかと考えているようである。

　さらに，Ｇさんがこうした親密性のマネジメントを行うことで，何を得ていたの
かについて分析するために，Ｇさんがメイドカフェで得ていた月収の内訳について
語っているインタビューデータを提示したい。

＊：メイドカフェで得られた月収が平均どの程度だったか，っていうのはどれくらい
でしたか？

Ｇ：平均で言うと12（万円）ぐらいだったんじゃない，12〜3（万円）だと思うな。

＊：平均12〜3（万円）。

Ｇ：うん。少ない時で10（万円）とかで多い時16（万円）とかだった。今思うとシン
プルに月収で草。

＊：ははは。月収よねこれ。

G：普通に一般職の月収ぐらいだね。〔…〕で，平均多分ね，70 〜 90 時間ぐらいだな，
　　働いてたの。だから多い月とかは 100（時間），だから夏休みとかは 110（時間）と
　　かいってたと思う。

＊：後期のほうがでも多分月収は上がってた？

G：〔…〕時給はそんな上がってなかったんすけど，勤怠が悪いので。あの，諸々のイ
　　ンセンティブで（月収の多くを）もらってました。

＊：うんうん。えっと，インセンティブの中身っていうのは，

G：えーっとね，チェキ（撮影のバック）60 円と，あとは，あのブロマイドの売上
　　（に応じた手当）かな？　あとはまあ交通費もちゃんと毎日出てたので，フルで。

＊：だから，月収の内訳としては，えーっと時給が？

G：1100（円）いかなかったんじゃないかね，やめる時まで。1090（円）とか。1100
　　（円）いったかなあ。でもその辺。1100（円）いかないぐらい。

＊：うんうん。で，あとはこれらのインセンティブだったってことだね？

G：それらのインセンティブで，まあイベントとかあるともっと跳ね上がるから。イ
　　ベント月とかだとやっぱり多かったね，20（万円）近くもらって，18（万円）とか
　　もらってたんじゃない？　18（万円），うん，20（万円）弱もらってた，多分。

　G さんの月収は，平均 12 〜 13 万円であり，少ない時は 10 万円，多い時は 16 万
円程度だった。その内訳として，時給は 1090 円程度であり（働いていた時間は平均
で 70 〜 90 時間，もっとも多い時で 110 時間程度），「勤怠が悪い」ので勤務期間が長く
なっても「時給はそんな上がってなかった」が，「諸々のインセンティブで」月収の
多くをもらっていた。「インセンティブ」の中身は，チェキ撮影で自分が客から指定
された際のバック 60 円，グッズとして販売されていた G さんのブロマイド写真の
売上手当などであった。インセンティブは，イベントがある月にはさらに跳ね上が
り，時給とインセンティブをあわせた際に 20 万円弱の月収になるほどであった。
　「インセンティブ」は，いずれも G さん自身が「商品化」されたメニューやグッ
ズを客が購入した場合に付与されている。よって，インセンティブは G さんが個々
の客に対する親密性のマネジメントに成功したことに対して客側から支払われる報
酬であると分析できる。

3-4 メイド全体と客の親密性のマネジメント：Jさんのケース

Jさんは，社会人になってからメイドカフェで働いていたメイドであり，店長も務めていた。以下，Jさんのインタビューデータを引用し，分析を行う。

＊：店舗でのタイムマネジメントってどんなふうに行ってましたか。っていうのは，要は，たとえば給仕する，給仕するっていうかまあオーダーに行ったり，バッシングしたり，みたいな時間と，あとまあ当然お客さんとのお話っていうのも，先ほどもお話にあったようにしなきゃいけないみたいな。そういう，複数の業務が同時にあると思うんですけど，そういうののバランスというか，時間配分みたいなものって，どんなふうに行ってましたか。

J：えっと，うーんと，そうですね，私の場合は，まあやっぱり，うーーん，店長だったんで，一番店にいる時間が長かったので，なんか，もともと気をつけてたのが，私があまり嫌われてるといろんな人から，なんか嫌いな人がいる日行きたくないってなるじゃないですか。

＊：うんうん。

J：だから，でも私がほとんどいるから，嫌われてたらなんかデメリットが大きいなっていうのがあって，なんか，好かれてなくてもいいから，その，好かれてる子は毎日誰かいるじゃないですか（笑）。なんか。自分じゃなくても誰かいるから，けど自分は毎日いるから，あの好かれてるっていうよりは嫌われないほうがいいだろうなっていうのがあったんですよね。

＊：うんうん。

J：だから，っていうのと，あと自分は機会が多いから，会うチャンスが。その，週一しか（シフトに）入ってない子に比べて，自分は別に機会が多いから，週一しか入ってない子が毎日いるわけじゃないですか。自分にとっては毎日だけど，その子たちにとっては週一なので，なんかまあそういう子たちが優先的に，ホールに出れるほうが，まあ店にはメリットが高いのかなと思ってたので，あのー，ホールは，まあ，あの，なんだろう，パニクってなさそうだったらあんまり自分からすごい行くっていうのはそんななかったかもしれないですね。

　Jさんは働いていたメイドカフェで店長を務めていたため，店舗のシフトににほぼ「毎日」といってよいほど（他の箇所のインタビューデータによれば週4日程度）入っていた。そのため，「嫌われてたらなんかデメリットが大きい」と考え，「好かれて

るっていうよりは嫌われない」ことを心がけていた。また、「好かれてる子は毎日誰かいる」と考え、「週一しか入ってない子」など、シフトに入っている頻度が少ないメイドに優先的に、客との会話が多くなる「ホール」を担当させていた。

　Jさんの場合は、Gさんの場合と異なり、「店長」という立場があったため、店全体の、つまり店舗に所属しているメイド全体と客との親密性のマネジメントについて、目配せする必要があった。その結果、自分自身は「好かれてるっていうよりは嫌われない」ことを目指し、自分以外の店舗所属メイド、特に勤務頻度が比較的低めのメイドに優先的に、客との会話や交流が生まれる「ホール」業務を担当させることで、そうしたメイドたちと客との親密性を育み、維持しようとしていた。

　では、Jさん自身は、「好かれてるっていうよりは嫌われない」ために、客とどのような姿勢で向き合い、交流していたのだろうか。

> J：けどまあ、本当に楽しいと思います、メイドの仕事は。うん、すごい楽しかったなって思いますね。
>
> ＊：なんか、うーん、野暮な質問ですけど、どんなところが特に楽しかったですか。
>
> J：ははは（笑）。いや、やっぱり、人前に出てしゃべるっていうのが楽しいですね、なんか人前っつうか人としゃべる、肩書きとか関係なくしゃべれるっていうのが、もう普通に、メイドだと当たり前ですけど、やっぱり他の社会ではなかなかないことなんだなっていうのは思いますね。
>
> ＊：確かに。いろんな職業のお客さん来ますもんね。うん。
>
> J：うん。しかも別に興味ないじゃないですか、私が。その、お客さんの職業に。なんか、関係性を作る必要がないから、別に、医者だろうが、あの、ホームレスだろうが、別に、あの1000円払ってくれりゃいいんでって感じじゃないですか（笑）。
>
> ＊：あはは（笑）。
>
> J：だから、別に、その、客に興味がないんで、私も。それが、まあお互い居心地いいじゃないですか。その、向こうも、メイドの私以外には興味ないわけじゃないですか。
>
> ＊：うんうんうん。
>
> J：その、なんか、まあメイドの私にも興味あるかわからないですけど（笑）、まあメイドカフェって空間を楽しいってだけで、それ以上の関係にならないから。

　Jさんは、メイドと客は「肩書きとか関係なくしゃべれる」という点が「他の社

会ではなかなかないこと」だと感じていたという。そして，「お客さんの職業」に「別に興味ない」Jさんは，メイドカフェではメイドと客の間に社会的な「関係性を作る必要がない」と言う。

このように，Jさんは，メイドと客の間で，「関係性を作らない」という関係性を作っている。それは，「メイド」と「客」という役割が規定されているからこそ可能な関係性である。メイド側も客の職業などには興味がなく，客側も「メイドの私以外には興味ない」（ということになっている）。それはあくまでも「メイド」と「客」の域を出ない関係性であり，だからこそ「お互い居心地いい」「メイドカフェって空間を楽しい」と思える。

ここで，関係ワークの観点から，何が取引メディアになっているのかを考えるために，Jさんのメイドカフェでの労働における金銭的報酬についてみていきたい。

＊：メイドカフェで得られた月収は平均どの程度でしたか。

Ｊ：［Jさんが働いていたメイドカフェ店舗名］は，社員だったんですけど，固定，固定給，多分，うーんと，最初から少し変わってる，上がってると思うんですけど，まあ固定給が20万で，でそのプラス管理手当みたいな感じで，最初は1万とか2万とかだったと思うんですけど，最終的にはそれが5万で25万程度。額面が，はい。

＊：社員と社員じゃない，社員じゃない形っていうのはアルバイト契約みたいなことになるんですかね。

Ｊ：うんうん。そうですね。

＊：だと，業務内容とかで大きく違った点っていうのはありました？

Ｊ：うーんと，まず社員，一番大きく違うのは，あの時間数が決まってて，社員だと月の日数によって違うんですけど基本的に月177時間くらい働く，っていうのが決まってて，で，バイトだと別に何時間以上とか決まってないって感じですかね。

＊：うんうんうん。

Ｊ：仕事内容は，わりと，まあ私の場合だと，うーんと，アルバイトは，その店舗に出てやる仕事以外はほとんどまあ基本的にはないんですけど，社員だと，店舗に177時間とか毎月出るのは結構大変なんで，あの，週5（日）で8時間働くとその時間なんですけど，週5（日）で8時間お店にいられるのもなんか，なんだろう，シフトが人数が少なかったので，他の人のシフト削っちゃうことにもなるし，って感じで，まあ店舗にいるのが週4（日）ぐらいで，まあ週1（日）ぐらいは事務作業み

たいなのを事務所でやってましたね。

　Jさんは，メイドカフェに社員として採用されており，固定給が20万円，管理手当が初期は1〜2万円，最終的には5万円になり，合計で21〜25万円程度が額面上の月収となっていた。その内訳は，週4日程度のメイドカフェ店舗での勤務と，週1日（週8時間）程度の事務作業であった。

　よって，Jさんが店舗で行っていた，メイド全体と客との間の親密性のマネジメントは，店から支払われていた固定給および管理手当のなかにあらかじめその業務に関する報酬分が含まれていたと考えられる。ただし，Jさん自身は，Gさんが受け取っていたような，客から支払われる貨幣であるともいえる，自分自身と個々の客との間の親密性をマネジメントすることに対するインセンティブは得ていない。

3-5　親密性のマネジメントが「生活」に染み出してくること

　Gさんはメイドカフェ店舗において，自分と自分を「推して」いる客との間の親密性をマネジメントし，それに対して客からインセンティブという形で金銭的報酬を受け取っていた。Jさんは，店長職として，メイド全体と客との間の親密性をマネジメントし，それに対して店から固定給や管理手当という形で金銭的報酬を受け取っていた。しかし，二人とも，実はこの「親密性の労働」がメイドカフェ店舗内で完結しているわけではない。メイドと客の間の親密性のマネジメントは，二人の「生活」にも染み出してきている。

> ＊：(Twitter上で客から送られてきたツイートへの) リプ（リプライ）とかも，隙間時間にやってた？
> G：隙間。寝る前とか。なんとなく暇だなあ，でもまあ家でもやってたね，ちょっとね。
> ＊：うん。だってさ，そうだよね，なんとなく暇だなっていう時にやろうってなる時点でさ，けっこうさ，なんかもう生活に入ってきてる。
> G：いや，そうそう，もう生活，ほぼ，まじでほぼ生活。
> ＊：うん。
> G：だって［Gさんが働いていたメイドカフェ店舗名］で働いてる女たち，みんな大学ちゃんと行ってなかったでしょう。

　Gさんは，Twitter上で客から送られてきたツイートに対するリプライは「隙間」時間や「寝る前」，「なんとなく暇だなあ」という時，それから「家」でも「ちょっと」「やってた」と言う。メイドカフェでの労働は「まじでほぼ生活」だったとGさんは述べている。

　次に，Jさんのケースを検討したい。少し長くなるが，インタビューデータを引用する。

> J：なんか，今になって振り返ったら，別になんか，よかったなあって思います（笑）。なんかその時はなんか，うーん，こんな働き方してていいのかなっていうのがちょっとあったんですけど，だけど今思えばメリットの方が大きかったような気がして，なんかとにかく裁量が大きかったので，気楽にできたので。よかったなと思います。
>
> ＊：こんな働き方しててよかったのかなって最初，というか当時思ってたのはどういう面ですか。
>
> J：うーん，まあやっぱりとにかくプライベートの時間がなくて，プライベートと仕事がもうほとんど一緒になってたんですよね。
>
> ＊：うんうんうん。
>
> J：で，交友関係も職場関係だけって感じだったんで，まあそれがなんだろう，うん，そうですね，なんか，仕事は仕事で，で休みの日は自分の友達と遊ぶ，みたいなそういうのがなくて。
>
> ＊：うーん。
>
> J：職場の子たちとも仲良かったから，そのまま友達だし，なんか全部がもう仕事になっちゃって。なんかまあ一番引っ掛かってたのが，それが結局会社，自分会社員だったので，なんかただの会社員なのに，そういう状態っていうのが，なんか，なんかなんだろう，経営者だったら自分が，自分の会社だったら，自分の会社のためになんか全部がそれに染まって行くのって，別に，なんかまあそんなもんなのかって思うんですけど，なんか会社員なのにそれって，なんか，なんかおかしくないかなって（笑）。ちょっと思って。
>
> ＊：うん。
>
> J：そうですね。なんか，会社員なのに，あまりにも自分を売りすぎていたような感じはして，それがやっぱ引っかかってました。フリーランスとか経営者でそれだったら，いいけど。
>
> ＊：確かに，うん。

J：なんかそう，Twitterとかでも，常にキャラというか，まあキャラってほどじゃないけど，なんか自分を売っていなきゃいけなくて，やっぱり，あと，結婚とか出産とか考えた時に，なんか［Jさんのメイド名］さんのキャラのままでいきなり結婚して出産するっていうのが，やっぱりちょっと違和感があったので，別に悪くないと思うんですけど，なんか，一回辞めとかないと，一生結婚・出産できないじゃんって感じがちょっとありましたね。

＊：あーー。なるほど。確かに。

J：そう，それほど，私生活と仕事がぐちゃぐちゃになっちゃってたっていうのがありますね。

　Jさんは「とにかくプライベートの時間がなくて，プライベートと仕事がもうほとんど一緒になってた」という点で，メイドカフェで働いていた当時は「こんな働き方してていいのかな」と少し思っていた。また「フリーランスとか経営者」ではなく，「会社員」なのに「あまりにも自分を売りすぎていたような感じ」を感じて，それが「引っかかって」いたという。それはたとえば「Twitter」などでも，「常にキャラというか，まあキャラってほどじゃないけど，なんか自分を売っていなきゃいけな」いということであり，メイドのキャラのままいきなり結婚して出産することにも「やっぱりちょっと違和感があ」ると感じていた。

　なお，ここでいう「キャラ」とは，土井隆義が「外キャラ」と呼んでいるものに当たると考えられる。土井によれば，現代人は「人びとに共通の枠組みを提供していた「大きな物語」が失われ，価値観の多元化によって流動化した人間関係のなかで，それぞれの対人場面に適合した外キャラを意図的に演じ」（土井2009: 23）ているという。また，キャラは「断片的な要素を寄せ集めたもの」（土井2009: 23）でもあり，「あえて人格の多面性を削ぎ落とし，限定的な最小限の要素で描き出された人物像は，錯綜した不透明な人間関係を単純化し，透明化してくれる」（土井2009: 25）側面がある。さらに，今日の若い世代は「複雑化した人間関係の破綻を回避し，そこに明瞭性と安定性を与えるために，相互に協力しあってキャラを演じあっている」（土井2009: 26）のだという[10]。

　出産に関しては，次のインタビューデータの箇所でさらに詳しく語られている。

　J：でも，だから，自分の中で，なんでも売りにできる，なんでも売り物にできるっていうのが，そのラインが，出産ちょっと売り物にできないなっていうのがあった

のかもしれないですね。

＊：あー，なるほど。

J：出産の予定があるわけじゃないんですけど，でも，もうちょっと，やっぱそろそろ本気で考えないとってなった時に，なんかもしメイドしてたら，急に休むことになるから，そしたらなんか「あいつ子供産んでる」って言われるわけじゃん，なんかそれが嫌だ。で，今までどんなことでもわりと自分のキャラっていうか，なんでも別に，まあ何言われても別に，笑えたっていうか，笑いに変えられたというか，なんかまあキャラとしてごまかせたけど，出産をキャラとして消費されるのはちょっと，みたいな（笑）。やっぱそれは大きいかもしれないです，一番。

　ここでは，出産について「本気で考えないとってなった時」にメイドをしていて「急に休む」ことになると「子ども産んでる」と思われるのが「嫌だ」と語られている。そして，Jさんは今までは「自分の中で，なんでも売りにできる」と思ってやってきたところがあるが，「出産」は「売り物にできない」「ライン」であり，「出産をキャラとして消費されるのはちょっと」と感じている。

4 「キャラ」を介した「親密性の労働」と「生活」

4-1　メイドという「キャラ」を介在させた「親密性の労働」

　以上のインタビューデータから，メイドカフェ店舗における親密性のマネジメントについて，「関係パッケージ」の観点から検討してみたい。まず，固有の対人関係の紐帯としては「メイド」と「客」という役割が固定されたつながりがある。つまり，通常の「親密性の労働」と異なり，メイドという役割や，そのなかでも特に自分自身がメイドとしてどのような姿勢や性質，要素をもっているかという「キャラ」を挟んだうえで労働が営まれている。

　経済取引としては，客による消費という形をとっており，取引のメディアとしてはおおむね客側から貨幣，メイド側から親密性が差し出されて交換されていると

10）なお土井は，コンビニやファーストフードの店員には「一人の人間として多面的に接してくれることではなく，その店のキャラを一面的に演じてくれること」（土井 2009: 25-6）が求められていると述べたうえで，メイドカフェについて「近年のメイド・カフェの流行も，その外見に反して，実はこの心性の延長線上にあるといえます。そのほうが，対面下での感情の負荷を下げられるからです」（土井 2009: 26）と言及している。筆者はこの点については土井と意見を異にするが，それについては稿を改めて論じることとする。

考えることができるが，客側からは貨幣のみならず好意や承認など何かしらの「親密性」に当たるものをも差し出される場合があることは一つの特徴である。さらに，メイド側から差し出す「親密性」も，剥き出しの「親密性」ではなく，その人なりのメイド「キャラ」という役割を挟んだ形で差し出されるものである。

　一方で，「キャラ」を挟むということは，自己をまったく介在させないということではない。本章で検討したインタビューデータによれば，メイドの「キャラ」は，自分自身と切り離せるものではなく，どこまでを「キャラ」として「自分を売」ることができるかの線引きが，メイド自身のなかで常になされている。ここにおいて，生活が労働に侵食されるだけでなく，自己のアイデンティティ自体も巻き込まれていくような契機が存在する。たとえば，「出産」を「キャラ」として「自分を売る」ことに含めるのは許容できないというJさんの語りは，親密圏のどこまでを経済的取引の俎上に載せられるかという問題へのJさんの一つの答えである。このように考えると，親密圏のなかにも取引メディアになりうるものとなりえないものがあり，さらにそれは個々のメイドの「キャラ」を踏まえた個々人の線引きによって決定されているといえる。

4-2　SNS 上での関係ワークと「生活」

　しかも，上記のような「キャラ」を介した親密性のマネジメントは，メイドカフェ店舗内で完結するわけではない。たとえばSNS上での客との交流やSNSの更新それ自体が求められたりと，店舗外での時間外労働が発生する。この際には，取引のメディアとしての貨幣が伴わない。しかし，店舗での貨幣を介した経済取引を成功させるためには，店舗外・時間外でのSNSを用いた交流（それはメイド側からすれば「営業」でもある）がほぼ必須となっている。よって，店舗で貨幣を受け取るために必要となる潜在的なインセンティブを獲得しておくために，メイドは店舗外での労働を行うという側面がある。

　ただし，SNSでのやり取りは単なる無償労働・時間外労働であるだけではなく，立派な関係ワークにもなっている。メイドカフェ店舗での関係ワークと，SNS上での関係ワークの違いについて着目してみるのも，興味深いポイントだろう。たとえば，SNS上での関係ワークにおいては，「いいね」や「リツイート」などによって数量的に計ることのできる好意や承認が，客側から差し出される取引メディアになっていると考えられる。それに対して，メイド側は店舗と同じく何かしらの「親密性」を取引メディアとして差し出すが，SNS上で示される「親密性」は，店舗で接する際の「親密性」とは質が異なったものになっていると考えられる。それは，たとえ

ば自分の「キャラ」を考えたときに，SNSのオープンアカウントという全世界に公
開された場に掲載することが適切な言明ややり取りであるか否かを検討しなくては
ならなくなるためでもあるだろう。店舗においては個々の客とそれぞれにやり取り
をすればよいし，そのやり取りは基本的にその客しか知りえないが，SNS上ではた
とえリプライを用いて個々の客とやり取りをしているようであっても，その様子は
見ようと思えば誰からでも見られてしまうからだ。

　しかし，いずれにせよSNS上での客とのやりとりは「生活」を侵食するものでもあ
り，時にメイドのキャラが生活に染み出してきて，「私生活と仕事がぐちゃぐちゃ」
（Jさん）になってしまうこともある。メイドカフェ店舗での関係ワークを通した親密
性のマネジメントを成功させるためには，「生活」そのものを客との間の関係ワーク
に捧げなければならないのか，という問題がここに立ち上がる。これは，メイドに限
らず，「パーソナリティが享受対象となる」（香月 2014: 141）職業すべてに関わる問題
であろう。そうした職業を遂行している人びとのワークライフバランスにも大きく
関わるこの点について，さらに調査を進め分析を行うことを，今後の課題としたい。

【引用・参考文献】
池田太臣, 2017,「オタク女子の「ホーム」──オタク的自己の承認の場としてのメイド喫茶」吉光
　　正絵・池田太臣・西原麻里編『ポスト〈カワイイ〉の文化社会学──女子たちの「新たな楽し
　　み」を探る』ミネルヴァ書房, pp.233-62.
落合恵美子, 2012,「親密性の労働とアジア女性の構築」落合恵美子・赤枝香奈子編『アジア女性と
　　親密性の労働（変容する親密圏／公共圏 2）』京都大学学術出版会, pp.1-34.
香月孝史, 2014,『「アイドル」の読み方──混乱する「語り」を問う』青弓社.
土井隆義, 2009,『キャラ化する／される子どもたち──排除型社会における新たな人間像』岩波書
　　店.
中村香住, 2021,「メイドカフェ店員のSNSブランディング──アイデンティティの維持管理という
　　時間外労働」田中東子編『ガールズ・メディア・スタディーズ』北樹出版, pp.46-63.
Boris, E., & R. S. Parreñas, eds., 2010, *Intimate labors: Cultures, technologies, and the politics of
　　care*, Stanford: Stanford University Press.
Burke, N. B., 2016, "Intimate commodities: Intimate labor and the production and circulation of
　　inequality," *Sexualities*, 19(7): 780-801.
Galbraith, P. W., 2013, "Maid cafés: The affect of fictional characters in Akihabara, Japan," *Asian
　　Anthropology*, 12(2): 104-25.
Mears, A., 2015, "Working for free in the VIP: Relational work and the production of consent,"
　　American Sociological Review, 80(6): 1099-122.
Mears, A., 2020, *Very important people: Status and beauty in the global party circuit*, Princeton:
　　Princeton University Press. （松本裕訳, 2022,『VIP──グローバル・パーティーサーキットの
　　社会学』みすず書房.）
Zelizer, V. A. R., 2005, *The purchase of intimacy*, Princeton: Princeton University Press.
Zelizer, V. A. R., 2012, "How I became a relational economic sociologist and what does that
　　mean?," *Politics & Society*, 40(2): 145-74.

第10章

学校における「心のケア」のマネジメント
心の教室相談員による実践の「外部性」と「限定性」に着目して

鈴木 優子

1 ケアワーカーという管理的ワーク

　本章では，心理主義化が浸透した後の社会で「心のケア」のマネジメントが学校という組織のなかでどのように実践されているかということを検討する。今日の社会は，ケアや支援についての考え方が変わりつつある過渡期である。三井（2018）によると，ケアは1970年頃から1990年前後，病院を中心に「キュアからケアへ」という形で対比的に考えられていた時期を過ぎた。現在では病院以外の場である入所施設や地域における介助や介護などの「生活の場」に沿ったケアのありようが注目されている（三井2018）。そして，1970年代からはただ疾患が治癒するというだけでなく，生活の質（QOL）を高めることに焦点が置かれるようになった。

　疾患の治療から生活の質に価値が置かれる時代に変化したことを猪飼（2010）は「生活モデル化」と呼ぶ。猪飼は，生活の質について，原則として「不可知」であるとしている。そのためサービス提供者たちは，本人とともに生活の質を高めるとはどのようなことか，そのためには何が必要なのかを模索するしかないことになる（猪飼2010）。また猪飼は「制度の狭間」についての論考で，日本を含め世界諸国の社会福祉は生活モデルに基づくソーシャルワークをいかにこれからの生活支援に埋め込むかという課題に直面している可能性について論じている（猪飼2015）。生活モデルに基づくケアに携わる者が何を目指し，何が必要なのかについては非常に多様であり，論争的なものである。

　近年ではそうしたケアの移り変わりから，ケアワーカーの「働きすぎ」やそれに伴うバーンアウトがしばしば問題になっている。阿部（2006a）はケアワーカーを対象にフィールドワーク研究を行っており，それに対し本田（2007）はケア現場の「奉仕

性」が「働きすぎ」に転化しやすい面について指摘している。「働きすぎ」の問題に関して，同じく阿部（2006b）はバイク便ライダーのワーカホリックについての研究を行っている。本田（2007）はそれに対して「〈やりがい〉の搾取」を指摘し，「働きすぎ」は「自分自身」からではなく企業の意図によって生み出されている側面を強調した。松永（2020）によれば，そのことは労働問題の原因を拙速に経営管理に帰属させて解釈してしまうという理論的前提が存在するが，実際に経営者や管理者が何をやっているのかという問いは，社会学のなかで問題にされてこなかった。この視点をもたないということは，経営管理を批判しようとするなら問題となる（松永 2020）。

　松永（2020）によると，マネージャーの役割は，労働社会学が想定するような労務管理には限られていない。従来の先行研究では，マネージャーと部下のような関係性が前提とされているが，近年ではむしろマネージャーは社内外に存在する多様な組織に対応する必要があり，ルーティーン的なタスクへと変化をみせている。そして近年のマネジメントは達成すべき目標がありそれをどう引き出すのかということを基本業務としながら，組織がフラットに変化してきたと同時に管理業務との重なりが弱くなってきているとされている。目標がないわけでもなく緩やかに方向づけられているが，具体的に何をすれば達成なのかを明示することは難しい。本章では，このように変化をみせ多様化するマネジメントを捉える視点をもつことを目的とし，そのなかでも学校という組織のなかで年々ニーズの高まる「心のケア」を行うケアワーカーという管理的ワークに着目する。

　本章では「心のケア」を行う担い手として，中学校に勤務する「心の教室相談員」（以下，相談員）を取り上げる。相談員の配置経緯は次の通りである。1998 年 1 月，栃木県で起きた中学生による教師刺殺事件が主なきっかけとなり，いじめや不登校他，生徒から悩みの相談を受ける「心の教室相談員」は 1998 年の 2 学期から国の補正予算で急遽，配置されることになった。当時の文部省は「幼児期からの心の教育」を打ち出し，特に精神の発達において重要であり，また精神上の問題を抱えやすくなる時期である中学校を重視し対策を行った。そして臨床心理士や精神科医からなるスクールカウンセラー（以下，SC）の人材不足を受け，SC の補完的役割を担い，生徒の気軽な話し相手となる相談員の配置が検討され，生徒が悩みを抱え込まず心にゆとりをもてるような環境づくりのための調査研究である「心の教育（教室）相談員活用調査研究委託事業」を実施した。相談員の活動は途中まで全額国庫補助で行われたが，国はその後，相談員の配置を廃止の方向とした。しかし各地域で実績のある相談員を奪われることによる困惑や存続を願う中学校の要望を受け，事業が存続される地

域が残り，相談員は各市町村により単独で中学校に配置されることとなった。

　相談員の専門性とは，特定の資格要件をもたず，心理学を学んだ者，子どもとかかわりをもったことのある者などが行うケアである。生徒の気軽な話し相手となるほか，普段の生徒の様子から異変があれば教員やSCにつなぐなどの中間的な役割も担う。本章では，このようにマネジメントを行うケアワーカーのなかでも生徒の生活に寄り添う相談員の実践を取り上げる。

2　本章の目的と問い：「心のケア」のマネジメントを捉える

　1995年に発生した阪神・淡路大震災をきっかけに，ケアや支援という言葉は，たとえば「心のケア」のように，「心」というシンボルに対しても用いられるようになった。1990年代から日本では「心の教育」「心のケア」などの言葉も普及し，心理学ブームともいえるほど心理学的知識が広まった。臨床心理士などの「心の専門家」にも注目が集まるなか，森（2000）はこのような現代社会の傾向を「心理主義化」と特徴づけ，心理主義化，心の専門家といった言葉は浸透していった。

　山田（2007）は，実際の心の専門家の立場や実践，それによる「心のケア」の定義は曖昧な部分が多いと指摘している。また，山田は「「児童生徒の問題行動とその対処の実態」に関する調査研究」（上地・古田 2001）のなかの「スクールカウンセラーが配置されることによっていじめや暴力事件が解決されると思うか」という質問項目に対して，肯定的な回答をしたスクールカウンセラーの割合が57%にとどまっていることに対し，「「心のケア」「心の専門家」という言葉は一般的になったが，それには実際の相談活動は伴っていない」と推察している（山田 2007: 21）。また，保田（2008）は「心を大切にするべき」という風潮は高まっているものの，いかに大切にすべきかについてははっきりしておらず，さらにこのような傾向は学校や子どもに関する領域で著しいとする。保田はさらに，学校での多職種協働により，専門職間の境界が曖昧化することを指摘している（保田 2019）。

　しかしこうした指摘について，実際の「心のケア」が行われる現場で何が起こっているのかという社会科学的な調査，研究はあまり蓄積されていない。この理由について河村（2022）は，これまで行われた研究のほとんどが精神医療の「実態」を暴き，批判するというスタンスのもとに行われていたことを指摘している。そのため人びとが実際にどう「心」に関する実践を行っているのかということは，いまだに見えがたい状況にある。

保田（2019）は，学校における専門職が，今後，政策的にも常勤配置へと進んでいく可能性を指摘し，それによって専門職間の関係や教員の役割に変化は起こりうるのかという問いを投げかけている。しかしそれを考えるためには，1990年代から今まで外部から学校に入っていた心理職の実践をみなければ，心理職等の専門職が学校で常勤になっていくことによる変化を捉えることは難しい。そのことから「心のケア」を担う「外部の支援者」が，実際にどのような形で実践を行っているのかという点について検討する必要がある。なぜ心の専門家の立場や実践は曖昧であるとみなされ，心の専門家の実際の相談活動が成果を伴わないと捉えられたのだろうか。これが本章の問いである。その問いを考察するに当たり，心をいかに大切にするかはっきりしていないという傾向が強いとされる学校のなかでも，思春期を迎え心理的なものが重視される中学校を取り上げ，そのなかで「心のケア」対策の一つとして置かれながらも曖昧な立場である「心の教室相談員」の労働の実践に着目する。

相談員の位置づけとしての先行研究では，SCと相談員が担う心理的支援は「全く質の異なる支援」（坂田2007）であるとされる。坂田は「SCが行うような専門的ケアを必要とする深刻な症状をもつ生徒ばかりでなく，自分に注意を払い耳を傾けてくれる存在がいるだけで，元気に教室に戻っていく子どももたくさんいる」とし，臨床心理士を中心とした専門家としてのSCと，身近な存在として子どもを心理的に直接支援する緩やかな性質のケア[1]を行う相談員の両方を設置することは重要であるとする。その反面，非常勤職であることから，SC，相談員共に勤務体制の不十分さや学校における自己の存在の薄さについて強いストレスを感じることが多い（山田・菊島2007）など，学校に勤務する心理職の心理的ストレスに対する研究もたびたびなされている。とくに相談員の抱えるジレンマについて，主に教職員との連携において，相談員がSCのような専門性をもたない[2]ことに由来する困難さが指摘されている（山田2001）。そういった専門性や常勤・非常勤の問題から，学校では教員，SC，そして相談員という順で暗黙のヒエラルキーが表面的には存在している。

相談員が業務に関する困難さや心理的ストレスに直面した際，心理学での分野では「それならばもっと各々の資質やカウンセリング技術の鍛錬が必要」「より専門的・実践的な研修を」（篠田・中川2001）という議論に向かうことが多いが，それで

---

1) SCの専門性に対して，もっと気軽で身近な存在として生活に寄り添う相談員の専門性は緩やかなものである。しかし，緩やかなものとはいえ，生徒への影響力が弱いという意味ではない。

2) 学校心理学の石隈（1999）は，心の教室相談員は「心理教育的援助サービスの補助的な役割」を担う「準援助専門家」であると位置づけている。

は先述した坂田（2007）のいう「SC と質の異なる支援」を置くことの重要性や，相談員の緩やかなケアの特性が意味をもたなくなるのではないだろうか。心理学者がいうように，学校のなかの心理職を「より専門的に」していくことは子どもの「心のケア」にとって重要なのだろうか。

　本章の問いの意義として，相談員の実践を検討することは，学校に多様な人びとが出入りする心理主義化が浸透した後の社会・学校のありようがどのようにみえてくるのかということもあわせて検討することになり，社会的な意味をもつといえる。また，生活とマネジメントという観点からも相談員というケアワーカーの労働をみていくことは，今まで搾取と結びつけて語られてきたマネジメントについて，別の側面に焦点を当てることになると考える。

　そして学校のなかに様々なアクターがいるということは，ドンズロ（1991）の「保護複合体[3]」を思わせるが，「子どもを保護する」とはどういうことなのか考えた時に，どのようなことが問題になるのかということについて，外部性や限定性という観点から取り上げているのが本章でもある。保護複合体のなかで仕事を取り合い様々な人物が介入するが，それならば沢山の専門家が分業するためそれぞれの負担が減り楽になるはずである。しかしそれが簡単に上手くいかないのは，子どもの「心のケア」をするということの性質によるものであるということを，相談員の実践をみることで述べていく。

3　分析視角

　本章では二つの分析概念を用いる。まず相談員の「外部性」である。外部性には二つの意味がある。第一に，学校という組織の正式なメンバーシップをもっておらず，正当なスタッフとは違うものとして扱われているという意味での外部性がまず存在する。第二に，様々な専門性をもつスタッフがいるなかで，専門性だけで拾いきれていないものを拾うことを期待されているという，専門職的な意味での外部性がある。

　そしてもう一つの分析概念は，対人専門職による「ケア」に焦点を当てた三井（2004）が論じている「限定性」である。三井は，対人専門職がその不確実性のなかで職務を遂行するならどのような人びとであれ限定性を必要とする（三井 2004: 62）とし，「自らの職務の範囲を限定する」という意味での限定性を重要視する。

---

3) 子どもを包摂する児童福祉や少年司法などの制度の網の目を，ドンズロ（1991）は「保護複合体」としている。

　三井の用いる限定性はパーソンズ（Parsons 1951=1974）の専門職論から示唆を受けた三井独自の概念である。三井は，パーソンズによる患者の不確実性からなる医療専門職の心理的負担を軽減するため自らの職務責任を患者のニーズとされるものに応えることへと限定するという議論に着目し，そこから限定性の概念についてのヒントを得ている。パーソンズの後，フリードソン（Freidson 1970=1992）は，医療現場の変化を踏まえると，医師と患者の観点は異なるとし，医師がニーズと見なさないものでも患者からするとニーズになりえ，患者の固有の「生」に応じてニーズが捉えられ対処されなければならないとパーソンズを批判した。しかし三井は，そのように「生」の固有性に深く関わるほど逆に不確実性は高まると共に，不確実性のなかで職務を遂行するならどのような人びとであれ限定性を必要とする（三井2004: 62）とし，限定性を重要なものとみている。三井は限定性について，「対人専門職がある職業イメージを身体化することによって，対象者と向き合う際に自らのすべきこと／できることを限定していること」とし，対人専門職を拘束する職業イメージそのものでもあるという。そして，対人専門職では相手の「生」の固有性を捉えた時に，自らの限定性を乗り越えることが必要になる場面がくる，としている。

　限定性を「乗り越える」とはどのようなことか，三井は看護職の患者への働きかけの様子からその過程を述べている。看護職のもつ主な限定性は「患者の療養上の世話を献身的に行う事や診療の補助」であるだろう。しかし，「医師の指示通りに入院・治療・疾患の管理をする」というそれまで自明視してきた前提は，患者の「生」の固有性に触れた際に通用せず壁に当たる時がある。その時，これまでもっていた限定性を問い直す機会となる。

　「「生」の固有性」という言葉について，三井のいう「生」は医療社会学のなかで練り上げられてきた「生」も想起させ，本章で使用するには負荷が大きい概念でもある。しかし文脈が違っても三井の議論に示唆を受けつつ，本章では「固有性」「生徒の固有性」と記述する。本章で用いる「固有性」とは，生徒の「独自のもの」であり，これまで生きてきたなかで独自に培ってきた個性や生き方，人間性，その人独自の問題や悩み等を想定している。また本章では，「固有性」とは常にみえるものではなく，人間関係の相互作用のなかでふいに現れたり消えたりする曖昧なものとして捉えている。

　本章では，筆者が実際に中学校に相談員として勤務したなかでの参与観察とインタビュー調査から，相談員がどのような「外部性」と「限定性」をもち，日々の生活のなかでどのように実践に取り組んでいるのか考察する。外部性と限定性，この二つはフラットにあるものではない。専門性からしても共同体からしても外部であ

るということが限定性を乗り越えるうえで重要である，という外部性と限定性の両者の関係性をふまえつつみていきたい。

4　調査の概要

　本章では，筆者が実際に中学校で相談員として参与観察を行った際に勤務日ごとに記録したフィールドノートと，そのフィールドワークを補足し解釈する資源として他の相談員・SCへ行ったインタビュー調査を取り上げ，考察を行う。本章で取り上げるインタビュー調査の概要は次の通りである。

（A）SC　主な業務内容…相談室での相談業務，教員や他のSC・相談員との連携，情報交換

（B）相談員　主な業務内容…相談室での相談業務，学習支援，教員やSCとの連携，情報交換

（C）相談員　主な業務内容…相談室での相談業務，学習支援，不登校生徒の支援，相談室だよりの作成，教員との連携，登校時の生徒の見守り

（D）相談員　主な業務内容…相談室での相談業務，学習支援，相談室だよりの作成，教員やSCとの連携，情報交換

　本文中で取り上げた言明は，これらの職員の方々にうかがった話を録音し，後で文字起こしをしたものからの引用である。インタビュー調査は，2018年秋から2019年夏までの期間に実施した。調査は半構造化面接形式で行い，調査時には，プライバシーの保護や事例に関する個人情報の保護を伝えて同意を得た。また，プライバシーの保護のため，話をうかがった方のプロフィールは最小限のものとしている。音声情報やノートなどのデータは，調査終了後もその保管には厳重に注意した。論文の執筆にあたっては，校長先生に直接，研究目的を説明し，フィールドワークにおいて筆者が業務にあたり体験したこと，考えたことや工夫を施したことを記述すること，また筆者と生徒・教職員のやりとりを状況に応じて加工し匿名化したうえで論文の執筆を行うことの許可を得ている。また，その研究の成果が雑誌・書籍等に掲載される可能性があること，筆者の博士論文にも使用する可能性があることについても許可を得ている。なお本章で紹介する研究は2018年，筆者が在籍していた筑波大学大学院の研究倫理審査委員会において承認を得ている。

第1部

第2部

第3部

5 「外部の人」としての相談員

5-1 教員と生徒の中間で：外部性が生み出す排除と包摂

　限定性の議論に入る前に，相談員の外部性がどのように日々の実践に現れているかをみていきたい。まず以下にSCであるAさんによる言明を挙げる。

> 　相談員って，最初は生徒のお姉さんのような気軽な話し相手になる役割でした。だけどまた別のスクールソーシャルワーカーなんかが入って，それぞれの役割が，はっきりしなくなって……〔…〕学校でも色々な役割を任せたり，その場ごとの対応になってしまっている気もします。〔…〕相談員のかかわり方も人それぞれなので……。

　Aさんは，初期の相談員の役割が多様化してきたことを指摘する。それに対して，ある中学校に勤務する相談員のBさんは以下のように語る。

> 　この仕事に正解はないんです。思うように直観でやるしかない。自分がその場その場で正しいと思ったことをするしかない。でも，それでもマニュアルが欲しいですよね……。マニュアルを作って欲しい。

　相談員の仕事に「正解はない」「マニュアルが欲しい」という声はインタビュー調査や研修時に多数見受けられた。SCも相談員と同じ「外部の人」であるが，SCの専門性について丸山（2012）によれば，「心の問題」という客観的な基盤の上に，臨床心理学の専門性に基づいた主観的な業務内容を構築している（丸山2012）。SCの外部専門家としての基盤は学術知識に支えられ，守られているのである。対して相談員はSCよりも下支えする基盤が「寄る辺ない」ものであり，教員の指示を受けることも多いため業務のすべての裁量を与えられておらず，専門性を構成する要素の不完全さをもつ。

　相談員が配置される場所は主に相談室であるが，校長先生の指示により普通学級や適応指導教室等の教室内に補助的な役割として配置されることもある。筆者は大学院修士課程修了後から，途中に休止期間を挟みながら中学校の相談員を行った。そのなかでも，特に周囲の教職員との関係性も重視されることが多かった適応指導教室に勤務した際の参与観察での事例を挙げる。

　適応指導教室は，様々な悩みをもつ生徒の居場所として設置されている。筆者は

生徒たちが一日，あるいは一日のなかの一部の時間を過ごす教室で，相談員として教室内の見守りや相談業務を行ったが，それは緩やかな管理的ワークとも捉えられるものであった。生徒たちを支援するのは交代で教室を見に来てくれる様々な先生方と筆者であった。教室では学習の手伝いや添削をしたり，道具を用いて遊んだりした。各々のペースを尊重し，教室内で悩み事を話せる時には話し，穏やかな時が流れていた。しかし，順調だと思われた相談員の業務であるが，徐々に難しさもみえ始めた。以下に，相談員が実際の職務のなかで「外部の人」であるという眼差しを受ける場面をフィールドノートから引用する。この場面を分析することで，相談員の外部性のなかでも，学校内で正式なメンバーシップをもたないという外部性が実践にどう関わるかを考察する。なお，以下で取り上げる事例については，プライバシーの保護のため，内容が損なわれない範囲で加工し記述する。

事例1

校内を巡回していると，教室内外を交えた数人の生徒が廊下で談笑していた。相談員はその時，仲間内で話すその生徒たちの見守りをしていた。そのなかで，生徒たちから何人かの教員に対しての愚痴を耳にした。相談員はその件に関して，教室を見に来てくれていた女性教員に話しておいた方が良いと思い，そういった様子を報告した。教員は，「そうですか，それは良くないですね」と共感した。相談員は，今後も生徒に何か気になる言動があれば，教員にも注意深く見守り，必要であれば指導をしてほしいと感じていた。

以下は，その時に談笑していた生徒の一人と，女性教員と，相談員が後日3人で同じ場にいる際の会話である。

生徒「でも，先生の愚痴言うのが駄目だなんて。その人は自分が子どもの頃だってそう思っていたのでは。その人は自分が子どもの頃のことを忘れちゃったのかな」

女性教員「そうだよね。子どもの頃はみんなそう。「外部の人」はそういうこと，わからないから」

相談員は驚き，「外部の人」は相談員自身を指していると感じたが，何も言わずにやり過ごした。

さらに後日のことである。ある日，数人の生徒が意気消沈していた。相談員が声をかけると，「朝に会った先生から厳しいことを言われた」という。生徒たちの様子はピリピリしていて，相談員に対しても普段より警戒心をもっていた。相談員は事情を聴き，ケアに従事した。「先生たちは今，皆忙しくて，少し怒りっぽくなっているだけだから」と生徒に説明し，気持ちが楽になるように働きかけた。

この事例では，相談員が生活に密着していたことで生徒が気を緩ませ，教員が普段目にしないような生徒の側面に接した。相談員は，生徒たちの談笑のなかの愚痴を，生徒たちの悩みやストレスの現れの可能性もあると感じ，女性教員に報告した。

しかし，女性教員は相談員の前で，生徒に対して発言する形で間接的に排除するような言動をしている。そして，そうすることで生徒と共感し，お互いの絆を強くしようと試みているような様子がうかがえた。その際，相談員は生徒の素顔を見るほど内部に入り込んでいるにもかかわらず，教員には何も反論を行わなかった。反論を行わないことで，教員と生徒の望む「外部の人」であり続けていた。あえて「外部の人」でいることで，生徒と教員の主張や共感は崩さず，バランスを取るようにマネジメントすることが可能となっていた。

　事例の後半で，教員から生徒への厳しい言動があった場面では，生徒たちは相談員にも警戒心を示している。それは生徒たちが，先生と同様に相談員も警戒すべき大人全般の存在として包摂しているということでもある。そして，相談員は大人たちの一員に包摂された存在として教員の代わりに説明を行っている。このように，相談員はそれぞれの場面に合わせて交代に現れる排除と包摂をそのまま受け入れることで，その場の調整を行っている。

　三井（2018）は，生活に寄り添うケアワーカーの特徴として「失敗の多さ」を挙げている。三井によると，生活に対するケアの場面においては，お互いの相互行為がうまくいっているときにはあまり気づかれず，その反面うまくいかなさ（＝失敗）ばかり意識させられがちであるという。事例1を一見すると，排除が存在し「失敗」しているようにみえるが，水面下では様々なものが行き交っている。たとえば，相談員がいる場でも教員に対する愚痴を言う生徒の振る舞いは，相談員に対してなじみがあるということでもある。女性教員と生徒が一緒に話す場面は，生徒が先生を慕っている証拠でもある。女性教員が相談員に対して「外部の人」と排除する場面では，相談員と生徒の親しさに嫉妬する教員のプライドがある。そしてその教員の意識からは相談員とのヒエラルキカルな関係性もみえてくる。事例1から読み取れることとして，相談員は一見して「失敗」と意識される場面でも，生活の流れのなかでそれを引き受けている。相談員は学校内で正式なメンバーシップをもたないことから，その場の流れで排除も包摂も受ける。そのことが相談員の立ち位置を曖昧にするが，同時に，学校内でフラットな立ち位置にいることも可能にさせる。そのフラットさが根底にあるため，排除されるような経験を受けても「結局は元々が外部の人である」と冷静に対応しマネジメントすることが可能となっている。

5-2　いることに意味がある：外部性と生徒の固有性

　次に，相談員の外部性のうち，「専門外のものを拾うことを期待されている」とい

う要素について事例を通して考察する。以下で取り上げる事例については，プライバシーの保護のため，内容が損なわれない範囲で加工して記述する。

事例2

時折，普通学級に入れないことがあった女子生徒 X さんは，たまに支援教室に遊びに来ていた。ある日，様子を見に来てくれた教員が，X さんに，最近悩んでいることはあるかというようなことを訊ねた。X さんは苦笑いで「先生，カウンセラーにでもなるつもりですか？」と言い，口を閉ざした。

給食の後の掃除の時間，相談員は X さんと，ほうき担当とちりとり担当のどちらが良いかを話していた。相談員も X さんもほうきが良いと，ふざけながらほうきを取り合っていた。すると急に，X さんに涙ぐむ様子があった。相談員は驚きつつ，X さんが泣いているのをティッシュを持って見守っていた。他の生徒たちは授業のため，教室を移動した。X さんは皆と一緒に教室を移動できる状態ではなく，急遽，相談員は生徒たちを他の教員に任せ，その場に残り X さんのケアに従事した。X さんは，他の生徒から悪口を言われたり，給食の時間にからかわれたりすることをポツポツと話し始めた。給食を準備していく際，X さんはある礼儀正しい振る舞いをしていたが，その様子を他の生徒にからかわれたという。X さんは，とても愛情深い両親に育てられ，丁寧な躾を受けていた。その家庭での癖が学校でも出てしまい，両親までからかわれたような気持ちになってしまったということだった。X さんは涙ながらに話し，相談員ももらい泣きをしてしまい，しばらくの間，二人でただ泣いていた。その後，色々と話すなかで，相談員は「食事の用意の際に，そういった振る舞いをするのはとても良いこと。でもそれは家では良いけれど，学校では，大切に心にしまっておくのも一つかもしれないね」と X さんに話した。次第に X さんは泣き止み，ふっと空気が軽くなった。

事例2での X さんは，悩みを聞こうと質問する教員に「カウンセラーにでもなるつもりですか」と拒否するような態度を取っている。X さんにとって「カウンセラー」は，何らかの理由から安心して心を開けない存在であったことがわかる。その後，日々の学校生活のなかで，掃除の時間という気持ちが緩む場面で相談員と素朴な交流をしていたとき，X さんから悲しみの感情と共に「家庭で両親に丁寧な躾を受けた」という生徒としての彼女の背景にある彼女ならではの固有性が現れた。教員のような評価や「カウンセラー」のような質問をしない，外部から来た相談員がその場に居て，素朴にかかわりをもっていたことが何らかの形で彼女に働いた。

ここでの相談員は，他の専門家による働きかけとは少し異なり，自身の素に近い感情で対応をしていた。教員のように質問をせず，悩みや本音を引き出そうともしなかったが，生徒の隠れていた感情が現れた。生徒は相談員の存在を，おそらく教員や SC などの専門家からは外れたものとみていた。生徒が求めていたのは，同じ

目線でのあくまでも素朴なかかわりであった。筆者が相談員として体験したこととして，子どもは大人が作り出す「整えられた場」や，専門家のもつような「整えられた態度や言葉」をあまり好まない，ということがある。子どもは，「自然な状態」，「雑多な場」，「たわいのない話，雑談」のなかで，大人の想定外のタイミングでふいに心を開くことが多かった。

　そして，事例2で，生徒の感情や固有性が引き出された意味について，以下にある中学校に勤務する相談員Dさんの言明を挙げる。

　　　　どんな時に子どもが良い方向に行ったと思うかというのは，子どもが「自分らしくいられるようになったとき」も一つですね。今まで自分の気持ちやわがままが言えない子だったのが，言えるようになったり。その時に手ごたえを感じるというか……。

　この語りのような，その子どもがもつ自分らしさ，固有性というものは必ずしも常に可視化されるものではない。何らかのイレギュラーな場面に遭遇した時や，先述した雑多な場，生徒のなかで何らかの沸点に達した時にしか，なかなか固有性は現れない。筆者が生徒たちとのかかわりのなかで悩み，他の教員を訪ねた際，印象的だった言葉がある。それは「あなた（相談員）は，「いてくれるだけ」でいいんです」という助言だった。インタビュー調査を行った相談員も同じような体験をしており，相談員Cさんは自身の業務に困難さを感じた場面について，次のように語っている。

　　　　どうしていいかわからなかったですね。〔自身が〕学生だったので全然知識はないし，先輩と話す機会もないし。基本一人の仕事で相談員は部屋にいるわけだから，何か教わる機会もない。結構それは，本当に困りましたよ。僕，本当に機能してなかったですね……行くのが辛い時がありました。役に立っていない感じがあったので。給料のためとか割り切ればいいんでしょうけど，なかなかそういうわけにはいかないし……一回一回の仕事にやれている感じがしなかったし，意味があるのかなとか今日誰も来なかったなとか。そういう時とか帰りの原付に45分乗りながら，何か考えますよね。先生に言ったことはありました，意味あるのかなと。そしたら相談室を開けておくというのがやっぱり重要だからと言われた。商売みたいに，店を開けておくのが大事だから，どのくらい売れるかというよりも。今日は開いているなと，相談室にいるという状況を作りたい，という風に言われて。最低限，いるっていうだけでいいのかな，という風に思ったりして。そういう考え方をしたことがなかったので。開けておくの

が大事とか，人がいるのが大事とか，あまりそういう風に思っていなかったので。それだったら，いいのかなとか……

　相談員Cさんは，相談室において支援を行う職務を命じられ，一人きりで待機する時間も多く，一人職での仕事に苦戦していた。しかし，筆者同様，Cさんも教員から「いることに意味がある」という内容の助言を受けたことが転機になったと語る。その教員の言葉からは，気軽な話し相手となる相談員が学校の中にいることが，生徒のなかに「逃げ道」や「精神的な保険」のような普段と異なるものを生み出すということもイメージできる。

　考察をまとめると，専門家では拾いきれないものを拾うという意味での外部性の機能として，外部の人でありながら素朴な存在である相談員が「いるだけ」で生徒の日常のなかにイレギュラーな空間を生み出すというものがある。事例2では，教室に相談員がいなければ，そもそも生徒が感情を表せる場（感情を逃がす「あそび」のような雑多な場）も現れなかった。もしその場に教員がいた場合，生徒は逆に感情を隠して掃除という日常をこなしていたのではないだろうか。相談員の外部性は寄る辺ないものだが，その専門家らしくない性質や素朴さが，いるだけで良い（いるだけで何らかの意味をもたらす）という役割を担うことができた。外部の人ではあるが専門家のような素振りをみせず，素に近い感情で生活に寄り添っていたことで生徒が気を緩ませ，SCや教員などの専門性では捉えられなかった固有性が生徒自身の枠を超えて現れ，相談員がケアに必要な位置を取ることが可能となっている。

6　「できないと言っていい」：外部性と限定性

　これまで述べた通り，相談員が寄る辺のない外部性をもちながら「心のケア」を行う際，業務の限定性はどのように存在しているのだろうか。フィールドノートから，限定性について示していると思われる事例を挙げ考察する。以下で取り上げる事例は，プライバシーの保護のため，内容が損なわれない範囲で加工し記述する。

> **事例3**
> 　ある勤務日，相談員は生徒と共に体育館でスポーツを行うことになった。運動の最中にいったん教室の様子を見に戻ると，見慣れない生徒数人が教室の中に入り込んでいた。見ると，生徒たちは「何だよ」という様な目つきで相談員を見た。恐怖を感じ，一度外へ出て状況を整理した。何かをしなければならないと悩んだが，どうしてもも

う一度教室に戻ることができずに，職員室から女性教員を呼んだ。すると女性教員は男性教員を呼び，生徒たちに対応し，指導を行ったが難航した。険悪な雰囲気になるなか，女性教員は「危険なので……私は帰ります」とその場を後にした。相談員も恐怖を感じていたが，仕事である以上この場に居なければいけないと考えた。しかし男性教員の指導中のその場にどうしても居ることができず，恐怖に勝てずに廊下に出てうろうろとするしかなかった。体育館の生徒の様子も気になったが，どちらにも行けずに迷うばかりだった。

　後に筆者が他の教員にこの出来事に関して相談したところ，「あなたは先生だけど，先生ではないですよね。だから，良いんですよ。できない時はできなくて良い」と助言を受けている。また別の日には，廊下でふざけ合う生徒に「うるさい！静かにしなさい」と通りがかりの教員が鋭い大声で注意をしたという出来事があった。その際，ある教員が「あの先生は良い指導をする。生徒の扱いがうまいね」と感心した様子を見せた。その様子を見た筆者が「私は大声で注意をすることが難しいが，ああいった対応も必要なのだろうか」と他の教員に相談したところ，「できないと言っていいんですよ，あなたが大声で注意したら逆に皆がびっくりしてしまいますよね」とアドバイスを受けた。これらの出来事を解釈するため，次に相談員Dさんの言明を取り上げる。同じような場面に直面した際の対応について，Dさんは次のように自らの実践の方法を語っている。

　　自分が全部やらなきゃ，ではなくて〔その事例に〕相性の良い人に任せてもいいかなと思います。かかわらないといけないこともあるでしょうけど，相性がいい・悪いはあるだろうなと思う。できないことはある。なかなか言えないですけどね……ちょっと苦手で，と言ってもいい，学校の先生じゃないですし。でも学校の先生じゃない人のいる意味はある。その人の個性を生かしたかかわりができていたらいいと思う。自分の身の丈というか……キャラじゃない事をやっても，変になってしまう。キャラではないことは，やらなくてもいいと個人的には思ってしまいますね。

　このようにDさんは自身の身の丈，キャラクターの範囲内で個性を生かしたかかわりを目指している。つまり「自身のキャラの範囲内のことをやる」という限定性をもっているといえる。同時に，相談員とは「その人ならではの個性でできる範囲の仕事をする」という職業イメージを自分のなかにもっていた，ということにもなる。同様に，筆者に対して「できなくて良い」と語った教員たちも，相談員に対

して同じような限定性（職業イメージ）を想定していたといえる。

　しかし事例3では，相談員のキャラクターの範囲内では抱えきれなくなっていた。背景に様々な理由があり，どうしても教室内に留まりたい生徒の固有性に直面し，限定性を超える必要が生まれたのである。そこで相談員Dさんの語りもふまえて考察すると，その場面に「相性の良い人に任せる」ことで限定性の乗り越えを行ってしのいでいたといえる。被支援者と支援者の相性が重視されるという状況は，相談員にはどのように捉えられているのだろうか。そのことに示唆を与えている相談員Dさんの言明を挙げる。

　　子どもが，私と話が合わない場合でも他の先生と合えば，良かったなと思う。色々な個性の先生がいて，自分が入ることで選択肢が増える。そのどれかの個性の大人と子どもが出会って，子どもが気になることや悩みを話せたら良いなと……。強い先生ばかりじゃない。我が道を行って良いと思います。入っていけない時は，入っていかなくていいですよ。

　この語りから，選択肢が増えることで，支援者の個性やキャラクターの多様さで生徒の固有性の多様さに対応し，「心のケア」が可能になると捉えられている。そうした相互行為のなかで，相談員は臨機応変に，時には自らの外部性や個性を用いて限定性の壁の乗り越えを行おうとしている様子がみられた[4]。

　ケアのなかで「相性」が重視されるという点については，三井（2004）は「個性としか呼びようのないものも（ケアに）活用される」として触れているのみで詳しくは述べていない（三井 2004: 153-4）。「相性」の存在は，身体のケアを担う看護職よりも「心のケア」を担う者において大きなウエイトを占める。その理由の一つは看護職の不確実性と，心理職の抱える不確実性の違いにあるだろう。看護職はまず身体への物理的なケアが中心にあり，基本的な看護業務にはマニュアルも存在し，その分だけ確実性があるため，相性に関係なくケアが達成できる部分も多い。しかし「心の

---

4) 支援者が固有性に出会った時に，必ず限定性を超える必要性が生まれるのかという疑問もあるが，三井（2004）の挙げる事例，また筆者が体験した事例を含めて考察すれば，限定性を超えるような固有性というものは「その専門家の専門の想定の外側にあるその人独自のもの」であると考えられる。それを踏まえると，専門の外側にあるような固有性に出会えば，限定性を超えることは必然となる。そして限定性を超えるまでに至らないものは，「専門の想定内のもの」であると考えられる。固有性に出会った際に限定性を超えるか否かの線引きは，その専門家がどのような限定性をもつかに左右されるだろう。

ケア」は，悩みを聴く等の形のないもののなかで行われるため，物理的なケアよりも不確実性が高くなり，支援者の力量や人間的な相性，ケースとの相性も重要となる。

そして外部性と限定性の関連について考察をまとめると，先述した事例2では，生徒が相談員の外部性というイレギュラーなものに遭遇し，生徒の固有性が現れ，相談員がケアに当たっている。事例2は，相談員のキャラクター，個性の範囲内で対応が可能であったケースである。しかしこの事例3をはじめ一連の出来事では相談員側も「できなくても良い」といわれるような状況や，大声を出すことはキャラではないなどといった自身のキャラクター，個性に遭遇し，そのキャラクターの枠を超える必要性が出て他の教職員が現れている。これらの事例をふまえると，相談員の外部性という概念は，学校の日常の中に入りこみながらイレギュラーな場を生み出させるような機能をもち，その人独自の側面を引き出し，その結果，既存の枠を乗り越えさせるような力をもつものである。

また，相談員のもつ外部性は諸刃の剣であることがわかる。相談員は，相談員の独自の専門性である外部性の寄る辺なさにより様々なものを引き受けようとし，時に困難に陥る。それが曖昧なグレーゾーンの立場ならではの相談員の問題点でもある。しかし，一方でその外部性の寄る辺なさから他の職員との協働を容易にし，助けられもする。それは相談員がマネジメントを実際に行う際の利点でもある。

インタビュー調査のなかでは，その寄る辺ない外部性から，相談員Cさんをはじめ「相談員は一人職」という孤独な意識が語られる場面が多くみられた。しかし，これまで述べたように，相談員は限定性を乗り越える際，外部性に助けられ，結果的に一人ではなく支援者と協働し，それぞれの独自の個性，キャラクターをやりくりしながら業務がなされていることが伺えた。そういった意味で，学校での相談員は限定性という概念を通して考えるうえでは一人職ではなく，支援者の個性やキャラクターを尊重し，補い合うチーム援助に自然に組み込まれているという視点が見出せる。そのため，外部性は限定性の概念と強く結びついているといえる。

そして，限定性を通して考えると一人職ではないということは，相談員は実務のうえで完全に外部の存在にはなり得ないということであり，ドンズロ（1991）のいう「保護複合体」に含まれていると捉えることも可能である。しかし，子どもを保護するという実践の性質には問題となるものがある。それは限定性の議論から述べた通り，一人の支援者には必ず限界が訪れるということ，そして学校という組織のなかでは子どもと支援者，その事例の性質との相性の問題も生じることから，そう簡単に分業ができるわけではないという難しさがあることである。そのため，対応は状

況に応じて流動的に行うことになり，状況に適した他の職員との柔軟な連携，協働が不可欠になる。保田（2019）はこうした役割開放の度合いが高い協働の場合，仕事の分担が自由な競争下でのものに近づき，専門職としての一貫したアイデンティティの形成が行われにくくなることを指摘する。しかし，限定性の議論から相談員の業務を考察すると，役割が重複し自由な競争下にあるからこそ，誰に何ができるかというその人の専門性の核が浮き彫りになるともいえる。

　また，指導的な要素が強い専門家である教員や，心理学的な要素が強い専門家であるSCの狭間で，相談員は専門家が拾いきれていないものを捉えている。このことから，学校ではドンズロのいうように専門家を増やすだけでは子どもの保護が上手くいくわけではないということがわかる。近年，学校における心理職には公認心理師などの高度な資格を求める動きが広まりつつある。その背景には，生活レベルでの細やかなケアのニーズが増加する半面，生活レベルのケアゆえの効果のみえにくさから支援者に対する評価が低く見積もられてしまい，専門や資格の高度化を求める動きがあることも考えられる。

7　「心のケア」のマネジメント

　本章では，「第三者的な存在」「外部の人」という立場で学校に入り「心のケア」を行う相談員のマネジメントの実践に着目し，相談員の外部性や限定性という概念を用いて考察を行った。最後に，心理主義化が浸透した社会における学校での「心のケア」について，本章の考察から導き出された視点をまとめたい。

　学校はSC，相談員，スクールソーシャルワーカーなど，様々な名前で「心のケア」を担う存在を外部に求め，心理主義化は浸透し飽和状態となっている。その状態は，心を扱うことや「心のケア」を行うことは内部・外部の者を問わず容易ではなく，絶えずよりよい生徒の「心のケア」を追求しなくてはならないという認識を社会や学校がもっていることを示している。

　また，学校の場に「第三者的な存在」を導入したということは，学校の教職員だけで心のケアを担うことは難しく，専門にこだわらず何でも請け負ってくれるような誰かが時に給料や責任の外側で担っていくものでもあると社会は見据えているという側面があるといえる。またそのような損得抜きでの行為に，生徒の生活に寄り添う相談員の「心のケア」のマネジメントは，ぴったりと当てはまる。それは，専門家という囲い込みから外れているのが心の問題であるという想定を，私たちの社

会がもちあわせてきたということでもある。その根拠として国からの支援が断たれても，市町村により相談員の設置が継続され，相談員の存在が今も必要とされていることにある。

　そして，本章冒頭の「なぜ心の専門家の立場や実践は曖昧であるとみなされ，心の専門家の実際の相談活動が成果を伴わないと捉えられたのか」という問いについて，その指摘を再考したうえでの本章の知見をまとめる。本章の問いの答えとして，子どもの「心のケア」の性質から学校という組織での明確な分業の難しさが存在するということ，相談員のマネジメントは「曖昧な立場だからこそ機能している」ということがいえる。それには三つの意味があり，まず第一に，思春期の子どもがもつ不確実性という曖昧さには，心理学者が目指しがちな更なる専門性の高さよりも，あえて「寄る辺ない外部性をもつ外部の人」という「曖昧な立場」の人として対応することで新たな側面がみえるということである（事例1・2）。

　第二に，子どもの「心のケア」の場面ではあえて「体制を曖昧」にし，一人の支援者にこだわらず，複数の支援者のもつ個性，キャラクターとの相性をみながらフレキシブルに対応することで良い方向に至っている（事例3）というものである。事例やインタビュー調査からは，曖昧さ（生徒の固有性）には曖昧さ（相談員の個性やキャラクター）で対応することが有効となり，支援者側の特性も重視される側面がみられた。そして限定性の観点からみると，職業の境界が曖昧になり役割が重複するほど，逆に，誰に何ができるかという個人の専門性が浮き彫りにさせられるということがいえる。

　第三に，「実際の相談活動が伴わない」とみなされた視点に対しての答えとなるが，「心のケア」による「成果」は可視化されがたく，失敗が多いとみられがちである。しかし「失敗」と思われるようなシーンでも，水面下では様々なものが行き交っている（事例1）。そのため成功も失敗もあくまで暫定的なものにしかならないという曖昧さが存在する。そういった意味では，可塑性のある子どもの「心のケア」において，どのようなケースであれ「解決」であるとみなすことは性急であり，支援者の嗅覚を鈍らせるものになる可能性がある。

　専門を問わず様々な経験を有する者を求め，「相談員的」な曖昧な領域，そのような社会的な機能を取り入れることは，事故が起きた際の責任問題などを考慮する際には難しい側面ももつ。しかしその反面，「心」や「心のケア」は簡単には理解したり容易に遂行できない，奥深く複雑で曖昧さの際立つ世界であるという認識を人びとはもっていると捉えることもできる。そのため，支援者に「曖昧さとの葛藤」

や「曖昧さの受け入れ」という厳しさは常につきまとうが，人びとの「心」に対する認識を鑑みれば「心のケア」のマネジメントを行うに当たっては必然で，避けられないものでもあると思われる。

　それをふまえると，冒頭で触れたケア現場の「奉仕性」が「働きすぎ」に転化しやすいという本田（2007）の議論についても新しい視点が見出せる。ケア現場の「働きすぎ」についての問題は，「奉仕性」自体が働きすぎに直結するというよりも，近年では先述したような生活レベルでの支援のゴールのみえにくい「曖昧性」が支援者のなかで混乱や悩みを生み，職員同士の確認作業や話し合いの時間の増加を生じさせ，やむを得ず勤務時間が延びて働きすぎにつながるという側面があることが考えられる。

【引用・参考文献】

阿部真大, 2006a,「ポスト日本型福祉社会のケア労働——主婦問題から若年労働問題へ」『Mobile Society Review 未来心理』7.

阿部真大, 2006b,『搾取される若者たち——バイク便ライダーは見た！』集英社.

猪飼周平, 2010,『病院の世紀の理論』有斐閣.

猪飼周平, 2015,「「制度の狭間」から社会福祉学の焦点へ——岡村理論の再検討を突破口として」『社会福祉研究』122: 29-38.

石隈利紀, 1999,『学校心理学——教師・スクールカウンセラー・保護者のチームによる心理教育的援助サービス』誠信書房.

上地安昭・古田猛志, 2001,「「児童生徒の問題行動とその対応の実態」に関する調査研究」兵庫県立教育研修所心の教育総合センター編『スクールカウンセラー，さらなる活用に向けてⅢ——スクールカウンセラーと児童生徒の問題行動』

小沢牧子, 2002,『「心の専門家」はいらない』洋泉社.

河村裕樹, 2022,『心の臨床実践——精神医療の社会学』ナカニシヤ出版.

坂田真穂, 2007,「心の教室相談員による不登校支援の一事例——適応指導および教師との協働を通して」『和歌山大学教育学部教育実践総合センター紀要』17: 1-7.

崎山治男・伊藤智樹・佐藤恵・三井さよ編, 2008,『〈支援〉の社会学——現場に向き合う思考』青弓社.

篠田直子・中川初子, 2001,「心の教室導入期における理解・利用状況の変化と今後の課題——つくば市A中学校の事例」『学校心理学研究』1(1): 27-35.

ドンズロ, J.／宇波彰訳, 1991,『家族に介入する社会——近代家族と国家の管理装置』新曜社.

本田由紀, 2007,「〈やりがい〉の搾取——拡大する新たな「働きすぎ」」『世界』762: 109-19.

松永伸太朗, 2020,「環境変化への対処としてのマネジメントと労働者生活——『マネージャーの仕事』再考」第93回日本社会学会大会.

丸山和昭, 2012,『カウンセリングを巡る専門職システムの形成過程——「心」の管轄権とプロフェッショナリズムの多元性』大学教育出版.

三井さよ, 2004,『ケアの社会学——臨床現場との対話』勁草書房.

三井さよ, 2018,『はじめてのケア論』有斐閣.

森真一, 2000,『自己コントロールの檻——感情マネジメント社会の現実』講談社.

文部科学省, 2002,「平成12年「心の教室相談員」活用調査研究委託研究集録」『中等教育資料』51: 5-184.

保田直美, 2008,「心理学知識の受容が学校にもたらす意味の再検討——心理学知識と子ども中心主義の親和性」『教育社会学研究』82(0): 185-204.

保田直美, 2019,「学校における多職種協働と教員の役割——生徒指導に注目して」原清治・山内乾史編『新しい教職教育講座 教職教育編第3巻 教育社会学』ミネルヴァ書房.

山田真紀, 2001,「"心の教室相談員"その実態と課題——愛知県A中学校におけるフィールドワークから」『日本教育社会学会大会発表要旨集録』53: 274-5.

山田美里・菊島勝也, 2007,「スクールカウンセラーと心の教室相談員のストレッサー」『愛知教育大学報告』56: 125-31.

山田陽子, 2007,『「心」をめぐる知のグローバル化と自律的個人像——「心」の聖化とマネジメント』学文社.

Freidson, E., 1970, *Professional dominance: The social structure of medical care*, New York: Atherton Press. (遠藤雄三・宝月誠訳, 1992,『医療と専門家支配』恒星社厚生閣.)

Freidson, E., 2001, *Professionalism: The third logic*, Chicago: The University of Chicago Press.

Hughes, E. C., 1958, *Men and their work*, Glencoe: The Free Press.

Parsons, T., 1951, *The social systems*, New York: The Free Press. (佐藤勉訳, 1974,『社会体系論』青木書店.)

第3部
個人化した労働と「批判」

第11章

親密性を基盤にした
ネットワーク型の職業実践

建築系フリーランサーを事例に

松村 淳

1 建築家界の変容と多様なプレイヤーの流入

1-1　問題の背景と本論の目的

　現代日本において，独立自営の大工や左官といった建築系職人たちは，ピラミッ
ド型の元請け／下請けという建設業界の構造化の過程のなかで，その最下層に位置
づけられ，経済的に困難な状況に陥っているという現状がある。

　建築系職人にとって，もっとも望ましいのは，元請けとしてクライアントから直
接仕事を受注することである。一昔前であれば，大工も集落や村落といった地域コ
ミュニティのなかに位置づけられていた。コミュニティのメンバーの誰かが家を建
てるときは，その地域の大工に任せるということが通例であった。しかし，都市化
が進み，地域コミュニティが希薄化した現在では，大工は地縁コネクションからの
仕事の受注が難しくなっている。

　さらに，大工を衰退させる要因がある。それは住宅産業の存在である。戦後，住
宅は建材レベルでの量産化が可能になった。柱や梁，垂木，床材といった主要な建
材は，工場で生産される。その結果，住宅は組み立てることができる工業製品とし
て，その完成度を高めていった。1960年代にそうした住宅を専門に扱う住宅メー
カーが成長し，住宅産業が一大産業としてその存在感を示し始めた。住宅の産業化
の背景には，1950年に勃発した朝鮮戦争による特需が一段落し，鉄鋼製品を主軸と
した工業製品の新しい需要を開拓したいという政府の目論見があった。

　そのため，大工などの建築系職人の多くは，コンスタントに仕事を受注するため
に，大手建設会社や工務店の傘下に，「一人親方」として入らざるを得なくなり，厳
しい労働条件を甘受している。

本章では，大工が置かれている厳しい現状を検討したうえで，苦しい状況にある多くの大工を尻目に，独自の方法で順調に仕事を獲得している新しいタイプの建築系職人に着目し，その職業実践について参与観察から得たデータを元にした考察を試みる。

1-2　背景としてのリノベーション市場の活況

　工務店や建設会社でもなく，またそうした業界での勤務経験もない，いわば「素人」集団が，仕事の発注を受けられるという事実の背景には，リノベーション業界の活況という要因がある。

　平成 30 年住宅・土地統計調査の結果によれば，空き家数は 848 万 9 千戸であり，過去最多となった（総務省統計局 2019）。実に全国の住宅の 13.6％が空き家であるという状況である。空き家を多く抱える地域の行政にとっては，空き家の利活用は大きな社会課題となっている。

　建築業界では，2000 年代以降，空き家を積極的に「資源」として位置づけ，そこに商機を見出していこうという動きが出てきている。

　また，リノベーションという案件の特性も，彼らの活躍を後押ししている。リノベーションは新築とは異なり，特定の規格を援用することは困難である。団地やマンションであれば，ある程度，間取り（nLDK）が決まっているが，リノベーションを依頼される建物は，間取りや築年数，傷み具合も千差万別で二つとして同じものがない。さらに，図面も残っていない物件も少なくないため，壁を破壊したり，天井を破ったりしてみないと，内部がどのようになっているのかわからない場合もある。つまり，熟練した正確な技も大事だが，同様に，臨機応変な対応力が求められるのである。それはトラブルを回避するという技術でもあるが，同時に，創意工夫をすることでより面白い空間が作れるという「クリエイティビティ」を発揮できる余地でもある。廃墟同然の物件がデザインセンス溢れる商店やカフェに生まれ変わる事例は，前後のギャップの提示という視覚効果的側面においてインパクトが大きく，新築よりもクライアントに訴求しやすい面がある。

　現場におけるクリエイティビティを発揮する局面は，解体の際に出てきた廃材の利用をめぐる工夫にある。本章で事例として取り上げた現場でも，廃材を使った臨機応変な施工がいくつかあった。

　その一つが階段の再利用である。この現場では木製の階段を解体し，鉄製の階段を取り付けることにした。解体した階段の側面に取り付けられていた板材が現場の

大工たちの目に止まった。それは，長さが3メートル，幅が70センチメートルほど
の大きさである。奥行きがあまりないので，テーブルへの転用も難しい。そこで，2
階の窓際にカウンターのように取り付けることにした。床から高さが40センチほ
どなので，腰掛けても良いし，下に座ってテーブルにしてもいい。様々な用途に使
える什器として生まれ変わった。

1-3　調査対象者について

　本章で検討するのは，独立自営の大工や建築職人の働き方である。彼らの特徴
は，親密性を基盤にしたネットワークをつくり，そのなかで仕事や受注や割り振り
を行っていることである。本章は2020年3月〜2020年10月に実施した参与観察
から得られたデータを元にして執筆している。

　独立自営の大工Sを中心に，彼のもとに集う様々な職能をもった建築系職人も考
察の対象としている。彼らの特徴をここで述べておくと以下のようなことがいえる。

①前職が大工等の建築系職人ではなく，また本格的な修行経験もない。また，学
　歴も建築系の出身ではない。
②数名のチーム，あるいはフリーランス職人のネットワークで仕事を行っている。
③幅広い人的ネットワークを駆使し，元請けとして仕事を獲得している。
④リノベーションを中心とした仕事を請けつつ，イベント会場の設営から映画の
　セットの設営に至るまで，幅広い仕事を受注している。
⑤工事現場をオープンにし，友人知人を招き，見学させるなどしている。
⑥SNSを駆使し，仕事の内容を常に発信している。

　本章では，このような特徴をもつフリーランスの建築系職人たちの職業実践につ
いて記述分析を行っていきたい。本章が対象とするリノベーションプロジェクトに
関わる主なメンバーは下記のようになっている。

　M：20代後半，建築家（大学卒・デザイン系）
　S：30代前半，大工（大学卒・社会科学系）
　H：20代後半，大工・家具職人（大学卒・デザイン系）
　U：30代後半，大工・バーテンダー（大学卒・人文系）
　Y：30代後半，左官職人（大学卒・人文系）

J：40代前半，助っ人大工（高校卒）
O：30代前半，助っ人大工（高校卒）
R：40代前半，電気工事（高校卒）
N：30代後半，施主（海外大学院卒・社会科学系）
※いずれも取材当時のデータ

本章の事例の大工は，友人関係のネットワークを駆使しながら，仲間を集め仕事を得ていく，というスタイルである。たとえばそれは上原健太郎（2014）の，沖縄のノンエリート青年が血縁・地縁ネットワークを駆使しながら，したたかに生きていく方法について記述した研究とも響き合う。ノンエリート青年とは，高山（2009）の定義によれば，「新規学卒一括採用による正規雇用での就職，そして男性の場合は長期雇用による初職の継続と年功序列による昇進を前提とした就職と（上述のような男性との）世帯形成後の専業主婦化ないしは必要に応じたパート勤め，そして年金および子供からの援助による退職後の生活，という「典型的」で「平均的」とされる「日本型雇用」を基盤にしたライフコースを展望できない人々」のことを指す（高山 2009: 353）。

上原の描いたノンエリート青年たちは，地縁・血縁・客縁を資源化することで，居酒屋の経営を安定させていたが，建築系フリーランサーもこうした重層化した資源を活かすことでコンスタントに仕事を獲得することに成功している。

1-4　職人の配置

この現場における職人の配置は以下のようになっている。まず元請けの大工SとパートナーのH，バーテンダーとの掛け持ちで大工をしているUが最初から最後までの全部の工程に関わる。彼らに加えて，人手が必要な際にスポットで来てもらう（助っ人）大工として，30代前半のOと，Sよりも一回り年長の腕利きの大工Jがいる。電気工事一式はRが担当する。設計監理は建築家のM。左官はYといった布陣になっている。

○○町の現場は，最上階が居室になっており，水洗トイレも機能しているため，東京在住の建築家のMや，関西在住だが自宅が遠方のH，鳥取を本拠地とするYは基本的に現場に泊まり込んでいる。さながら合宿場のような雰囲気である。

筆者が参与観察に入ったのは，神戸市某所にある3階建てのビルをレストランにリノベーションする現場である。ビルの概要は以下のようになっている。ビルの構造は鉄骨造である。壁面はコンクリートブロック造となっている。階数は3であり，

屋上がある。各階の広さは20平方メートルほどである。ここは，かつて施主Nの父親の住居として使われていた。

しかし，Nの父親が亡くなり，Nがこのビルを相続することになった。Nは市内に住居を持っているため，ここを住居として利用するつもりはなかった。また，自分がこのビルで事業をする予定もなく，収益物件として貸し出すことを考えていた。

2 不安定職業としての建築職人

上述したように，従来，建設産業における一人親方とは，「戸建新築工事などの工事一式を施主から直接に請負って自ら見積，設計，職人の手配，施工を行い，その工事の完成を約して契約する形態」（柴田 2017: 3）であり材料持元請と呼ばれる形態であった。そして，そのような一人親方は「技術をもち高収入が期待できる独立自営業者であった」（柴田 2017: 3）のであり，「だからこそ建設職人の目指すべき地位であった」のである（柴田 2017: 14）。

たしかに，日本における「職人」という呼称には一つの道を極めた者に対する畏敬の念が込められている。そのなかでも大工は有史以来存在する伝統的な職業であり，長きに渡って人びとから尊敬されてきた職能であった。

しかし，建築の現場においては，そうした職人が尊敬を集める憧れの職業であった時代は過去のものになりつつある。彼らの多くは，誇り高き職人ではなく，下請け業者として不安定就業を余儀なくされているのである。

コミュニティの紐帯が強く残っている時代であれば，大工は個人の施主から直接，元請けとして仕事を受注することができた。しかし，1960年代に住宅産業が確立し，1970年代に入って本格的な拡大の時期に入っていくと，大工は，営業力に勝る住宅会社に個人の顧客を奪われ始めるのである。住宅産業の隆盛によって，住宅は商品へと変わっていった。住宅は建てるものから買うものへとその性質を変えていくのである。住宅は買うもの，という認識の下では，住宅は取替可能な商品として，その性能や価格，保証内容といった，全国一律の水準で，その価値が吟味されるようになる。また大工も，そうした商品＝住宅を提供する業者として認識されるようになる。

このような状況は，経営規模の大きな住宅会社が圧倒的に有利である。こうして，独立自営の大工は徐々に活動の場を失っていく。住宅産業の隆盛は「町場から新丁場への建設職人の移動を促し，事業主としての建設職人のあり様を大きく変化させ」（山根 2014: 78）たのである。

　ここで言及されている「町場」「新丁場」とは，一般的には聞き慣れない用語であるため，説明を加えておきたい。「町場」とは個人住宅など，個人が施主となる物件の現場であり，従来の大工の活躍の場である。一方の「新丁場」とは1960年代以降に勃興してきた大手住宅メーカーが元請けとして施主から仕事を受注し，地元の大工などの一人親方を下請けとして使用する住宅の生産形態である。

　こうした状況が浸透していくなか，1970年代以降になると「手間請」と呼称される新たな一人親方層が出現するようになる。手間請とは，椎名（1998）によれば，1970年代以降の元請のコストダウンと下請の責任施工体制の下で，工事単価の低下や諸労務経費負担の増大に直面した世話役・親方層がそれまで使用していた職人を解雇し，自らが手間請になったことで生み出された一人親方のことである。

　住宅産業が成立した背景には，プレカット工法[1]に代表される技術革新があった。

　プレカット工法が普及する以前であれば，製材所から運ばれてきた木材は，現場に運ばれ，現場の作業小屋で大工が他の部材と接続するための「仕口」や「ほぞ」の加工を，「ノミ」や金槌・カンナを使って手作業で行うのである。当然，そうした細工を施すには，熟練した木工技術が必要である。

　しかし，住宅産業が成熟し，その品質が厳しく問われるようになると，各住宅メーカーは自前でプレカット工場を構えたり，あるいは下請けのプレカット工場を全国に設立したりした。それは熟練した大工の「手業」を機械に置き換えることであった。プレカット工法の登場によって，非熟練工の「オペレーター」でも容易に複雑な仕口を加工した住宅建材を生産できるようになったのである。それは大工の技量の優劣によらない一律な品質の建材を供給することを可能にした。その結果，大工の仕事はあらかじめ工場で整えられた建材を現場で組み立てるだけの作業になってしまった。住宅産業の成立によって大工の地位が低下した背景には，こうした産業構造の転換という要因があった。

　住宅産業の勃興という大きな産業構造の変容の大波に翻弄された大工という職業であるが，今後，大工は独立自営の業態として，いわば搾取されない一人親方として生き残っていくことは可能なのだろうか。柴田（2017）は，独立自営の大工を，もはや成り立たない職業として位置づけており，彼らの積極的なエンパワメントよりも，さらなる転落から救うためのセーフティネットの拡充を訴えている。

　本章で取り上げる事例は，独立自営の大工という職能を延命させるだけでなく，

---

1) プレカットとは，柱や梁になる木材同士を結合させるための「仕口」や「ほぞ」を工作するための加工を，工場であらかじめ実施することである。

新たな職能の地平を開く試みでもある。たしかに，本章で取り上げるような事例が，今後主流になる可能性は決して高いとはいえないが，空き家に関する諸問題が，都市をめぐる問題の大きなウエイトを占めている昨今，大工にとって，一つの有用な生き残りの方法であることは間違いない。

第1部

3　建築系フリーランサーのライフヒストリー

3-1　大工Sの場合

　本プロジェクトの中心人物であるSは大学で建築を学んだわけでも，家業が工務店だったわけでもない。持ち前の手先の器用さと，人当たりの良さ，誰とでも友人になれる屈託のない性格で学生時代から幅広い人的ネットワークを構築していた。大学を卒業後，そのネットワークを利用して近所の農家から朝採れたばかりの野菜を仕入れて，直販するという八百屋を経営していた。それは評判を呼び，メディアに取材されるなどした。Sの評判を聞きつけたある会社の経営者が「出資するから，会社にして事業を拡大しないか」というオファーを知人を通して届けてきた。Sはそれを受諾し，出資金を使って，野菜を居酒屋等に卸す事業も始めた。最盛期には年商が1億円近くになっていたという。しかし，突然，出資者に会社を乗っ取られるという事件が起こった。八百屋の経営から予期しない形で退かざるを得なかったSであったが，幅広いネットワークをもつ彼には，様々なところから「うちで働かないか」と声がかかった。そのなかで，舞台美術を中心に制作しているチームから声がかかり，二つ返事でそのチームに飛び込むことにした。持ち前の手先の器用さを発揮し，基本的な大工仕事のノウハウはそこで覚えた。その後，神戸で活動していたリノベーションを中心とした設計施工チームの一員として加わり，大工としての腕を実地に磨いていった。3年ほど働いた後，独立し，自分で仕事を請けるようになった。当初は一人で活動していたが，女性の家具職人のHがSと協働するようになり，現在ではSの右腕として欠かせない存在となっている。

3-2　大工Hの場合

　現在は，大工Sの片腕として活躍するHは，美術大学でプロダクトデザインを専攻し，卒業後は大阪にある家具製造会社で，プロダクトデザイナー／家具職人として勤務していた。次第に，家具のリペアの仕事で独立したいと考えるようになり，その修業のために会社を辞めて東京に出ようとしていたときに，Sに一緒に仕事を

しようと声をかけられた。協働することになった理由などについては以下のように語っている。

> 最初はチームに入るつもりはなかったんです。なぜ，いっしょに？　うーん。だいぶしつこかったのはあるかな。勧誘が。東京に行くのにずっと迷っていたのもあるんですけどね。楽しかったというのも大きかった。それと新しかったんですよ。ものづくりの仕方が。今まで自分がいた世界は，クオリティ重視の世界で。人間関係のなかでものをつくるというのではなかったので。ぜんぜん違うやり方だなあと思って。

　HはSの現場に何度か通ううちに，Sと仕事をすることが楽しくなったという。勤めていた家具会社では，少しの傷が入っていても返品されるという徹底した品質管理が求められていた。しかし，Sの現場は，そうした粗探しのようなクオリティの追求よりも，人間関係を大切にし，頻繁にクライアントとコミュニケーションを取りながら，作り手と使い手の関係性のなかでモノが出来上がっていく。Hはそうした作り方を「新しい」と評価するのである。

3-3　大工／バーテンダーU

　Hに続いて，SのチームにはUというスタッフがいる。Uは完全なメンバーというよりは，非常勤メンバーに近い存在であるが，主要な現場にはたいてい参加している。Uの本職はバーテンダーである。Uは，バーテンダーという仕事柄，午前中から午後にかけての時間が空いてしまうことを気にしていた。何か有意義に時間を使いたいと思っていたところ，Sと知り合い，現場に参加するようになった。「現場で，少しずつやれることを増やしていった感じですね。ごくたまに動画を見たこともあります」と述べるように，少しずつスキルを高めていった。ここまではあくまでも無償の参加であった。

> コロナでバーが休業になるまでは，お金はもらわずにやっていました。プロの大工技術を教えてもらえる機会なんて滅多に無い機会だと思いますし。あと，面白い人とたくさん出会えることもメリットですし，現場で知り合った人がお客さんで来てくれることも多いので，そういう意味でもボランティアで手伝っていてもメリットがあります。

　報酬を受け取ることを遠慮していた U であったが，フィーを支払いたいという S の意向を受け入れ，フィーを受け取ることにした。

> 　僕は一回行くと 3 千円とか，5 千円とか，そんなんでいいよ，って言ったのですが，S がそれもちょっと違うんちゃうか，ということになって。僕は，顔出しした回数に単価を掛けて，それでお金をもらう，というのでいいと言ったんですが，今月は，だいたい，これくらいの日数来てくれて，こんな作業して，ということを総合的に評価してお金を払ってもらうことになりました。

　つまり，「日給月給」のような給与体系ではなく，技術や貢献度も加味した支払い体系になっているのである。道具は，当初 S が揃えたものを借りて使っていたが，少しずつ自分でも買い揃えている。インタビューした当時で 15 万円分の大工道具をすでに購入していた。今では，かなりの大工スキルを身につけている U であるが，今後はどのようにしたいのか聞いてみた。

> 　今後も現場に行くつもりではいるけど，大工としてやっていきたいわけではない。どこかのタイミングで〔大工に〕目覚めることがあるかもしれないけど。今僕がやっていることは，ちょっとおもしろい形ではありますよね。今後，僕もスキルアップして，新しい道具も買って，ってすれば，S にとってもスピードアップや精度のアップに繋がって助かると思うし，お互いにとっていいことに繋がりますね。でも，この業態を 40 歳になっても続けられるかどうかはわからない。もしかしたら難しいかもしれない。僕も軸足はあくまでもバーテンダーなんで。でも，僕みたいな人がもっと増えて，現場に関わっていくようになっていくと面白いと思う。

　大工の仕事は楽しいし，スキルが上がっていく手応えもある。しかし，あくまでもバーテンダーに軸足を置きたい U としては，いつまでもこの二足のわらじを履き続けられるとは思っていないようである。

4　施主との関係性をつくる

4-1　脱業者化という戦略
　フリーランスの大工が貧困化する一つの要因は，クライアントから業者とみなさ

れることである。地域コミュニティにおける大工は，地縁（時に血縁）を基盤にした，信頼関係のなかで仕事を依頼された。そのため，職人として尊敬を受けながら，自分のペースで仕事を行うことができた。しかし，住宅産業の隆盛と地域コミュニティの崩壊によって，大工が業者化していくことで，信頼や技術よりも，価格やサービスの競争となった。そうなれば，零細業態である独立自営の大工に勝ち目などなく，仕事を奪われ窮地に立たされていくのは当然の帰結である。

　つまり，「脱業者化」こそがフリーランス大工が生き残っていく道である。そのためには，クライアントから業者とみなされないことが重要である。本節では，大工Sが業者とみなされないために，クライアントとどのように対峙したのかについてみていきたい。

　業者として施主に認識されないためには，施主の言いなりにならないことが重要である。通常，業者は施主の希望に異を唱えることはしない。もちろん，予算や法規，工法などに照らして，不可能であれば指摘はする。しかし，Sはそれだけでなく，S自身にとって不利になる点も含めた提案を施主にするのである。本章の事例において，Sは施主の希望であった「収益物件へのリノベーション」に異を唱えたのである。

　施主の希望に異を唱えることは，かなりリスクの大きい実践である。施主の気分次第では，その場で仕事を断られる可能性も十分にある。しかし，Sはそのリスクを承知のうえで，本音でNにアドバイスを行った。Sがそうしたアドバイスをおくったのには理由がある。それは，相続等で予期しないタイミングで手に入った物件の所有者は，明確に用途を設定していない場合も少なくないため，十分に考える余裕のないまま，とりあえずワンルームマンションやテナントビルといった収益物件へとリノベーションする案件を数多くみてきたからだ。Nもそのような理由で，ここをシェアオフィスやシェアハウス等の収益物件として活用することを考えていた。

　しかし，人づてに紹介された工務店に相談しても「お金がかかる割には凡庸なありきたりのデザインのものしか提示してこなかった」ため，その工務店に依頼するのを躊躇していた。ちょうどそのタイミングで，協働で事業を展開しようとしていた友人を通じて，神戸でリノベーション物件を専門に取り扱う不動産会社に勤務する女性が紹介される。さらに彼女を通じて紹介されたのが，本プロジェクトを中心的に進めていくことになるフリーランスの大工のSであった。Sはこのリノベーションの仕事の話が来て，Nと対面した時，以下のように申し入れた。

　　当初，相談された時，Nさんからシェアハウスか何か，とにかく収益物件にしたいん
　　ですよ，と言われたんです。でも，僕ね，言ったんです，彼に。ちょっと待ってくだ
　　さいと。あなたのやりたいことは，本当に収益物件ですか？シェアハウスですか？と。

　投資のつもりで収益物件へとリノベーションしようとしたNは，Sからの思わぬ
忠告に目が覚めた思いがしたという。業者としてではなく，一人の同世代の人間と
して忠告してくれたSに心を動かされたNは，Sに依頼することに決めた。提案が
受け入れられたことで，Sも工事のプロセスの間中，Nに友人目線で様々なアドバ
イスを発するようになるのである。収益物件とすることをSに反対され，それを受
け入れたNであったが，ビルをリノベーションして何の用途にするかは，未定で
あった。しかしそれは，いったんおいて，とりあえず解体を進めていくことにした。
リノベーションにおける解体工事は，柱や床，耐力壁や階段といった「主要構造部」
は残しつつ，建具や間仕切り壁，天井などを取り払った状態（スケルトン）にするこ
とを目的とすることが多い。この現場もスケルトンを目指して解体が行われた。
　筆者が参与観察を開始したのは，2020年3月，ちょうど解体に着手したタイミン
グであった。筆者が案内された現場は，土間や間仕切り壁，建具等が破壊され，瓦
礫のようになっていた現場であった。1階部分の解体工事中，SやH，U，そして建
築家のMも現場の3階に寝泊まりしていた。
　一日の工事が終われば，施主のNと飲食を共にする。食事は，主として施主であ
るNが振る舞った。Nは国際機関での勤務経験もあり，ニューヨークとロンドン
で長く生活した経験をもっている。その期間は基本的に自炊をしていたため，基本
的に料理は得意だ。しかも，世界中の食が集まるロンドンとニューヨークでの生活
経験が，彼のつくる料理に独特の個性を与えているのである。そこでSはこの場所
をNが料理を振る舞うレストランにすればどうかと提案した。しかし，収益物件
として考えていたNは，ここをレストランにするなど考えておらず，すぐに首を縦
に振ることはなかった。そこで，SはNを徐々にその気にさせる作戦に出た。

　　いつも，〔Nに〕お昼ごはん何か作ってよと，言っているうちにだんだん作ってくれる
　　ようになったんです。これが本当に美味しくて。ますます，彼が厨房に立って料理を
　　すべきだと確信するようになりました。毎回，彼が作ってくれる料理を食べて，みん
　　なで美味しい，って褒めています。

　Nとしては自身の料理を褒められたところで，自分がレストランの厨房に立つことはまったくイメージできなかった。その時点でもまったく自分が厨房に立つつもりはなかったという。相続した物件はあくまでも投資用としてしか考えていなかったからだ。しかし，Sの助言と，当時，一緒にビジネスをしようとしていたフランス人の友人の存在が，レストランへの業態転換を後押しした。その友人は，フランスでレストラン関連の広報誌の仕事をしていた。そして，自分でもサンドイッチを作ることを得意としていたのである。解体工事を進めていくなかで，当初は投資物件として計画されたリノベーションは，昼間はサンドイッチを中心とした食事を，夜は酒類を提供するレストランバルへと計画が変わっていったのである。

4-2　施主と親密な関係性をつくる

　Sは，基本的に現場では敬語を使わない。施主に対してもいわゆる「タメ口」で通している。SはNよりも5歳ほど年少であるが，Nに対しても「タメ口」である。これはSにとって親密な関係性の証である。10歳以上年長の筆者に対しては，当初は敬語で話していたが，回数を重ねるにつれて，「タメ口」に変わっていった。

　「タメ口」で距離を詰めることで親密性を醸成するのであるが，他にも特徴的な実践がある。それは，Sが施主の自宅や現場に泊まり込む，ということである。この現場では，3階部分を仮住まいとし，寝袋やブランケット，ポットやレンジなどを持ち込んで生活空間としていた。この物件の施主であるNは別に自宅があったため，一緒に泊まり込むことは稀であったが，Sは基本的に施主と寝食を共にすることを心がけていた。この物件の工事は遠方から応援に来ていた職人も多かったので，常に数名が泊まり込んでいた。現場が終わった後は，皆で連れ立って，近くの食堂で食事を取り，その後銭湯に行く。帰宅後にまた皆で語り合ったりしながら，深夜に就寝する，という生活サイクルである。

　Sが手掛けた物件のクライアントのなかには，そうした密接な関係性をあまり望まない者もいた。ある一人の施主は「Sが自宅に泊まりに来ようとするので若干困った」と語ってくれた。彼はSと同年代の革小物を売る店の主人である。夫婦二人暮らしなので，Sの宿泊を受け入れることを躊躇するのは無理もない。Sも無理を承知で頼みにいっているところもあり，彼は苦笑いしながら「Sは僕に拒否されるのがわかっていても，泊めてほしいと言ってくるんです。僕は絶対嫌や，といって鍵閉めるんですけどね」と述べる。Sにしてみれば，断られることも含めた予定調和なのだろう。工事の依頼をされるまで見ず知らずの他人であった施主と，友人

としての親密性を醸成するために，Ｓは短期決戦的な極端な距離の詰め方を試みるのである。

4-3　施主を親密圏の中へ取り込む

　Ｎの物件がレストランバルへと生まれ変わることが決定した後，Ｓはそれまで施工を手掛けた飲食店の店主や常連客を現場に招き，ここがレストランバルになることを宣伝するためにパーティを開催することを決めた。それは，店を宣伝するという大きな目的もあるが，同時に，施主ＮをＳの友人ネットワークのなかに組み込んでいく戦略でもあった。その準備は，かなり念入りに行われた。設計を担当していた建築家のＭに依頼して，凝ったデザインのビラを作ってもらっていた。また，専用のSNSチャンネルを立ち上げて，一日に何度も告知の投稿をしていた。

　パーティ開催日は現場に人を招くことが出来る状況ではなかったので，知人の店を貸し切って行った。述べ100人以上の来客があり，パーティは大いに盛り上がった。

　Ｓは自分の友人ネットワークにＮを組み込んでいくために，当日はＮに厨房に立ってもらうことにした。パーティの会場を巡りながら，「彼が今度○○町にオープンする店の店主です」とＮを友人知人に紹介していた。

　現場が休みの日には，ＳはＮを自分が手掛けた店に連れていくことがよくあった。遠方の店には泊りがけで出かけることもあった。関西一円に点在する店をＮと一緒に訪れながら，自分の友人とＳをつなぎ，共通の友人を増やしていくことで，自らの親密圏のなかのＮの存在感を強めていこうとしていたのである。

5　フリーランス同士がつながるとき

5-1　嗅覚で相手を選ぶ

　以上，みてきた３名がＳのチームの主だったメンバーである。しかし，３名だけではリノベーション工事を完遂することはできない。前述のとおり，この現場には多くの職人や専門家が関わっている。大工も３名では足りないし，水道・電機・ガスなどのインフラは専門スキルをもった職人の協力も必要だ。壁や土間，テーブルなどは左官仕上げなので，左官も招聘された。また，この物件は施工が複雑であったので，建築家が設計を担当している。

　彼らはどのようにしてＳの現場に合流したのだろうか。この現場に集った職人・建築家は全員フリーランスである。会社組織に属さないフリーランスは，とて

も弱い立場にある。施工や設計を行ったのに対価が支払われない，あるいは値切られた，といったトラブルも少なくない。そうしたトラブルの発生は脆弱なフリーランスにとっては一発で命取りになりかねない。したがってフリーランスは，誰と仕事をするのかという選別がとても重要なポイントになる。このあたりの事情について，助っ人大工のRに聞いてみた。

　　そうですね。そのへんは，嗅覚ですね。この人は信用できる，できない。自分の中で
　　持っていないと，こんなこと出来ないですね。正直。このひと，めっちゃ良いこと言
　　うけど，バリバリ胡散臭いな，ということもありますね。

　Rから返ってきたのは，嗅覚という主観的で感覚的な回答であった。RもSと同様，親密性のネットワークを構築することで仕事を展開する大工であり，仲間や友人を選ぶように仕事相手を選んでいる。それは，「業者化」を回避し，業務の持続可能性を高めていくための方法でもある。

5-2　信頼関係を醸成するための食事と飲み会

　フリーランス同士の信頼関係は，それが仕事に結びつくこともあって，とても重要である。しかし，上述したように，そうした信頼関係は「嗅覚」のような曖昧なものでジャッジされるため，仕事以外のともに過ごす時間も重要になってくる。その一つが食事の時間である。

　通常の建設現場であれば，職人は各自が持参した弁当を黙って食べることが多い。しかし，このリノベーション現場では，屋上に集まってホットプレートを使って調理した食事を楽しんでいた。

　また，一日の仕事が終わった後の過ごし方にも特徴がある。通常の現場であれば終業時刻の17時ぴったりに仕事が終わる。しかし，この現場はそうではない。現場が終われば，職人の誰かが用意したビールの缶を皆が開け始める。ビールを飲みながら，それぞれの昔話や共通の知人の話などで盛り上がる。現場の出来事はほとんど話題に登場しない。ビールを飲み終え，一段落すると，今度は皆で近所に食事に出かける。そこでもビールを飲みながら，食事と会話を楽しむのである。この現場はSやH，遠方から来ているJ，電気工事のR，建築家のKなどは現場に布団を持ち込んで泊まり込んでいたが，泊まり込みチームは，そのまま銭湯に連れ立って繰り出すのである。

5-3　それぞれの個性を尊重する

　このリノベーション現場の雰囲気は，一般的な工事現場の雰囲気とは大きく異なっている。最初に覚える違和感は「音」である。工事現場なので，各種電動工具で板を切ったり，角材を削ったりする音や，ハンマーで釘を打つ音など，工具と建材が接触することによって生み出される音が中心だ。しかし，この現場は，そうした音に混じって，ビートの効いた音楽が聞こえてくる。音源はスマートフォン経由でSpotifyなどのサブスクリプションサービスから選択し，Bluetooth接続した携帯用スピーカーで鳴らしている。

　つづいて，彼らの作業着をみてみたい。一般的に大工は作業着を来て仕事をする。作業着は個性を表現するための衣服ではないため，色もグレーやカーキなどの地味な色が主流である。しかし，この現場の大工や職人は，ストリートファッションとしてアメリカ村や原宿を闊歩している若者が身につけていそうな，オーバーシルエットのファッションである。古くなったり，着なくなったりした普段着を作業着としている。

　現場で一際目を引くのが，助っ人大工のJだ。彼の髪型はレゲエミュージシャンのような，腰まであるドレッドヘアである。両腕には，幾何学模様のタトゥーが入っている。彼の道具箱の横には，スケートボードが立てかけられている。工事現場には似つかわしくないアイテムだ。

　彼は，休憩時間にはそれに乗ってタバコや飲料を買いに出かける。誰もそれを咎める者はいない。彼らの「遊び場」であるストリートの延長のような現場である。彼らは，現場を遊び場のようにし，遊ぶように働く。そうすることにどのような意味があるのだろうか。個々人の仕事が楽しいから現場が楽しい雰囲気になっているという側面もあるだろうが，現場での楽しさは，元請け大工のSを中心に，現場の職人によって，ある程度意図的に演出されていると考えている。それでは，なぜ，現場で楽しさが演出される必要があるのだろうか。

　Sは集まってくる職人が，それぞれの個性を発揮しながら仕事をしてくれることを望んでいる。それは，Sへの信頼だけを担保に現場に来てくれている職人へのリスペクトの現れである。

5-4　それぞれの職人を立てる

　建築の現場は様々な職人の分業によって成り立っている。大工は基本的にすべての工程に関わるが，左官や電機・ガス・水道などのインフラ担当の職人はスポット

で参戦する。Sは，それらの職人が作業する際は，とても気を使っていた。Sは，左官職人のYの腕を買っており，鳥取を本拠地としているYを，わざわざ呼び寄せていた。

　左官Yは，モルタルを塗りつけた表面を徹底的に磨き込んで，大理石のような質感を出すことで業界では知られており，近年では各方面からのオファーが絶えない売れっ子である。

　筆者が参与観察で滞在した日にYが鳥取から駆けつけた。その日は，土間打ちに続いて，二度目の現場への来訪であった。今回は，バーカウンターの天板の制作に取り掛かる日であった。バーとしても営業する予定の店において，カウンターは店の顔になる部分である。それはYも自覚しており，土間打ちの際に来訪した時よりも，緊張感が伝わってくる。すでに，下地を整えており，この日の作業はモルタルを塗りつけていく作業である。Yの作業がはじまると，大工は1階の施工を中止し，2階の施工に取り掛かる。Sら他の職人は，彼が作業を行っている間は近くに寄らないように気を使い，彼が集中できる環境を整えている。Yは，スマートフォンを操作し，お気に入りの音楽をかけながら作業している。スマートフォンから接続されたスピーカーから聞こえてくるのは邦楽のロックミュージックだ。他の職人に遠慮せず，かなり大きめの音量でかけている。彼は，昼食時もスピーカーを持ち込み，自分の好きな音楽を流している。Yは，話を振られたら応じるがSらの話の輪にそれほど積極的には入ってこず，視界に入る位置で，音楽を楽しみながら食事をとっていた。Sは，Yに話の輪に入るように強制したりはしない。とはいえ，たまに話題を振ったりすることで，Yが現場に加わっているという状況を，皆で共有しようとしていた。

6　彼らは新しいキャリアモデルを構築しうるのか

6-1　公的な補償制度と肉体的持続可能性をめぐる問題

　ここまでSの事例を確認してきたが，彼らの働き方は，独立自営の大工のキャリアモデルとして有効なのだろうか。ここでは懸念すべき点について検討してみたい。

　まず，肉体的な持続可能性という観点である。この観点に照らせば，彼らの仕事のスタイルは，以下の二点において懸念がある。一つめは，セーフティネットの脆弱性である。

　これは，会社による雇用保険によって守られていない一人親方についても同様で

ある。もっとも，一人親方は全国建設工事業国民健康保険組合（建設国保）への加入が可能である。

　しかし，Sは，工務店や建設会社で大工として働いた経験をもたないし，大工のネットワークのなかにいるわけではないため，こうした相互扶助型の保証の受益圏の範疇外にいる。したがって，Sら，フリーランス大工にとってのセーフティネットは，個人で加入する生命保険が中心である。

　彼らは現在，30代前半という年齢もあり，疲れ知らずの状況で働けているが，この先，何年，今のペースで働き続けられるかは未知数である。常に危険が伴う現場で大きな怪我もなく，息災で仕事が続けられているのは，彼らの危機管理能力の高さの証左でもあるが，それはたまたま運が良かったから，という言い方もできる。明日，不慮の事故を現場でおこし，入院加療が必要な重傷を負ってしまうかもしれない。入院で現場を離脱しても，仕事を代わってくれる者は存在しない。現場はストップし，クライアントにも迷惑をかける。場合によっては損害賠償を請求される可能性もある。

　職人の知人ネットワークは，仕事を受注する際，そして仕事を実践する際に非常に有用に機能している。しかし，それがSの病欠時に，Sのセーフティネットの回路として機能するかどうかは疑わしいといわざるを得ない。Sの周辺の職人はSを助けたい気持ちはあるに違いないが，自らも仕事があるため，それを休んでまでSの現場の手助けをすることはできないだろう。

　二つめは，仕事を獲得するために，休日も「働く」という状況が生じている点である。

　工務店や建設会社，あるいは一人親方でも土日，最低でも日曜日は休日である。一般的な工事現場は労働災害の発生件数も多いため，労務管理は厳しい。

　しかし，フリーランス大工のSは「完全オフ」となる休日はほとんど設定していない。現場が休みでも，これまでに手掛けた店を食べ歩いて，その様子を動画で配信したり，イベントの設営など別の仕事を入れたりしている。現場がオフの日の活動も，その後の仕事を得るための重要な契機となることが多く，手を抜くわけにはいかないのである。

6-2　親密さを職場に持ち込むことで生じる問題

　この現場は基本的に，大工Sの友人・知人のネットワークによって人材が集められ，それぞれの持場を担当している。元請け／下請けという上下関係が無く，フ

ラットなチーム構成である。そのため，Ｓは他の職人に指示を出す際にも，注意を払っている。助っ人の大工や職人に対しては，お願いする口調で仕事の指示を出している。Ｓの右腕的な存在であるＨに対しても同様の口調で仕事の依頼をしている。ＨはＳよりも10歳程度年下でもあるし，多少であれば，強めの命令口調による指示出しでもよさそうなものであるが，Ｓはたとえば，「Ｈちゃーん，プリンターのソフトをダウンロードしといてほしい」という言い方をする。

　基本的に現場は阿吽の呼吸で，仕事は基本的にテンポよく進んでいく。しかし，時には衝突することもある。

　ある日の現場は，いつもと異なりピリピリとしたムードに包まれていた。作業工程が滞り気味であり，連日19時以降まで残業が続いていたことが，現場の雰囲気があまり良くない要因であった。いつもは，作業の合間に軽口が飛び出すＳであるが，この日はむっつりと押し黙っていた。Ｈが，3階で作業をしていたＳに対して，作業用のランプを借りたいと申し出た際に，Ｓが感情的になる場面があった。

　　　Ｈ：下の階掃除するから，ランプ持っていくね
　　　Ｓ：いや，2階に別のがあるから，それ使って。
　　　Ｈ：わかった。
　　　Ｈ：探したけど無かったから，これ持っていくね。
　　　Ｓ：いや，あるから！　きちんと探して。

　Ｓは，かたくなに3階に取り付けているスポットライトを持っていかせようとしない。そのランプをＨが階下に持っていっても，Ｓの作業工程には何のデメリットもない。Ｓは，2階にあるはずのランプを使用しないＨの動きの非合理性を過剰に気にしているようであった。「虫の居所が悪そうだ」と，普段とは異なる空気を察知したＨは，ランプを借用することを諦め，階下に降りていってしまった。

　その後も現場は続く。すでに時間は19時を回っている。Ｓのチームは翌日から，いったんこのリノベーションの現場を離れて，別の現場での工事に入る予定であった。しばらく現場を空けるため，この日のうちにある程度の作業を終わらせておきたい目算であった。連日の工事の疲労が蓄積しているのもあって，全般的に表情も沈みがちである。いつもは，作業の終わり頃になると，「何食べに行く？」「○○行きたい！」などと，軽妙な会話が飛び交う。しかし，この日は作業が終了するまで重苦しい雰囲気のままであった。

　いつもと違う空気を察した建築家のMが，ビールを買いに行き，いつもにも増して明るい口調で「みんなビール来たよー！」「飲もう！」と叫んだ。Mは浮かない顔をしたメンバーに一本ずつ配りながら，お疲れ様と声をかける。みんなが美味しそうに口をつける様子をみたSは，「じゃあ，飲みますか」とようやく笑顔をのぞかせた。

　職場での人間関係が多少ぎくしゃくすることは，多くの人が経験することだろう。しかし，Sの現場は，職場での人間関係がそのまま友人という親密関係に直結している。しかも，この現場の場合，職人は現場に寝泊まりしているし，休日も上述したように，SもHも一緒に活動していることが多い。それゆえに状況をリセットするタイミングが少ない。Hはこの当時，そうした状況にかなり不満をつのらせていた。一人になりたい，気分転換をしたいと言っていた。

6-3　持続可能な業態に向けた方向性

　上記のようなことが「問題」であると，Sが認識している様子はない。筆者は参与観察中に，「組織化，会社化は考えていないのか」と，業態の未来像についてSに聞いてみた。

　筆者が会社化について話を向けたのは，彼が所属していた大工チーム「チームC」が会社化したからである。

　筆者の質問に対してSは，「会社にしたいと思わなくもないが，今の仕事はフリーランスの集合体だからこそ可能だと思っている。会社にして，雇用する側とされる側という関係性ができてしまうと，今のような仕事ができないのではないか」と語り，会社にすることのデメリットを心配していた。また，会社組織化することにより，親密性のネットワークのなかにクライアントを囲い込むことで，業者化を回避してきたSの戦略が無効化する懸念も否めない。

7　結　　論

　本章でとりあげた事例は，フリーランスの大工が達成しているとりあえずの「成功」の事例である。先行研究の検討において，独立自営の大工をはじめとした職人は，元請け／下請けの業界ピラミッド型のヒエラルキーの底辺に位置づけられ，日々の生活に追われ，そうした状況から抜け出すことが容易ではない状況を確認した。このような状況に陥る要因は，元請けとしてクライアントを獲得できないからである。かつての大工は地域コミュニティのなかでの仕事を中心に請けていたロー

カルな職能であった。しかし，戦後，高度経済成長時代に躍進した住宅産業によって住宅は建てるものから買うものへとその性質を変えた。また，都市への人口移動が加速するにつれて，地域コミュニティも衰退していった。こうした複合的な要因が絡み合うなか，大工は職人ではなく，住宅の建設を担う，数ある業者のうちの一つになった。消費者／業者関係においては，経営規模の大きさがすべての要素を凌駕する。

したがって，フリーランスや個人という業態はきわめて不利である。一業者として平準化されてしまった大工は，一人親方という苦渋の選択を余儀なくされている。

Ｓらの戦略は，大工の職能の基盤であったコミュニティを，友人関係を土台に構築し，そこから仕事を受注するというものである。こうした戦略によって業者ではなく，コミュニティ内部の「大工さん」の地位を獲得している。しかし，そのコミュニティは地縁血縁を元にしたローカルなコミュニティではない。そのため，業者化を回避するための戦略も試みられている。それでは，どのようにして業者であることを回避しているのだろうか。この現場でＳは，本音で施主Ｎと向き合うことで，信頼を獲得し，一業者から一人の固有名をもった職人へと昇格した。Ｓは「業者感」を出さないために，様々な工夫をしている。カジュアルなファッションに身を包み，流行りの音楽を現場に響かせる。施主を交えて，食事や酒を楽しむことも頻繁にあった。さらに，友人たちを現場に招くことによって，施主Ｎを親密圏の中に取り込んでいくことも重要な戦略であった。友人となり親密圏のなかに取り込まれた施主は，Ｓを業者とはみなさない。フラットな関係性の協働者として彼らを遇する。したがって，工賃を値切ったり無理な工期を迫ってきたりすることはない。

親密圏の中には協働する職人仲間も含まれる。建築工事は様々な職人による分業の総体である。そのため，一人の大工だけで現場は回らない。そこで彼らは多様な建築職人と協働するのであるが，協働の仕方にも工夫があった。フリーランスの建築職人が，雇用／被雇用という関係性ではなく，対等なレベルでの水平方向のつながりによって結びつき，仕事を行っている。その結びつきは，ビジネスと割り切った機能主義的なものではなく，友人関係に近い親密感によって固められている。それによってもたらされる信頼感は，大きな額の予算が動く建設工事においては，心理的安全性を担保する重要な要素となっている。

ここまでみてくると，親密性を基盤にしたネットワーク型フリーランサーの働き方に死角はないように思える。しかし，こうした働き方にもいくつかの難点があった。その一つは，彼らが寄って立つ親密性にある。親密性を職場に持ち込むことは，

ときに息苦しさを生じさせる。通常の職場であれば，職場での同僚とのトラブルは，職場を離れることでいったんリセットされる。しかし，彼らは職場と親密圏が重なり合っているため，トラブルや行き違いがあっても気持ちをリセットすることが難しい。最悪の場合，かつてS自身がそうしたように，チームを脱退するという事態も起こりうる。

　また，セーフティネットという観点からも問題がある。危険が付きものの現場において，彼らのセーフティネットは個人で入る保険のみだ。さらに，加齢による肉体的な限界も今後10年以内には視野に入ってくる。そうした状況をどのようにして乗り越えるのか。チームCがそうしたように会社化することで，ネットワークによって分散していた人員を包摂するというやり方もある。しかし，Sが理想とするフラットな関係性を維持するのは難しい。組織の持続可能性という点においては，いくつかの問題があるが，フリーランス大工の貧困化を帰結する「業者化」をフリーランスのままネットワークを駆使して乗り越えたことは事実である。

図 11-1　作業現場の写真（筆者撮影）

【引用・参考文献】

上原健太郎, 2014,「ネットワークの資源化と重層化——沖縄のノンエリート青年の居酒屋経営を事例に」『教育社会学研究』95(0): 47-66.

椎名 恒, 1998,「なぜ建設産業における労働協約をめざすのか——建設労資関係史の概括を踏まえて」建設労働協約研究会編『建設現場に労働協約を——建設労働運動の到達点と新しい課題』大月書店, pp.31-70.

柴田徹平, 2017,『建設業一人親方と不安定就業——労働者化する一人親方とその背景』東信堂.

総務省統計局, 2019,「平成30年住宅・土地統計調査——住宅及び世帯に関する基本集計 結果の概要」〈https://www.stat.go.jp/data/jyutaku/2018/pdf/kihon_gaiyou.pdf（最終確認日：2022年11月17日)〉

高山智樹, 2009,「「ノンエリート青年」という視角とその射程」中西新太郎・高山智樹編『ノンエリート青年の社会空間——働くこと，生きること，「大人になる」ということ』大月書店.

山根清宏, 2014,「排除装置としての職人カテゴリー——住宅資本・パワービルダーに従事する個人請負・大工職人の事例から」『解放社会学研究』(28): 76-93.

Florida, R. L. 2012, *The rise of the creative class, revisited*（*10th anniversary edition*）, Basic Books.（井口典夫訳, 2014『新クリエイティブ資本論——才能が経済と都市の主役となる』ダイヤモンド社.)

第12章

「労働」カテゴリーに抗う
音楽家たちによる連帯への模索

芸術性と労働性の間にある「労働的なもの」のジレンマをめぐって

中根 多惠

1　芸術と労働との距離をめぐるジレンマと労働運動

　文化や芸術に関わる人びとによる，芸術性・創造性を帯びた営みは，いかなる社会的コンテクストにおいて「労働」と位置づけられる／位置づけられないのだろうか。文化や芸術はときに社会的なものからあえて距離をとることで芸術としての価値が付与されることも多い一方，距離をとることで「労働」としての価値や「労働者」としての権利が社会的に認められないというジレンマがある。この「労働との距離」をめぐるジレンマは労働社会学においては重要な意味をもつ。本章の一つめの目的は，あえて「芸術創造は労働なのか」あるいは「芸術家は労働者なのか」を問い直すことで，社会と芸術家たちの認識のあいだに生じる離齬やそれによるジレンマに着目し，彼らが芸術性と労働性のはざまで揺れる「労働的なもの」をどのように捉えようとしているのか[1]について，音楽家を事例にして明らかにすることである。

　本章の二つめの目的は，こうした彼らの「労働との距離」が彼らの連帯——すなわち労働運動——にいかなる影響を与えているのかについて，日本音楽家ユニオン（以下，MUJ）の事例分析を通して考察することである。そのねらいは，これまで労働者意識や労働者としてのアイデンティティを労働者がもつことや，労働者というカテゴリーでの連帯という，いわば「労働との距離がない連帯」を自明の前提としてきた従来の労働社会学理論（とりわけ労働運動論）への学術的貢献をめざすものである。これから論じていくように，芸術創造の営みは社会から「労働」と認識され

1）　木村（2016）の創造と労働の関係をめぐる議論も参照のこと。

づらいうえに，芸術家自身もそれをあえて「労働」と捉えない傾向があり，自身のアイデンティティを労働者に求める芸術家は少ない。このような「労働との距離」があるアクターが労働運動を展開することは可能なのだろうか。

　これまでの社会運動研究では芸術家の運動については看過されてきたが，いつの時代でも，芸術家は社会運動の重要なアクターとなってきた。たとえば，ウィリアム・モリスによるかつてのアーツアンドクラフト運動，そこから影響をうけた日本の民藝運動をはじめ，ヴェトナム反戦運動，創造都市政策へのアンチテーゼとしてのスクォッター運動などがあげられる。そして最近では，#MeToo 運動や LGBT運動などでも芸術家やアーティストがアクターとしての存在感を発揮している。芸術によるアクティヴィズムの可能性を追求することは，アーティストなど創造階級が今後の社会変革の原動力になるという，フロリダ（2014）の主張とも整合する。また，流動的で不安定な芸術家たちの置かれた社会的状況は，現代の多くの周辺労働者層に通底するため，本章の知見の汎用性は高く，孤立しがちな労働者層全体へのインプリケーションが期待できよう。

　本章の構成は以下のとおりである。まず第 2 節では，労働運動論上における本章の布置を確認する。次に第 3 節では，本章が取り上げる音楽家による労働運動の主体である MUJ の概要を示すとともに，運動の担い手としての音楽家の特徴を量的データで確認する。第 4 節以降は具体的な事例分析にはいるが，まず前半（第 4 節と第 5 節）の分析では，音楽家の「労働的なもの」が社会的に曖昧なものとされる要因について，労働者性をめぐる裁判の事例を通して明らかにし，アクターの労働者アイデンティティと労働者意識の希薄さについても量的データで確認する。後半（第 6 節と第 7 節）の分析では，前半の分析で明らかになった労働者アイデンティティの希薄さが，MUJ による運動展開にいかなる影響を与えているのかについて論じる[2]。

---

2) 本章で使用するデータは，筆者による MUJ 関係者への聞き取り調査，MUJ 会員への質問紙調査，国際シンポジウムや MUJ の総会へのオブザーバーとしての参与観察法調査，MUJ 関連の一次資料などに依拠している。聞き取り調査は，主に 2018 年に実施した運営委員へのヒアリングデータを用いている。MUJ 会員への質問紙調査は，筆者が 2020 年 2 月 1 日から 3 月 31 日にかけて実施した「音楽家の仕事と暮らしに関する調査」である。配布数は 2002 票，そのうち有効回収票が 410 票（内訳：用紙記入式＝ 338 票，ウェブ回答式＝ 72 票）で有効回収率は 20.5% であった。

2　現代社会におけるカテゴリカルな連帯の困難性

　不安定な労働環境，労働者性の曖昧さ，芸術至上主義的な労働観を逆手にとった
パワーアンバランスの問題など，芸術家やアーティストをはじめとする文化芸術に
関わる人びとの労働問題についてはすでに吉澤（2011），仁平（2016），中根（2021）
などによって問題提起はなされているものの，そうした芸術労働者の運動展開につ
いては体系的な議論にまで至っていない。そこで本章では労働運動の展開を論じる
うえで労働社会学的分析視角を導入し，芸術家を労働社会のなかに位置づけたうえ
で，現代の労働者全体にも通ずる議論をしたい。

　「何が労働なのか」あるいは「誰が労働者なのか」が問われるのは，文化芸術に
関わる人びとに限ったことではない。労働社会学では，現代社会における，外国人
や女性など様々な属性をもつ人びとの労働参入，職業や職種の増加，雇用の多様化，
働き方のバリエーションや選択の自由度の高まりにあらわれる労働の個人化が指摘
されてきた（京谷 2018）。また，フリーランスをはじめとする雇用のかたちにとらわ
れない働き方や，個人事業主など労働者性が曖昧とされる仕事が増えた。もはや終
身雇用という日本型経営の前提は崩れつつあり，転職回数が増えるとともに，ジョ
ブ型雇用導入の影響もあって，企業コミュニティや労働組合といった組織への帰属
意識は弱まり，個人の労働者意識が弱体化していることにも警鐘が鳴らされてきた。
さらには労働者たちのライフスタイルの多様化も相まって，もはやこれまでの労働
社会学が前提としてきた画一的な労働者像を描くことは難しくなっている。

　既存の労働運動論では，労働の個人化・多様化，労働者性のゆらぎ，労働者意識
の弱さは，労働組合運動による連帯を妨げる要因になると指摘されてきた。図 12-1
はカテゴリーの労働（者）性の高さとカテゴリーの凝集性の高さの二つの軸で労働
者の連帯における類型を四象限で示したものである。従来の労働運動は，「労働」カ
テゴリーによる連帯が可能であり，それゆえ凝集性が高く，労働者を組織する条件
がそろっていた。しかし，これまでの労働者の連帯を可能にしてきた「労働」カテ
ゴリーによる凝集性の高い結合は困難になり，2000 年代以降，社会運動ユニオニズ
ムとよばれる新しいタイプの組合が登場する。社会運動ユニオニズムでは，「労働」
カテゴリーの解体により「労働者」という単位での結束は難しいものの，アイデン
ティティを社会的属性に求め，そのアイデンティティをもって結束することが可能
になる。また，労働者の権利獲得のための活動にとどまらず，社会運動的志向をも
つことも特徴である。社会運動ユニオニズムの場合，カテゴリーの労働（者）性は

第1部

第2部

第3部

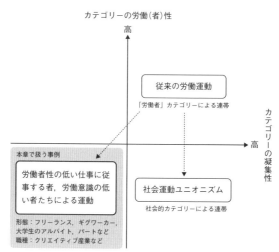

図12-1　カテゴリーの労働（者）性×凝集性を軸とした労働運動の類型（筆者作成）

　高くないものの，カテゴリーの凝集性は高いといえる。

　労働の個人化・多様化がさらに進むと，たとえばフリーランスやギグワーカーなど，カテゴリーの凝集性がより低い労働者たちの連帯が課題になる。文化や芸術産業に携わる人びとも例外ではない。本章では，このように労働者性もカテゴリカルな凝集性も低い音楽家を「労働者」として組織し，連帯を模索してきた MUJ の事例に注目する。MUJ の事例から問いたいのは，労働（者）性と凝集性が低い彼らは連帯することはできないのだろうかという点である。この事例を通して，労働運動の現場では，労働者意識が弱い音楽家たちが連帯の困難性をどのように克服しようとし，模索しているのかを明らかにすることで，これまでの労働社会学の「労働」カテゴリーによるアプローチの限界を指摘したい。

3　労働運動のアクターとしての音楽家

3-1　連帯の舞台としての MUJ

　日本音楽家ユニオン（MUJ）は，1983 年 10 月に，「日本演奏家協会[3]」と「日本音楽家労働組合[4]」の組織合同により，個人加盟ユニオンとして結成され，労働組

3) おもにクラシック音楽系の音楽家を組織していた。
4) おもにキャバレーやバーなどで働く音楽家を組織していた。

合の法人格をもった労働組合である。北海道，東北，関東，中部，関西，中四国，九州の 7 つの地方組織からなり，会員数は現在，およそ 5,200 名[5]である。MUJ は，ほかの個人加盟ユニオンと同じように組織基盤の弱さという課題をかかえながらも，国内／国際的な運動への参入を可能にし，「文化省」創設などの公的状況の変革にむけて一定の成果をあげつつある点が特徴である。

　国内では，日本マスコミ文化情報労組会議（MIC），日本芸能実演家団体協議会（以下，芸団協），芸術文化振興連絡会（PAN），文化芸術推進フォーラム，文化芸術振興議員連盟，デジタル時代の著作権協議会（CCD）などの組織団体と協力関係にあり，日本社会では未整備とされる著作権・著作隣接権をはじめとする芸術家の権利を主張する運動を展開している。

　また，グローバルなレベルでは，1980 年 10 月 27 日に成立したユネスコの「芸術家の地位に関する勧告[6]」以降，60 ヵ国 70 団体が加盟する国際音楽家連盟（FIM）を中心として，不安定な立場に置かれた音楽家の社会的地位を守るための世界規模の運動が展開されてきた。最近では，技術革新によって大手グローバル企業が音楽や映像のストリーミング配信の拡大をはじめたことで，実演家の権利が脅かされ，今まさに彼らの運動は重大な転換期を迎えつつある。これをうけて，2014 年の「ブダペスト宣言」を皮切りに，音楽のデジタル配信をめぐる国際的対話が繰り返されている。国際音楽家連盟はこれまで手薄であったアジア諸国の組織化に力を入れつつあり，MUJ が中心となることに期待を寄せている。

3-2　多様で不安定な働き方の「豊かな労働者」たち

　ここで，MUJ の会員の社会属性について確認し，MUJ の特色をとらえておきたい。まず会員のジェンダー比は，女性が 42.7%，男性が 56.6%，その他が 0.7%であ

5）オーケストラ・メンバー，指揮者，ソロ演奏家，フリーのクラシック演奏家などクラシック分野がおよそ 1,000 名。国内における主要なビッグバンド，ジャズグループ，ソロミュージシャン，フリー奏者などジャズ・ポピュラー分野がおよそ 2,600 名。作曲家，編曲家，スタジオ・ミュージシャン，ソロボーカリスト，ホテル，クラブミュージシャン，音楽大学や教育大学などの教育関係者，音楽教室や自宅教師などの指導講師など，そのほかの分野がおよそ 1,400 名。

6）「芸術家がその才能を発展させ，開花させるために必要な条件並びに芸術家が地域社会や国における文化政策や文化発展活動の計画と実施及び生活の質の向上のため果たしうるその役割に相応しい条件を整える見地から，特にその人権，経済的及び社会的環境並びに雇用条件に関連し，多くの加盟国において芸術家が置かれている不安定な状況を是正するため，当局による対応が必要かつ緊要なものになりつつあることを確認し（勧告する）」（2018 年 9 月に開催された国際シンポジウム「俳優の仕事と地位に関する国際間対話」での配布資料「芸術家の地位と実演家に関係する法律等の比較」より引用）。

り，男性比率が若干高いが，従来の男性中心主義的な労働組合と比べると，ジェンダーバランスはそこまで偏ってはいないといえる。年代をみると，多い順に50代（31.3%），60代（27.8%），40代（13.4%）であり，中間年齢層が主な担い手であることがわかる。現役でない年齢層は終身会員として在籍するため，退職層の70代（11.7%），80代（7.4%）とつづき，30代（6.2%），20代（2.2%）の若手音楽家の会員がきわめて少ないのが特徴である。運営委員へのインタビューによると「音大を卒業し，仕事を始めたばかりの若者にいかに周知するかが課題」だというが，これは他の個人加盟型労働組合と同様である。

　会員の学歴は，音楽関連の大学卒業者（57.2%），音楽関連の大学院卒業者（15.0%），音楽関連以外の大学卒業者（10%）の順に多く，31.4%が留学経験ありと回答しており，相対的に教育環境に恵まれている層といえるだろう。また，現在の住まいについても，持ち家（一戸建て）と持ち家（マンション）をあわせると72.9%が持ち家を所有しており，77.6%が家族や他者と同居していた。現在の暮らし向きについて5段階で問うた設問では，きれいな正規分布がみられたが，若干中より下に回答した割合が高かった。一般的な社会平等感の設問では，「不平等」と「やや不平等」をあわせると62.7%が不平等と感じると回答した結果となったが，半数近くが「平等」あるいは「やや平等」と回答していると考えると，不満や不平等感をもつ従来の労働者とは異なり，「豊かな労働者」を想起する。

　次に働き方についてみてみよう。実演家の働き方は多様である。活動形態は，スタジオ，オーケストラ，アンサンブル，ソロ，ビッグバンド，コンボ，その他のうち，複数の活動形態をとる音楽家は59.1%であり，6割近くが一つの形態にとどまらない演奏活動をしている。さらに，雇用，有期雇用・契約メンバー，主宰者，恒常的なエキストラ，臨時エキストラ，フリーランス，その他の演奏活動における労働条件では，35.5%が二つ以上の労働条件で働いている。教授活動に限定してみてみると，常勤，非常勤，音楽教室，学校，部活動，自宅，出張レッスン，社会人（アマチュア）サークル，その他のうち複数の種類の活動をしている割合は62.7%であった。また，音楽分野以外の副業をしている割合は14.6%であった。このように，活動の形態や種類，労働の形態が複数選択される働き方をする実演家が多いことがわかる。

4 「労働的なもの」を問い直す

　音楽家に限らず，労働が多様化するなかで，「誰が労働者なのか」あるいは「何を労働と捉えるのか」の曖昧さが浮き彫りになり，労働者性が問われる状況が顕在化している。労働者性の有無をめぐる議論は，法律上の「労働者」定義に照らし合わせることを前提に展開される。しかし，法律上の「労働者」定義も多義的である点が指摘されており，たとえば労働基準法9条では，労働者は「職業の種類を問わず，事業又は事務所に使用される者で，賃金を支払われる者」と定義される一方，労働組合法3条では，「職業の種類を問わず，賃金，給料その他これに準ずる収入によって生活する者」と定義されている。川上によると，労働基準法上の「労働者」は，使用従属性が認められるかという点を重視して決定されており，使用従属性は，指揮監督下の労働か賃金の支払いがあるかという観点から判断され，「指揮監督下の労働」は，①依頼された仕事の諾否の自由，②指揮監督の有無，③場所的時間的拘束性，④労務提供の代替可能性がないことという四つの要素から判断されるという（川上 2018: 58）。

　労働者性をめぐる裁判が多く行われる[7]なかで，音楽家の「労働者性」をめぐる裁判の判例も注目を集めている。なかでも，最高裁で音楽家の「労働者性」が認められた事例として，1976年のCBC管弦楽団判決，1987年の阪神観光判決，2011年の新国立劇場合唱団員契約打ち切り判決の三つの事例は，MUJが大きな貢献をもたらしている。こうした「労働者性」が問われる状況を紐解いていくと，法に照らし合わせるだけではみえてこない，労働社会学的な要因がそこにあることが明らかになってくる。ここではこの三つの事例のうち，新国立劇場合唱団員の契約打ち切りの事例を取り上げ，音楽家の労働者性がなぜ問われるのかを明らかにする。

　2003年2月，新国立劇場の合唱団メンバーであったA氏（女性）は，視聴会と称する再オーディションにより，一方的に契約を打ち切られた。MUJの会員であったA氏は，ユニオンを通して団体交渉の申し入れをしたが，運営財団は「合唱団員は労働者ではない」として団体交渉を拒否する。これをうけて2003年5月にMUJは，①合唱団員の労働者性，②団交拒否，③不合格措置にたいする不当労働行為への救済を求め，争議を開始することになった。

---

7) たとえば，特にプロ野球選手の「労働者性」をめぐる裁判の判例は注目されている（永野 2005; 井上 2009）。

　A氏の場合，合唱団の稽古は一回5000円などと報酬が決まっており，平均2ヶ月は準備を要する舞台一つで合計32万円くらいの収入があった。こうした舞台に年間7，8本参加することと，それに加えて別の仕事を受けることで，ようやく年収250万円〜300万円になるという状況である。A氏は，新国立劇場の練習が比較的少ない午前中の時間帯に，20年間ほど続けていた「ママさんコーラス」の指導をしていたが，午後は定期的な仕事を入れることができず，「人を教えるというのは難しい」[8]という。しかし裁判では，この教授活動に焦点が当てられた。

> 私の生活はといえば，週5日くらい新国立劇場に通い，稽古する毎日でした。裁判所は空いた日に教室を開いて教えるとか，個人の公演活動をする自由はあったから労働者とはいえないといいますが，私の場合で年収三百万円，若い団員はもっと少なかったはずです。拘束時間が長い割に収入が少ないので，何らかのアルバイトをしないと生活していけないというのが，合唱団員の平均的な姿です[9]。

　裁判では，合唱団員として劇場と契約を結び，勤務日以外の日には教室を開くという働き方から，A氏は個人事業主（すなわち経営者）として認識されたという。MUJの事務局長B氏は，この点が長い間彼女の労働者性が認められなかった要因の一つであると語る。

> 〔A氏は〕一日のなかでもある時間帯は新国立劇場の練習に出ていたけれど，家に帰れば教えていたりするわけ。それからもしかしたら個人的に仕事の依頼を受けていたりしたら……ということでその時その時で顔が違うわけですよ[10]。

　B氏自身も会社の取締役の肩書きをもっており，他のMUJの運営委員のなかにも作曲や演奏活動の傍ら，有限会社や株式会社の代表を務めるメンバーは少なくない。B氏によると，ビッグバンドのリーダーも「経営者みたいなもの」であるという。企業内組合において経営側の立場では組織対象ではなくなるが，MUJでは個

8）A氏によると，「若い人たちの代表的なアルバイト」は結婚式場のコーラスであり，30分で約3000円の出演料で，1日5，6回歌うという仕事である。しかし，こうした仕事は年齢を重ねるごとに減っていくようである（全国労働組合総連合編 2010: 20）。
9）全国労働組合総連合編（2010: 20）より引用。
10）MUJ関東地方本部事務局長B氏（女性）への聞き取り調査より（2018/7）。

人事業主として働く会員が多くいることが特徴である。

> みんな多かれ少なかれそうだと思うんですよ。オケ以外で一匹狼でやっていれば，個人事業主としていろんな人とやりとりをし，確定申告の時期には大変な思いをしている。それが株式とか有限っていう法人格なのか，個人でっていう違いだけで，やってることは同じなので。〔…〕経営側の要素もみんなもってるわけです。だからその瞬間，自分は経営側の立場でこの仕事を受けなきゃいけないし，受けたあとは業務委託だったらそうやって最後まできちんとするとか。その時その時で，多分自分の立場を変えなきゃいけないのがミュージシャンだと思う。

　裁判は長く続いたが，その間，MUJ の活動は大きく展開していき，支援共闘会議の結成，著名活動，支援コンサートを通して世論に支援を訴えた。この争議は国内だけでなく，国外からも注目を集めており，国際音楽家連盟（FIM）から強力なサポートを得ることに成功している。裁判の資料作成のため，FIM はすべての加盟国にオペラハウスの合唱団の労働状況や組合の状況などについてアンケートをとり，議長や事務局長が何度も来日して運動をサポートした[11]。こうしたプロセスを経て，2011 年 4 月，最高裁において音楽家の労働者性が再確認された。このように，個人単位でキャリアを模索するフリーランスの芸術労働は，法律で定義されている枠を超えて重層化している。ときに経営者，ときに労働者という，多様化・重層化された働き方の形態が，労働者性のゆらぎに影響を与えている。

5　希薄な労働者意識と労働者アイデンティティ

　ここまで音楽家の労働者性に対する社会による認識の弱さを議論してきたが，音楽家自身のもつアイデンティティや労働者意識はどうなのだろうか。これまでの労働社会学では，人びとが労働者としてのアイデンティティをもつことを自明のものとしてきたが，本章の事例である音楽家の場合は，多種多様な雇用形態での活動や働き方が選択されるがゆえに，労働者以外の多様なアイデンティティを想定する必要がある。また，その多様なアイデンティティの実態を知ることは，冒頭で言及した「労働との距離」を測るという意味においても重要である。筆者が実施した質問

---

11) MUJ 関東地方本部事務局長 B 氏（女性）への聞き取り調査より（2018/7）。

紙調査では，音楽家，プロ，労働者，教師・教員，アーティスト，経営者のうち，回答者自身を表す言葉としてもっとも適切と思うものを問うており，また「音楽家」「プロ」「労働者」の3項目については自覚したきっかけを問う項目を設けている。

　この結果，自身を表す言葉として「音楽家」と回答した64.3%（n=252）と比べて「労働者」と回答した割合は17.6%（n=69）と少なかった。この結果から「労働者」としてのアイデンティティよりも「音楽家」としてのアイデンティティのほうが強いという傾向がわかる。また，「音楽家」「プロ」「労働者」としてのアイデンティティがキャリア形成のどのタイミングで芽生えたのかをたずねる項目（図12-2）では，それぞれのタイミングにズレが生じていることがわかる。音楽家であることは「まわりから評価されたとき」に自覚するという回答がもっとも多く48.7%であり，プロであることの自覚は「はじめて報酬を得たとき」が65.3%でもっとも多く，労働者であることを自覚したタイミングは「労働問題が発生したとき」が34.2%でもっとも多かった。評価を受けたタイミング，報酬や雇用契約を結んだタイミング，問題が発生したタイミングの順序はそれぞれ異なるが，音楽家，プロ，労働者の順に自覚したタイミングが遅れていることが推測できる。

　労働者としての自覚の芽生えが遅れる要因として，多くの実演家にとって演奏行為は幼少期から始まったものであるということが関連している。芸団協が2015年に行った調査によると，「その道のプロに弟子入りして教えを受けた」が42.6%で，次いで「小さい時から先生についてレッスン，指導を受けた」が32.9%，「専門学校・教室・養成所などで教育を受けた」が22.3%であり，多くの実演家にとっ

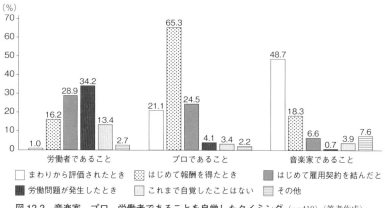

図12-2　音楽家，プロ，労働者であることを自覚したタイミング（n=410）（筆者作成）

て，演奏行為は，キャリア形成の前段階としての教育プロセスに埋め込まれている。MUJ 会員の C 氏は以下のように話す。

> 音楽を始めたのは，つい最近の話じゃなくて，だいたい幼少期からはじめる場合がほとんど。幼少期に「職業としての音楽」を意識して始める人なんてまずいない。気が付いたら自分の道は音楽だなっていうふうに道が固まって [12]。

では，どのような過程で演奏行為を「労働」として認識するようになるのだろうか。

> 労働対価を得て，「労働性」と「芸術性」とってところに帰ってくるんですけど，やっぱり最初は芸術性から始まって。でも，お金をもらって仕事をするようになりました。ある時，ふと気づくのですね。このお金をもらえなくなっても平気かどうか。「私は芸術家なので，お金要りません」といって生活できるかといったらそんなことはないわけです。やはり，芸術家としての性質は担保しながらも，普通の労働者としてお金をいただいていかないと，ごはんが食べられないし，当然練習環境も作れないし。最終的には芸術家としても生きていけなくなってしまうというところをどう捉えるのか [13]。

上記の C 氏への聞き取りでは，労働対価としての報酬が強調されていた。同様に，MUJ 会員の D 氏も，封筒にはいった謝礼を手渡しで渡されたときに，「趣味じゃない」労働としての「演奏」を自覚したと話している。

> 僕はやっぱり一番はじめにお金をいただいた仕事ですね。その本番が終わったときにお金をいただいて，「あ，仕事としてやるんだからもっとクオリティを高くしなくちゃいけないな」とか「趣味じゃないんだよね」っていうのを自覚したのはやっぱりお金をいただいたとき。手渡しだったので，封筒をいただいたとき [14]。

しかし，C 氏が労働者であることをはっきりと自覚したのは，所属していたオー

12）MUJ 中部地方本部運営委員 C 氏（男性）への聞き取り調査より（2018/3）。
13）MUJ 中部地方本部運営委員 C 氏（男性）への聞き取り調査より（2018/3）。
14）MUJ 中部地方本部運営委員 D 氏（男性）への聞き取り調査より（2018/3）。

ケストラが再オーディションを実施することになったときだったという。

> 大学を卒業するあたりからお金をいただいて演奏するようになりましたけど，「芸術家ってこういうもんかな」ってなんとなくの意識しかなかったんですよね。それこそ，芸能人がテレビに出て出演料をもらうのと同じような形で，音楽をやればお金が手に入るんだなって。そこに労働性とかいっさい感じていなかったし，そのままの感覚でオーケストラに入りました。オーケストラも月給制のオーケストラじゃないので，歩合のような形で仕事をするなかで「不安定だな」と思っていたところに，オーケストラが「メンバーの選び直しをします」と言い始めて……。これがユニオンに入るきっかけになりました。それなりのお金をもらっていたところで，メンバーの選び直しによって自分の席がなくなるかもしれないことになったとき，ある程度あったものがパッとなくなって困ったことになったときに，「あ，やっぱりお金って大事だな」って初めて気がついた[15]。

　以上の聞き取りから明らかになるのは，労働者である音楽家自身による「演奏」という行為の解釈が段階的であることである。表12-1は，音楽家による「演奏」という行為の多面的解釈の段階を表に示したものである。多くの音楽家にとって，「演奏」という行為は，幼いころからの経験の延長線上にある。質問紙調査の結果では，音楽活動を始めた平均年齢は7.69歳であった。この時期の演奏行為は，専門性を磨くための「学習・修行」として解釈される。その後，自分の演奏や作品を披露する貴重な機会があるなかで，それが「趣味・余暇」としての演奏行為として解釈されるようになる。その後，給料をもらったり，これまで無意識に受け入れていた「不安定性」を「労働問題」として認識したりすることで，演奏行為を「労働」[16]として捉えるようになるというプロセスが明らかになった。

---

15) MUJ中部地方本部運営委員C氏（男性）への聞き取り調査より（2018/3）。
16) CBC管弦楽団の「労働者性」を認める最高裁第一小法廷の判決では，「演奏」という行為を労働として認めている。以下はその判決文の一部である。「自由出演契約とはいっても，会社側にとっては常に安定した労働力（演奏）を確保しようとする目的があるのは明らかであり，楽団員側も出演依頼があれば，原則としてそれに応ずる義務があるという前提になっていたし，出演に対する報酬は有名な音楽家に対するギャラとは異なり，その芸術的価値に対する評価としての報酬というよりはむしろ，演奏という労働に対する報酬と見るべきである。このような観点からみると，CBCの楽団員は，自由出演契約ではあっても，会社との関係では労組法の適用を受ける労働者にあたると解すべきである。」

表 12-1　音楽家による演奏行為の解釈（筆者作成）

「学習・修行」としての演奏行為	自分の演奏，作品を披露する貴重な機会 （幼いころからの経験の延長線上にあること）
「趣味・余暇」としての演奏行為	自分の演奏，作品を披露する貴重な機会 （謝礼はもらうが「労働」という認識はない）
「労働」としての演奏行為（1）	給与をもらう （労働者意識が芽生える場合あり）
「労働」としての演奏行為（2）	労働問題に直面（オケ解雇，キャバレーやハウスの 閉鎖など）（労働者意識が芽生える場合あり）

6　共鳴なき「労働」という運動フレーム

　以上の分析から明らかになったのは，音楽家における労働者性のゆらぎと，労働者としてのアイデンティティの希薄さと関連する労働観であった。これらの知見は，労働社会学的視角から MUJ の組織化や運動展開をみる際にけっしてポジティブに捉えられるものではない。労働の個人化・多様化が進めば MUJ が労働組合として組織化をすすめていくことは容易なことではないだろう。MUJ を職能組合と解釈するならば，組織化の結合単位は職業とすればよいのだが，職能組合のような特質をもちながらも，働き方も労働者としての意識も多様で異なる人びとをいかに動員し，具体的な集合行為に結びつけられるのかが，組織化の難しさなのである。なぜなら，労働者は自分とちがう働き方をする他者には共鳴しづらく，運動フレームの不一致が組織化を妨げるからである。たとえば，中根（2018）では外国人講師の組織化を事例とし，「外国人」としての運動なのか，「語学講師」としての運動なのか，日本人も含めた「労働者」の運動なのか，といった運動の担い手に関するフレームが運動体側と担い手側で不一致な状況になっている点が指摘される。

　MUJ の事例においても，第 4 節で明らかになった労働者アイデンティティや労働者意識の希薄さと関連する労働観は，従来の労働組合運動において絶対的だった「労働フレーム」がもはや効力をもたなくなることを暗に示している。労働者のアイデンティティをもたない人びとに「労働者のための運動」を掲げても共鳴しないということ——これが組織化の現状ではないだろうか。さらに，「音楽家」というアイデンティティが凝集性を高め，連帯のカギになる可能性もあるが，この「音楽家」フレームも，多様な労働・キャリアの形があるなかで決定的な役割をもつとはいいがたい。以下，「音楽家」フレームの不一致に悩まされるユニオンの運営側の実

態をみていこう。

　MUJ の第 34 回臨時全国大会では，フロアからは「組織拡大は必要であり，各地本〔地域本部〕に組織拡大委員会を作り，取り組むことを望む」[17] という意見が挙がり，その対象として，音楽教室で働く講師の組織化を提案する声が挙がった。「大手楽器店の音楽教室で教える講師の多くは非正規職員であり，生徒が支払うレッスン代の半分以下しか手元に残らない。その講師たちが MUJ に加入したら，大手楽器店に対して交渉が行える。音楽ユニオンとして取り組むべきではないか」[18] という提案である。しかし，Ｂ氏によると，音楽教室で教える仕事をしている実演家は，「講師・先生」というアイデンティティを強くもつ傾向があり，それは「音楽家」や「ミュージシャン」とは異なる職業であると解釈しているという。

> 〔大手音楽教室などで〕教えることが主な方に音楽ユニオンの話をしたら「わたしたちは音楽家じゃない」って言われた。「私たちは音楽を教える先生であって，ミュージシャンではない」って [19]。

7 「労働」フレームに抗う音楽家と連帯への模索

　このように「誰のための運動なのか」という，ユニオン内外の運動フレームの認識にズレが生じ，このズレは MUJ の組織拡大を阻む大きな要因になりうる。しかし，MUJ ではこのような共鳴する運動フレームなき状況のなかで様々な工夫をし，運動の展開を可能にしている。聞き取り調査からみえてきた工夫のひとつは，「労働組合色」を出さずに運動を展開するという戦略方法である。

　一つめの戦略は，MUJ の活動紹介のしかたにみられる。MUJ の取り組みとして掲げられている五つの活動は，「1.音楽文化を守り，生演奏の場を拡げる活動」，「2.音楽家の権利を確立する活動」，「3.音楽分野で働く人々の生活を守り改善する活動」，「4.「音楽家社会」をつくる活動」，「5.ユニオンを全音楽家のよりどころとする活動」である。労働組合の活動でもっとも主要である「労働者の権利を守る活動」をあえて最初に掲げることをせず，一つめに掲げられているのは「音楽文化を守り，生演奏の場を拡げる活動」である。これは「労働組合」「労働者」というフレームに

---

17)　『音楽人通信』（2014/8・9 合併号）より引用。
18)　『音楽人通信』（2014/8・9 合併号）より引用。
19)　MUJ 関東地方本部事務局長Ｂ氏（女性）への聞き取り調査より（2018/7）。

なじみのない音楽家たち，あるいは演奏行為を「労働」と認識せず「芸術」「文化」として捉えている音楽家たちにも共鳴できる活動をあえて最初に掲げる工夫なのである。これに関連して，生演奏としてのコンサートを重視する試みも展開している。毎年，各地域では「3.19 ミュージックの日」というコンサート企画を行い，多くの会員が参加していたり，年次総会では労働組合文化としての「団結頑張ろう」コールの代わりに記念演奏をする。これは「労働組合」フレームを積極的に排除した結果である。実際，MUJ の活動の重要性を問う設問のうち，「芸術文化を振興させること」の項目を重要と回答した割合は 93.7%であるのにたいして，「争議（団体交渉やストライキなど）を活発化させること」の項目では，49.8%にとどまっている。

> まず大会でやらないこと，「団結頑張ろう」かな。あんなんやったらみんなひっくり返っちゃうと思う！（笑）だいたい私だって恥ずかしくてやらないし。ないですね。誰もそれは違和感なく。〔…〕「団結頑張ろうがないよ」っていう意見はない。一応旗はありますよ。それよりは，定期大会の時は記念演奏をします[20]。

　ここで強調してきた「誰の／何のためのユニオンなのか」をめぐる運動フレームのズレの発生と，そのズレをうまく擦り合わせるための工夫については，以下の，ある関東地本座談会での元事務局長の発言から読み取ることができる。

> 結局，「労働組合」が前面に出ると，単にミュージシャンとしてうまくやっていけばいいとする人とは相容れないところがある。「ミュージックの日」ができた時も，関西は「これは労働運動だ」といい，関東は「音楽振興だ」といい，温度差が生まれた。〔…〕どちらかを強制すると，両方できなくなってしまう，否定しあうから。いろいろな人がいるのだから，いろいろなかたちがあっていいと思う。さまざまな関わり方ができるのが，音楽ユニオンのいいところ。それを，ただ世間でいう「労働組合活動」としてしまうと「あの団体は私にはちょっと…」となってしまう。それをうまく音楽で釣ったというと言葉が悪いけど，おいしい餌を用意したのがミュージックの日だと思っています[21]。

　これに類似した二つめの戦略は，組合組織や組合員の呼称である。聞き取りのな

---

20) MUJ 関東地方本部事務局長 B 氏（女性）への聞き取り調査より（2018/7）。
21) 関東地本座談会での元事務局長の発言（日本音楽家ユニオン 2015: 434）。

かでB氏が強調していたのは，組織合同の段階で，団体名に「労働組合」がついていることに運営側も「アレルギー」があったということである。

　　過去のいろんな話を聞くと，日本の労働組合ってものを忌み嫌った……いわゆる合併した時に。片方は〔団体名に〕労働組合ってついているわけです。でも片方はそうじゃないわけで。でも労働組合として法人格をもって運動していこうってなかで，組合に対するアレルギーもあったという風に聞いています。ですので，その段階で少しでもアレルギーをなくすためにカタカナになったわけです[22]。

　こうした労働組合への「アレルギー」に対応した結果，MUJ の名称は「労働組合」ではなくカタカナ表記の「ユニオン」になった。また同様に，組合員のことは「会員」，組合費のことも「会費」とよび，執行委員は「運営委員」や「事務局長」などとよぶことにしている。これは「労働組合色を減らし，なるべく組合色を削る」ようにするための工夫であるという。
　また三つめの工夫は，MUJ がナショナル・センターに所属しない立場を貫き，政治，宗教，国籍などから自由[23]な形で運動を展開しようとしている点である。質問紙調査の結果でも，MUJ の活動の重要性を問う設問のうち，「政治的な立場を明確にすること」の項目では72%の回答者が「重要ではない」と回答し，MUJ を選んだ理由として八つの選択肢のうち「政治色が強くないから」を上位4位以内に挙げた回答者は61.3%であった。政治的にニュートラルであることが求められていることを知ったうえでの戦略として捉えられる。
　以上から明らかになるのは，①MUJ の運営委員の間でも「労働」フレームに共鳴しない傾向にあること，②労働組合でありながらも，従来の労働組合文化や「労働」フレームを積極的に排除することで組織化を進めようとしていること，③音楽家の多くが多様で重層的な働き方を選択しているがゆえに，「音楽家」を結合単位として組織化することも難しいということの3点である。従来の労働組合であれば音楽家たちを「労働者」として位置づけ，「労働」というカテゴリーで彼らを組織化しようとするが，MUJ は音楽家による「労働」フレームの包摂への抵抗をふまえ，従来の労働組合文化にはあてはまらない手法における新しい連帯のあり方を追求して

---

22) MUJ 関東地方本部事務局長B氏（女性）への聞き取り調査より（2018/7）。
23)「ナショナル・センターはどこかの「ひも付き」になる」という言葉も聞かれた（MUJ 中部地方本部運営委員E氏（男性）への聞き取り調査より（2018/3））。

いる。

　以上のとおり，本章のケーススタディから示唆されるのは，これまでの労働運動論ではアプローチできない，労働者意識が少なく，凝集性の弱い人びとにおける，新たな連帯条件を導出するためのファクターである。「労働」カテゴリーでの結束を前提としてきた従来の労働社会学では，「労働的なもの」に携わる人びとの労働者性が認められづらいことを問題視し，労働カテゴリーが効力をもたないことを悲観的に捉える傾向があった。しかしながらこれからの労働社会学においては，人びとが労働者アイデンティティをもたない場合でも，また彼らによる「労働的なもの」が「労働」と定義づけられない場合でも，「労働」フレームへの包摂にこだわらない連帯のあり方についても議論する必要があるのではないだろうか。

【付　　記】
本章は JSPS 科研費 19K13885 の助成を受けたものである。

【引用・参考文献】
井上雅雄, 2009,「職業としてのアスリートとプロスポーツの諸問題」『スポーツ社会学研究』17(2): 33–47.
今井順, 2018,「〈自律的〉労働を問う――労働者統制の現在と「働き方改革」の論点」『日本労働社会学会年報』29(0): 3–10.
川上資人, 2018,「ICT と雇用関係によらない働き方・労働者性の動揺」『日本労働社会学会年報』29(0): 45–61.
木村智哉, 2016,「商業アニメーション制作における「創造」と「労働」――東映動画株式会社の労使紛争から」『社会文化研究』18: 103–25.
京谷栄二, 2018,「「働き方改革」の論点と労働研究」『日本労働社会学会年報』29: 11–44.
熊沢誠, 2013,『労働組合運動とはなにか――絆のある働き方をもとめて』岩波書店.
小谷幸, 2013,『個人加盟ユニオンの社会学――「東京管理職ユニオン」と「女性ユニオン東京」(1993年〜2002年)』御茶の水書房.
全国労働組合総連合編, 2010,『音楽家だって労働者――委託も，請負も，みんな働く仲間だ！』かもがわ出版.
中根多惠, 2017,『多国籍ユニオニズムの動員構造と戦略分析』東信堂.
中根多惠, 2021,「コロナ禍で顕在化された芸術労働をめぐる不均衡なパワーバランス――音楽家たちが不利な労働条件を受容するのはなぜか」『東海社会学会年報』(13): 5–19.
永野秀雄, 2005,「プロスポーツ選手の労働者性」『日本労働研究雑誌』47(4): 20–22.
仁平典宏, 2016,「遍在化／空洞化する「搾取」と労働としてのアート――やりがい搾取論を越えて」北田暁大・神野真吾・竹田恵子編『社会の芸術／芸術という社会――社会とアートの関係，その再創造に向けて』フィルムアート社.
日本音楽家ユニオン, 2015,『未来にとどけ，音。――音楽ユニオンのあゆみ』
日本芸能実演家団体協議会, 2015,『第9回 芸能実演家・スタッフの活動と生活実態調査 調査報告書』
フロリダ, R. L. ／井口典夫訳, 2008,『クリエイティブ資本論――新たな経済階級（クリエイティブ・クラス）の台頭』ダイヤモンド社.
フロリダ, R. L. ／井口典夫訳, 2009,『クリエイティブ都市論――創造性は居心地のよい場所を求め

第1部

第2部

第3部

る』ダイヤモンド社.

フロリダ, R. L.／井口典夫訳, 2014,『新 クリエイティブ資本論──才能が経済と都市の主役となる』ダイヤモンド社.

吉澤弥生, 2011,『芸術は社会を変えるか？──文化生産の社会学からの接近』青弓社.

Becker. H., 1982, *Art worlds*, Berkeley: University of California Press. (後藤将之訳, 2016,『アート・ワールド』慶應義塾大学出版会.)

McRobbie, A., 2016, *Be creative: Making a living in the new culture industries*, Cambridge: Polity Press.

Wilson. J. B., 2009, *Art Workers: Radical practice in the Vietnam War era*, Berkeley: University of California Press.

第13章

労働者評価がもたらす個人間競争

熊沢誠の「強制された自発性」論とその含意

松永 伸太朗

1 労働批判と労働者の自発性

1-1 日本企業の労働者における「強制された自発性」

　本章では，主に社会政策学・労使関係論の分野でなされてきた労働研究において，いかなる論理構成によって労働問題への批判が試みられていたのかを明らかにし，その可能性と限界，さらに消費文化における労働への展開可能性について議論する。

　消費文化が関わる労働の多くは，とりわけ労働条件に着目したとき，その不安定性が際だっているようにみえる。しばしば指摘される問題性として，得られる賃金が低水準に止まるなどの客観的な労働条件の悪さだけではなく，それが労働者の自発的な労働において生じているように理解可能である点がある。たとえばクリエイティブ産業論の文脈で，文化経済学者のケイヴスは，そうした産業に関わる労働者の報酬を度外視したようにみえる労働を「芸術のための芸術」と表現した（Caves 2002）。結果として，そうした労働者は一般的な労働者とは何か違うモチベーションや仕事のやりがいを有していて，そうであるがゆえに一般的な労働を度外視してしまい，搾取に飲み込まれていってしまうのだという議論が成り立つことになる。こうした労働をめぐる搾取の問題は，消費文化産業に関わる労働者が一般的な企業における労働とは異なる秩序のもとで働いていることを前提にしている。

　しかし本章では，一見消費文化とはかけはなれた「普通の」労働で培われてきた議論のなかにも，消費文化における労働にアプローチしうる視座があることを示したい。日本の労働研究は，むしろ労働者の自発性が引き出されることによって労働問題が生じるということは労働者のタイプによらず普遍的にみられる現象であり，たとえば正規雇用で働く日本のサラリーマンのなかにも自発性が引き出される契機

が多く含まれることを明らかにしてきた。本章は，こうした現象を「強制された自発性」などの概念で定式化し，日本における労働問題の認識に大きく貢献した経済学者・熊沢誠（1938–）の議論を参照し，その議論がもつ消費文化をめぐる労働への示唆を議論する。

　熊沢は，日本の高度経済成長を背景として日本的経営が世界的に肯定的な評価を得ていた1970年代から継続して日本的経営に対する批判的見解を明確に示していた論者の一人である。日本企業の労働者は，自ら進んで残業を行ったり，企業からの異動命令に異議も申し立てず従うなど，企業の労務管理に対してきわめて従順であることが1970年前後からの国際比較研究において明らかになっていた（間1974）。こうした問題について，熊沢は一見すると終身雇用・年功賃金などの集団的にもみえる労務管理がいかにして労働者の連帯を切り崩し，際限のない個人間競争に巻きこんでいくのかを詳細に描くことを通して，日本のサラリーマンの労働にみられる「強制された自発性」を考察した。さらに，社会政策学の文脈で労働問題を議論していた熊沢は，企業に埋没するかにみえる日本の企業労働者が，どのようにして労働現場を変容させる可能性をもつかについても考察を展開していた。これらの一連の考察は，消費文化における労働を論じるうえでも重要である。

1-2 「職場のトリック」と自発性

　労務管理が労働者の自発性を引き出しているという議論として社会的に影響力をもつ言説であり，実際に消費文化における労働においても適用可能性をもつ議論として本田由紀による「やりがい搾取」の議論がある（本田2008）。やりがい搾取論は，かねてより過労死問題などが指摘されてきた日本企業における正規雇用者に属さない労働者において，働きすぎが観察されるという認識を出発点としている。

　序章でも言及されたように，やりがい搾取の議論は，バイク便ライダーがバイクに関する趣味内容を変えてまで仕事に没入していく様子を描いた阿部真大（2006）による「自己実現系ワーカホリック」の議論に影響を受けたものである。本田によれば自己実現系ワーカホリックが生じる要素には，①趣味性，②ゲーム性，③奉仕性，④サークル・カルト性があるという。そして，こうした現象は働かせる側によって仕組まれたものとして存在しており，「「自己実現」に邁進しているように見えて，じつは彼らをその方向に巧妙にいざなう仕組み」（本田2008: 96）であるとする。

　このように労働者の自発性の引き出しが生じやすい要素を特定することによって，

本田の議論は労働者が過度に労働に没入することであったり，上記の要素を使用者が利用することへの批判の資源を提供している。しかし，やりがい搾取の状況を前にして，実際に労働者はどのように対処すればよいのかを考えるにあたって，本田の議論にはまだ踏み込む余地があるようにも思われる。たとえば，趣味性に端を発するバイク便ライダーのやりがい搾取に対処しようとするときに，当のバイク便ライダーの仕事から趣味性を一切取り去るといったことには無理がある。あくまで趣味と労働は切り離すべきだという規範的な主張はありえるが，それによってバイクを趣味にする者がいなくなったり，バイクを仕事で運転することに楽しさを感じる労働者自体が消え去るとは考えにくい。したがって，本田が指摘した趣味性という要素は，それ自体では労働者が自らの環境を改善しようとするときに，変容させていくターゲットそのものにはなりにくいのである。

　ここで重要となるのは，労働者を自己実現に向かって「巧妙にいざなう仕組み」が具体的にどう作動しているのかという問題である。阿部自身は「自己実現系ワーカホリック」について，特定の使用者による意図というより，職場での相互作用を通して生じるものと位置づけていたことが重要である。つまり，バイク便ライダーの仕事に趣味性が関わることは事実として，実際のところライダーたちの仕事への没入は，ライダーの報酬制度などを背景にした卓越化の実践を通して生じる。本田自身このことを踏まえたうえで，使用者による仕掛けがあるはずだという見立てを述べており，たしかに報酬制度などはその仕掛けに該当するかもしれない。しかしこうした労務管理の仕組みと実践をめぐるペアのあり方は，職業や企業のタイプによっても多様であり，まずはその個別性に即して解明されていく必要がある。それが達成されて初めて，労働者が自らの仕事をめぐって具体的に何の問題に対して抵抗すればよいのかがみえてくるということになるだろう。

　そこで本章では，これまで労働研究が培ってきた批判的議論を消費文化に適用するにあたって，消費文化における労働がいわゆる企業組織に依存しない仕方でどのような労働者評価を行っているかを踏まえつつ，そうした対象においても組織労働者における批判の論理がどのように適用可能であるかを考察する。

　そのためにまず第2節で，消費文化が関連する領域において労働者評価がどのように機能しているかを先行研究から議論する。そのうえで，第3・4節で熊沢が日本企業を事例に行っていた労働者評価についての議論を紹介し，第5節で熊沢の議論がもつ批判的含意について論じる。

2 消費文化と労働者評価

本節ではまず，消費文化が関わる労働においてみられる自発性の引き出しがどのような論理で成り立っているのかについて，いくつかの事例研究をもとに整理する。

2-1 顧客による評価

消費文化を支える労働において顕著な点として，同じ組織や職業集団による評価よりも，生産される商品の受け手による評価が労働現場を規定するという点がある。典型例として接客サービスが関わる労働がある。

接客労働について議論するにあたっては，ホックシールドによる感情労働の議論がまず重要である（Hochschild 1983=2000）。ホックシールドは，客室乗務員と集金人を事例として，従業員が企業の設定する感情規則に従った顧客への対応を強いられる経験を描いた。たとえば客室乗務員は顧客に居心地の良さを与えるための振る舞いを自ら引き出すために自らの感情を感情規則に合わせるように努める。特に労働社会学においてはこの議論は顧客を通した労働者統制の研究へと向かっていった。たとえば，覆面調査員（偽装した顧客）を利用してサービスの質を確かめるなどの管理統制の手法についての事例が英米圏で多く蓄積されていることを鈴木和雄は指摘している（鈴木 2012）。

こうした特徴は，対面的に顧客と関わるフリーランサーにおいては，より顕著に表れている。ハーヴィーらは，イギリスのフィットネスセンターで働くフリーランスのトレーナーを事例として，いかにして顧客による評価に従属せざるを得ない労働が生じるのかを明らかにしている（Harvey et al. 2017）。

トレーナーはフィットネスセンターの施設を有する企業と契約し，ジムの一角を利用するための手数料を支払い，そのスペースを使って顧客へのサービスを行うことによって報酬を得る。企業は場所を与えるだけであって，顧客の獲得は個々のトレーナーが行うことになっている。そのため他のフリーランス労働と同じく，無収入になってしまうリスクが生じることになる。この手数料を払えなければ仕事を続けることもできなくなってしまうので，「仕事を得るために働く」（work for labor）状況が生じるのである。

こうした状況に対して，トレーナーはジムでのサービスとは別に顧客獲得・維持のための活動を自ら行わなければならなくなる。トレーナーたちは，自らの見た目で顧客を引きつけるように容姿を保たなければならない。顧客を引きつけておくた

めの感情労働も当然求められることになる。トレーナーたちは，センターに来る顧客たちに親切にアドバイスし，フレンドリーな会話を心掛ける。トレーナーのなかには，顧客に対してどれだけ魅力的なパーソナリティを伝えられるかどうかが，仕事を継続的に得られるかを左右していると語る者もいた。

　こうした顧客評価は，労働者が自ら顧客への関わりを強めることに意義を見出すことにもつながる。ギャンブルは，イギリスに本社をもつ多国籍小売企業での顧客による統制を議論するなかで，顧客満足を至上とする組織文化によって厳しく労働者が統制されているにもかかわらず，労働者自身が顧客を満足させることを自らの喜びとして語っていた事例を紹介している（Gamble 2007）。

2-2　同業者評価

　一般に労働者に対する評価は，雇用労働者の場合には企業を主体として行われるが，本書の第2部で広範に描かれたように，消費文化における労働は企業横断的に営まれることも多くある。そのなかでの評価のあり方として，同業者評価がある。同業者評価は，特定の専門的なスキルに基盤をもつことも多いため，個別企業に帰属されない形で営まれることがある。

　たとえばアニメーターは商業作品としてのアニメ映像を構成する絵を作画するが，その相互のスキルをめぐる承認は，視聴者であるファンからよりも，同業者にその実力が評価されるかどうかという点に依存している（松永 2017）。この同業者評価は，単に絵が上手いかなどといった基準によるというよりも，アニメ作画において必要とされる，より細分化されたスキルに基づいてなされている。アニメーターは出来高報酬で働いていることも多く，固定給が得られる場合であっても一つひとつの契約期間は決して長くないため，このような評価を得て仕事の獲得を安定化させていくことが重要になっている。アニメーターにおいては，細分化されたスキルにおける相互の承認が，互いに顔の見えるコミュニティで行われている場合には産業への定着や，スキル形成の場として有効に機能する。

　アニメーターは比較的職場集団における相互扶助が残存している職種であるといえるが，より顕著に個人化が進んでいる事例としてファッションモデルの労働がある。ミアーズはいかにしてファッションモデルの労働力としての価値である「美」が現場で定められているのかについて明らかにしている（Mears 2011）。「美」の基準は多様であり，ファッションモデルは何が原因で成功・失敗しているのかがわからないような形で，ファッションショーや写真撮影に臨み，その場のカメラマンや

編集者等から評価を受けることになる。そのなかで有名雑誌における掲載を勝ち取ることができれば，一躍大きな報酬を得ることができる。

　基準が乱雑に存在するようにみえる一方，ミアーズは一定の熟練性を身につけたモデルは，「美」の基準は多様なものでありつつ，雑誌やファッションショーの性質によって求められる容姿などに傾向があることを見出していくことを指摘している。つまり，「美」の基準はその場のカメラマンや編集者の個人的な主観のみに依拠しているのではなく，一定の共有された規範がそのメディアごとに存在しているのである。このような規範のあり方をミアーズは「浮動する規範」と呼んでいる。この浮動する規範のなかでいかにして自らを売り込んでいくかが，ファッションモデルとしての成否を分けることになるのである。

　このように産業レベルで存在する制度や規範などを基準とする労働者評価が，それが労働者の個人間競争の源泉となる場合が存在する。特に，ファッションモデルのように明確な基準がなく，よりインフォーマルな形で労働者の働き方が決まってしまう場合があることがみてとれる。

2-3　労働者評価をめぐる仕掛けとコミュニケーション

　本節では，同業者評価にしろ顧客からの評価にしろ，労働者が他者によって評価されるということ自体が自発性を引き出しており，かつその評価が個別的になされることによって自発性の引き出しが管理統制として機能する場合があるということをみてきた。さらに，いずれの形態であっても，その場に関わる成員同士の相互作用が自発性の引き出しに寄与するよう組織されていることが重要である。つまり，評価主体が顧客であれば，顧客からの評価が自らの労働条件や，労務管理から与えられる人事考課に影響するような仕掛けが用意されていることがみてとれる。一方で同業者評価であれば，同業者において共有される規範がキャリア形成の指針となることによって，労働者が自らその規範に則して日々の業務をこなすような仕掛けが用意されているとみることができる。

　さらに，これらの仕掛けはただそれがあるだけで機能しているのではなく，実際に評価がコミュニケーションとして行われることが重要である。それぞれの事例では，評価の仕掛けだけではなく，それが具体的なコミュニケーションとして適用されることによって自発性が引き出されていた。仕掛けとコミュニケーションのペアを記述することによって，それぞれの職場における自発性の引き出しのやり方が明らかにされていたのである。

　このような見立てのもとに本節の事例を位置づけたときに，労働者の自発性が引き出される論理は，必ずしも日本企業の雇用労働者から遠いものではない。労働者評価による自発性の引き出しという点については，雇用労働者を対象として熊沢も強い関心を示し続けた点だった。熊沢は労働者の能力評価について，人事制度を背景としつつ，実際には職場のインフォーマルな従業員間のコミュニケーションを通して成り立つものとして捉えていた。

　以下では，熊沢誠の議論に即しながら，どのようにして雇用労働者の自発性が引き出されているか，またその論理を明らかにすることを通して結果的に熊沢がどのような批判を展開したのかについて議論する。

3　日本的経営における能力主義と「強制された自発性」

3-1　日本的経営の特徴

　本田は日本企業の正規雇用者を集団性の強い労働者であると特徴づけていた。企業の正規雇用者が強い連帯を有しており，時には助け合い，時には相互に圧力を強いるような共同性を形成していることは，日本企業の労働に対する社会学的な認識としてオーソドックスなものである（稲上 1981; 津田 1981）。

　一方，日本的経営について知見を積み重ねてきた制度派経済学の議論においては，そうした共同性は，日本的経営がもつ制度的要因のアウトプットであると理解されてきた。より具体的には，日本企業において広く用いられている人事労務管理が，労働者同士の共同性を強めるような効果をもつと考えるのである。

　ここでは日本的経営の特徴として取り上げられる要素のうち，長期雇用と年功賃金という特徴について確認したい[1]。長期雇用とは，世間一般には終身雇用ともいわれるが，企業が一度労働者を正規雇用者として雇ったならば大きな問題がない限り定年を迎えるまで雇用し続け，かつ労働者側も組織への定着を志向する慣行のことである。日本企業ではこうした慣行と関連して正規雇用者に対する解雇規制が厳しく，出向や転籍などによって解雇は最終手段として据え置かれる。年功賃金とは，勤続に応じて賃金が上昇していく賃金体系のことを指すが，実際には「年」（勤続）と「功」（能力）の要素があり，勤続に応じて労働者としての能力も向上していくと

---

[1]　公開されている統計データの推移から日本的経営の動向について議論した高橋（2017）によれば，日本的経営の諸要素は全体として変化している一方，主要な要素の一つである長期雇用慣行については維持されていることが指摘されている。

いう想定のもとに賃金を決定していく仕組みのことである。長期雇用と年功賃金は相互に支え合う関係にある。労働者にとっては長期勤続した方が後により高い賃金を得ることができるし，企業にとっては長期的に向上していく労働者の能力に応じた賃金カーブを描くことができる。そして，これらの制度の結果として労働者が同じ組織に数十年にわたって留まることになるので，職場には強い共同性が形成されることになると考えるのである。

3-2 「柔構造」と職能資格制度における「潜在能力」

　それではなぜこうした仕組みが労働者の働きすぎを導くことになるのか。長期雇用を生かして従業員の人材育成を行っていく場合，従業員が最初から突出したスキルを有している必要はなく，むしろ人材育成を企業内で行っていくことによって，その企業独特に求められるスキル（企業特殊的熟練）を調達することが一つの効率的な手段となる。これを行うために企業は従業員のジョブ・ローテーションを行い，その企業で生かすことのできる広範なスキルを身につけさせようとする。この結果，従業員は特定の職務に特化したスキルを有するのではなく，その企業における様々な業務に対応できるスキルを身につけることになる。その一方，同程度の勤続をしている従業員同士のスキルは，お互いにそう変わらないものになり，たとえば製造現場において急な欠員などがあった場合に，同一職場における他の従業員がその穴を埋めることができるようになる。このように，個々人が与えられた職務に特化したスキルをもち，その職務のみに従事するのではなく，広範なスキルをもった従業員がそのスキルを生かして広範な職務に従事するような仕組みを，熊沢は「柔構造」と呼んだ（熊沢 1976）。

　この「柔構造」は，日本の高度成長期における製造現場の高い生産性の源泉であるともされる（小池 1977）。しかし熊沢は，この柔構造を労働者に際限ない労働を強いるものとして認識していた。これは，長期雇用と年功賃金を支える企業内資格制度である，職能資格制度を背景とするものである。職能資格制度は，従業員の「職務遂行能力」を基準として等級を設定し，その等級ごとに支払われる給与の範囲を決定する制度である。

　職務遂行能力は，従業員が職務を遂行するうえでの「潜在能力」を指す概念である。したがって，必ずしも明確な指標で計測可能なものではないのだが，日本企業においては従業員の勤務態度を細やかに評価するような人事査定が存在する。この結果として，同じ正規雇用者の同じ職種同士でも，同期入社の社員であっても，査

定の蓄積の結果として処遇が個人によって異なることになる。さらにこの人事査定は蓄積していくため，初めは処遇が少しばかり異なるだけであっても，その差は将来的な昇格や昇進のスピードや終着点に影響する差異となる。こうした意味で，日本的経営には組織労働者である従業員を個人化させていく側面が存在するのである。

3-3　「強制された自発性」と個人間競争

「柔構造」と「職務遂行能力」の組み合わせは，日本企業の従業員にとって以下のような形で苦境を強いるものとして機能することになる。まず，「職務遂行能力」には明確な基準が乏しいが，一方で毎年の人事査定は存在し，それは昇給・昇格・昇進といった自身の処遇に関わるものであるから，評価を得るために努力をしなければならない。しかし，日本的経営における人材育成の特徴上，一人の従業員が目立って突出したスキルをもっている状態は生じにくい。こうなると，「柔構造」のなかでいかに「活躍」していくかという方針を採らざるをえないことになる。本来の業務ではない業務にまで手を広げて進んでいったり，自ら仕事を作って遂行するなどして，自らの職務遂行能力が人事査定の俎上に上がるよう日々努力することになる。こうした努力は企業に対してどれだけサービス残業をしたかといった形での競争にすら発展する。従業員にも能力・意欲・健康・思想において「精鋭」でなければ企業危機の際には整理されても仕方がないという文化が共有され，労働者間競争が定着してしまっており，助け合いや連帯は風解している。

　こうした制度的な背景のもと，労働者はあくまで自らの個人化された労働条件の向上を追求するために，自発的に長時間労働に従事することになる。しかし，その自発的な労働は，日本的経営における諸制度に動機づけられたものである。「経営の要請がいつしか従業員の「自発的選択」に転化してしまう日本的経営と，「従業員の個人の意思」を尊重する戦後の競争民主主義という問題」（熊沢 1989）がある。こうした日本における労働者のあり方を「強制と自発がないまぜになった心性」（熊沢 1993），あるいは「強制された自発性」（熊沢 1989）として特徴づけている。このように，日本の正規雇用者を主に参照しつつ，その自発的な労働が行われる企業・職場の要因を析出して批判したことに，熊沢の労働批判の特徴がある。

　この「強制された自発性」の議論において重要と思われるのは，労働者が自発的に働きすぎに巻きこまれていくという問題を検討する際の一つの方針として，労働者評価の仕組みとそれがもたらす個人間競争のペアを記述するという視点を明確に示していることである。しかし実際のところ熊沢は，「柔構造」をめぐる日本企業の

人事制度がそれだけで労働者の自発性を引き出すものとは考えていなかった。むしろ，人事査定の対象となる行為が職場の細部にまで張り巡らされていることによって，労働者が自発性を発揮せざるをえなくなることを強調していた。なぜなら，評価の対象が曖昧である以上，それが最終的に従業員の処遇に結びついていくためには，人事制度が運用レベルで細部まで行き渡る必要があるからである。

4 労働者評価と対人関係

4-1 情意考課における「生活態度」への評価

日本企業の人事査定の特徴として熊沢が指摘するのが，労働者の日常的な行為までも対象とする「生活指導」としての性格を帯びていることである。たとえば日本企業の人事査定には「情意考課」という項目がある。これは従業員の「規律性」「責任性」「積極性」「協調性」などを評価の対象としていて，具体的には「ハキハキとした応接，社会人として適当な言葉づかい」（規律性），「仕事上の不明な点を勉強や質問によって確かめる努力」（責任性），「仕事の手順，方法に関する意見やアイデアの上申」（積極性），「上司や下級者の仕事の必要性に応じた手助け」（協調性）などの項目が含まれている。さらに，ある日系合弁企業の事例では，「後指を指されないような生活態度（深酒，ギャンブル，借財，犯罪などの回避）」（熊沢 1989: 165）など，私生活も対象としたような項目が存在することもある。

こうした評価項目は，いうまでもなく企業による労務管理が日常生活の細部に浸透していく帰結を招くが，実はここに労働者が自発的に労務管理を受容する契機が存在している。日本企業の人事制度は，従業員にとっては生得的な能力差を否定し，階層別にライフスタイルが分かれることを否定する「機会の平等」として受け入れられていた（熊沢 1989: 240）。生活態度までも問題にするような情意考課を受け入れれば自らの「やる気」がどう会社内で読みとられるのかによって自らの収入や地位が左右される。しかし，それは労働者にとって「それなりに「民主主義的」」（熊沢 1989: 240）なものであり，当時の労働者によっても求められたものだった。

このように「生活指導」のような人事評価のあり方は，企業が準備しつつ労働者自身もそれを進んで求めたという点で，「強制された自発性」の主要な部分を占めるものであった。こうした現象は，見方によっては労使の合意に基づいて互いのニーズをくんだ制度が定着しているということでもあり，批判を向けることは必然的ではない。しかし熊沢はこうした人事査定のあり方について一貫して批判的であった。

それは、「やる気」の判定が労務管理側に握られているということが、労働者に苦境をもたらす、日本企業における労働問題であると認識していたからである。

4-2　つくられる無能力

　熊沢が扱った日本企業の人事制度はその評価対象に曖昧さを残していることから、これらの判定は「「やる気」、勉強ぶり、体力づくりなどに反映される従業員の性格や態度の観察によるほかない」（熊沢 1989: 56-7）。こうなると、そうした観察を現場の第一線で行っている職制（現場の管理職）がどのような評価をしているのかが重要になる。

　その問題性が極端に現れた事例として熊沢が挙げるのが、「東芝府中人権裁判」の事例である。この事例は、東芝府中事業所の従業員（上野）が、天野をはじめとする上司・同僚からの執拗な嫌がらせ（始末書の提出強要、長時間にわたる叱責、職場全員による無視）により生じた心身症によって欠勤に対して東芝が賃金支払を拒否し、それに対して上野が慰謝料と不払賃金の支払を求める民事訴訟を起こした事例である。熊沢は、労働者の「職務遂行能力」が職場のインフォーマルな認識のなかで決定され、そのなかで異端とされた者が「無能力」な存在として位置づけられていく様を、裁判記録から克明に描いている。

　上野に対する嫌がらせは、以下のような過程をたどっていた。上野は秋田県出身で、中卒で東芝に入社した。技能オリンピックの代表候補となるなど会社から期待されていたが、職場外の読書サークルに参加するために毎週水曜の残業を拒否するようになる。ここから上司である天野との確執がはじまった。天野自身も担当課長から上野を「典型的な低能率者で、やる気がない」者として指導するように指示を受けており、残業拒否に対して手段を尽くして上野が職場で孤立するための嫌がらせを行った。こうした嫌がらせによって上野が欠勤した日には、「生活指導」と称して上野の自宅を訪問して（本当に正当な理由で欠勤しているのか）チェックしていた。こうした容赦なき異端排除に耐えかねた上野は、東芝府中を提訴することとなった。

　熊沢は、上野がどのようにして職場のなかで「無能力」な存在として作り上げられていったのかについて詳細な分析を展開しているが、以下では本章に関わる二点のみ言及する。

　第一に、上野の意欲が低いと言われるときの根拠に、上野が休憩時間に椅子で居眠りをしているというものがあった。同じ時間に他の従業員はたばこを吸ったりコーヒーを飲んで談笑したりしていた。それにもかかわらず上野だけが居眠りを理由に

反省書の記入を強要されていた。これについて熊沢は，労働者が享受するゆとりは監督者・管理者が大目に見ている限りでしか存在せず，職制は必要とあれば時には人を選んで差別的にそれを奪うことができるというこの職場の特徴を指摘している。

第二に，上野に対する「指導」手段の選択は職場の直接の上司である天野に委ねられていた。そのインフォーマルな支配は，部下を評価する基準の無限定性に依拠していた。この背景には，日本的＝評価要素が多面的・拡大的＋第一次査定者が直属の上司＋労働組合が介入しないという人事考課の公式的制度が影響していた。

このように，日本の正規雇用者をめぐる職場においても，労働者の能力評価は最終的にインフォーマルな形で決定されざるをえないという理解を熊沢は示している。この裁判事例をもとに熊沢は以下のようにまとめている。

> 天野の上野に対するそれ自体はアブノーマルな処遇のうちに私は，異端視された労働者が仕事の能力を発揮しうる条件の難しさ，不安定な職場慣行の上に立つ差別，組合機能の乏しさ，職制の役割の非公式性，そして従業員としての適否をはかる要素の無限定性という，おそらく日本の企業社会一般にひそむ問題を発見することができた（熊沢 1989: 40）

このように，熊沢は労働者評価の問題について公式的な人事制度のみを重視しているのではなく，それが最終的にどのような評価をめぐるコミュニケーションを生みだし，労働者を追い込んでいくのかという水準にも関心を示している。したがって労働者評価については，それを支える制度と実際に評価を行うコミュニケーションのあり方までを捉え，それが労働者の個人化にどのように影響しているのかを捉えていくことが熊沢の議論を展開するうえで重要になるだろう。この評価をめぐるインフォーマルなコミュニケーションという問題は，消費文化における労働ではさらに顕著に現れる可能性がある。

5 いかにして労働者評価を透明化するのか：実践的な示唆

ここまで論じてきた日本的経営への批判を通して，熊沢はどのような実践的な示唆を与えようとしていたのか。この点は，消費文化における労働のあり方をめぐって熊沢からどのような意義を見出すことができるのかを考えるうえで重要である。

熊沢が個人間競争に対して強く批判的な議論を展開している背景には，それが労

働者同士の連帯を切り崩し，労働組合による規制を弱める方向に働くことへの問題意識がある。熊沢は，日本的経営に対する「逆転の契機」（熊沢 1989）として，二つの点を挙げている。第一に，既存の企業別組合が労働者間の競争や選別を緩和する営みに取り組むことである。第二に，企業別組合という枠組みを超えて，地域の小規模・零細企業の労働者，パートタイマー，派遣労働者などの未組織労働者が誰でも加盟できるユニオンを創出することである。後者の論点については労働組合研究のなかでその後重要な研究が現れているほか（中根 2018 など），本書の中根論文における音楽家ユニオンの議論にも関わる。消費文化に関わる労働において特定の企業よりも職業などにコミットメントをもつ労働者が多いと考えられるときに，企業別組合よりも多様な組織形態をもつ労働者組織の方が，効率的に労働者が抱える問題を把握し，解決できる余地があるように思われる。

　このことは，熊沢が述べた企業別組合に対する示唆が，消費文化における労働への批判を構築するうえで重要でないということを意味しない。熊沢の議論は，直接的には労働者に課せられるノルマ，残業と休暇取得，人事異動の基準設定と運用，人事考課の内容などについて労働組合がより積極的に発言して規制をかけていくことを意味している。この提言は企業別組合が従来企業に対して行っていた活動を再度取り組むべきというものであり，熊沢自身も「平凡このうえない」（熊沢 1989: 260）ものだと述べている。

　しかし，熊沢がこの平凡な策をあえて繰り返しているのはなぜかを踏まえておくことが重要である。熊沢（1989: 261）は，「多くのサラリーマンの胸奥にわだかまる・ひ・ど・す・ぎ・る・こ・と・へ・の・執拗な疑問を要求とすることは，なお可能であろう」（強調は原文）と述べる。つまり，日本的経営がもたらした個人間競争は労働者によって全面的に納得されているのではなく，多くの不満を耐え忍んで労働者は働いている。ノルマ達成度の掲示，長時間のサービス残業，単身赴任によるたらい回し，査定の結果積み重なる大きな年収格差は，日本企業の労務管理に適応した労働者であってもしばしば受容しがたいものである。つまり，熊沢は日本的経営がもたらした限界が労働者の不満として高まっていると考えるからこそ，その点を対象とした労働組合の活動にまさに「逆転の契機」があると論じているのである。

　したがって，熊沢の議論から示唆されるのは，労働者評価と個人間競争がもたらしている論理を明らかにしたうえで，その論理が産み出している労働者の不満のあり方を捉えていくこと，そしてその不満のあり方を足場として，それをもたらす仕組に対する組織的な規制を構想していくことである。消費文化における労働との

関連では，まずどのような不満のあり方が存在するのかが，日本的経営の問題を通して熊沢が整理したほどには，それほど明確になっていないように思われる。いくつもの事例を通して，どのような「逆転の契機」が存在するのかを記述していくことが，社会学の重要な課題となるだろう。さらにその先の組織化については，消費文化における労働が企業を単位としないことも多いことを踏まえれば，熊沢が述べた第二の点に直接に結びついてくることも多いと考えられる。熊沢が示している方向性は，消費文化における労働についていかなる規制かを構想するにあたっても重要な視点を与えているのである。

6 労働者評価をめぐる企業・職場要因とその改善

　本章では，日本的経営がもたらす労働者の「強制された自発性」についての熊沢誠の議論に依拠しつつ，集団性が強いといわれる日本企業の労働者においてどのように生じているのか，それが消費文化における労働に対してどのような示唆を与えているのかを議論した。そのなかで熊沢が労働者評価と個人化というトピックを批判的議論を行うポイントとして認識していたことを踏まえ，消費文化における労働においてもいくつかのバリエーションをもちながら同様の問題系が広がっていること，熊沢が議論している実践的意義が重要でありつつも労働者の不満のあり方の記述を積み重ねていく必要があることを論じた。

　このように，労働者に対する評価をめぐってどのような制度や慣行が存在しており，それがどのような形で労働者を個人化させて働きすぎにつながっていくのかを一つの準拠問題として認識することは，消費文化における労働をより分節化して捉え，いかなる改善策を考案していくのかにつながる議論を提供できる可能性がある。特に熊沢の議論に依拠したことによって，その比較対象は就業形態によらず展開することができることになる。これは，不安定な就業形態のもとで働く労働者を無前提に特殊な労働者として扱うのとは異なる議論の方向性を開くことができる。

　熊沢が柔構造の議論を通して明らかにしていたように，労働者評価のあり方は，何らかのその産業・企業・仕事における職務の配分や，人材育成のあり方と不可分なものである。それゆえ，その仕事に関わる成員にとってどのような評価のあり方が望ましいかは関心をもちやすい問題であるし，本章でも議論したように多様な労働者評価のあり方に関する知見を蓄積していけば，就業形態や職種を横断してより望ましいあり方を応用する道筋も開くことができる。こうした道筋は，個人の動機

のみに依拠する議論からは到達しにくい発想であるように思われる。消費文化における労働のあり方を模索するうえでは，こうした企業・職場の要因をさらに探究していくことがより重要になってくるのである。

【引用・参考文献】

阿部真大, 2006,『搾取される若者たち――バイク便ライダーは見た！』集英社.

稲上毅, 1981,『労使関係の社会学』東京大学出版会.

熊沢誠, 1976,『労働者管理の草の根――現代の労働・状況と運動』日本評論社.

熊沢誠, 1989,『日本的経営の明暗』筑摩書房.

熊沢誠, 1993,『新編 日本の労働者像』筑摩書房.

小池和男, 1977,『職場の労働組合と参加――労資関係の日米比較』東洋経済新報社.

鈴木和雄, 2012,『接客サービスの労働過程論』御茶の水書房.

高橋康二, 2017,「総論――基礎的指標による日本的雇用システムの概観」労働政策研究・研修機構編『日本的雇用システムのゆくえ』労働政策研究・研修機構, pp.20-94.

津田眞澂, 1981,『現代経営と共同生活体――日本的経営の理論のために』同文舘出版.

永田大輔・松永伸太朗, 2022,『産業変動の労働社会学――アニメーターの経験史』晃洋書房.

中根多惠, 2018,『多国籍ユニオニズムの動員構造と戦略分析』東信堂.

間宏, 1974,『イギリスの社会と労使関係――比較社会学的考察』日本労働協会.

本田由紀, 2008,『軋む社会――教育・仕事・若者の現在』双風舎.

松永伸太朗, 2017,『アニメーターの社会学――職業規範と労働問題』三重大学出版会.

Caves, R., 2002, *Creative industries: Contracts between art and commerce,* Cambridge: Harvard University Press.

Gamble, J., 2007, "The rhetoric of the consumer and consumer control in China," *Work, Employment and Society,* 21(1): 7-25.

Harvey, G., C. Rhodes, S. Vachhani, & K. Williams, 2017, "Neo-villeiny and the service sector: The case of hyper flexible and precarious work in fitness centres." *Work, Employment and Society,* 31(1): 19-35.

Hochschild, A., 1983, *The managed heart: Commercialization of human feeling,* Berkeley: University of California Press.（石川准・室伏亜希訳, 2000,『管理される心――感情が商品になるとき』世界思想社.）

Mears, A., 2011, *Pricing beauty: the making of a fashion model,* Berkeley: University of California Press.

第1部

第2部

第3部

第14章

フランクフルト学派にとっての
「文化と労働」とは何か
第一世代による社会批判に着目して

馬渡 玲欧

1 フランクフルト学派第一世代の問題関心

　本章の目的は，フランクフルト学派，とりわけ第一世代の主な論者にとっての
「文化と労働」がどのような認識のもとに捉えられていたかを整理し，同学派の社会
批判のあり方について検討することにある。

　フランクフルト学派とは，ドイツを中心に研究が進められている社会哲学，社会
理論，経験的調査の学派である（なお，「学派」は他称であることに留意したい（細見
2014: 173））。第一世代の主要メンバーはユダヤ系の出自を有していたことから，ナ
チス・ドイツの 1933 年の政権掌握とともに，フランクフルト社会研究所を一時閉
鎖し，活動拠点を戦後に至るまでアメリカに移した（細見 2014: 23-4）。学派第一世
代の主要メンバーとしては，戦後アメリカに残って研究を続けたマルクーゼ（1898-
1979），ドイツに帰り，社会研究所の再建，ドイツの民主主義の復興，フランクフル
ト大学の学生教育に尽力したアドルノ（1903-69），ホルクハイマー（1895-1973），また，
亡命の途上で自ら命を絶つこととなったベンヤミン（1892-1940），社会研究所から
離脱することになるが，その思想が批判理論を超えて受容されているフロム（1900-
80）等がいる。学派の第二世代には，公共性論，コミュニケーション的理性論，シ
ステムと生活世界論，法・権利・民主主義論等で知られるハーバーマス（1929-），学
派の第三世代には承認論等で知られるホネット（1949-）がいる。第一世代の問題関
心には，「批判理論」の綱領化（ホルクハイマー），マルクスとフロイトの統合（フロ
ム），美学論，芸術論，道具的理性批判，文化産業批判，管理社会批判，権威主義批
判などがある[1]。

　多彩な理論的実践に基づき，広範な社会現象に光を当てた同学派の面々にとって

「文化」とは，「労働」とは，またそれらの関係はいかなるものなのか。「労働」を
めぐる理論的批判は様々に行われているが（本書の第3部を参照），フランクフルト
学派の労働論には関心が払われてこなかった傾向にあるといえよう。さらに，本章
の「労働と文化」という問題設定についても，たとえばSAGE社から出版されて
いる『フランクフルト学派批判理論のハンドブック』の第2巻『テーマ』（Best et
al 2018）を見れば，「国家，経済，社会」の部（「階級」「労働」に関する章が収録）と，
「文化と美学」の部は分かれており，後者の部で「文化産業」に関する章は存在する
ものの，両部を横断するテーマ設定はなされていない。本来，ドイツ革命の失敗等
を契機として，1930年代のフランクフルト学派は，経済的下部構造に還元されない
文化や，それに関わり「個の内面に自由を見出す意識活動の主体」の内面世界を分
析しようとした（出口 2002: 185）。下部構造（経済）と上部構造（文化）を架橋し，社
会を描きだそうとする目論見は，特に30年代において，ホルクハイマー，フロム，
マルクーゼらが緩く共有していたと思われる。当時，「労働」だけでも，「文化」だ
けでもなく，「労働と文化の関係」がどのように学派の論者の間で認識されていたの
かを検討することで，30年代から40年代にかけてのフランクフルト学派の問題関
心の一端を浮かび上がらせることができるだろう[2]。

その際，本章は緩やかな問題関心の共有を念頭に置きつつも，「文化と労働」論
において，それぞれの論者の議論の力点に差があることを同時に示す。第2節でホ
ルクハイマー（労働者批判・文化的制度による心的構造の社会統合），第3節でアドルノ
（文化産業のなかの労働者），第4節でフロム（労働者にとっての文化の実態），第5節で
マルクーゼ（労働国家に内包されていく文化／身体文化の可能性）にとっての「文化と
労働」の問題圏を論じ，文化産業論に回収されない「文化と労働」を通した社会批
判の複数性を提起する。これらの論者は，学際的唯物論・批判理論の試みにおいて，
フランクフルト社会研究所の研究プロジェクト「権威と家族」のように，必ずしも
体系的に「文化と労働」自体を軸とした研究プロジェクトを立ち上げたわけではな
いが，彼らの議論を再構成することで「文化と労働」の認識のあり方を本章では示
唆できるだろう。

1）細見（2014）等を参照されたい。
2）補足として，井上俊ほか編『仕事と遊びの社会学』（1995）では，フランクフルト学派の議論が
　参照された形跡はない。

2　プロレタリアートと全体性に対する逡巡／文化制度による社会統合：ホルクハイマー

　前提として，フランクフルト学派第一世代は，一見すると，正面から「労働者との連帯」を提起することはなかった。この節では最初に，学派第一世代の綱領を示したホルクハイマーの所論からこの点を検討する。

　ホルクハイマーの批判理論において，彼のマルクス読解に課題はあるものの，マルクスの政治経済批判が果たした役割は大きいとされる（Hoff 2018: 1151-3）。それにもかかわらず，以下の行論で示すとおり，ホルクハイマーは必ずしもプロレタリアートとの連帯を示したわけではなかった。さらには，1940年代に入り，ラケット社会論（ギャング団論）を提起し，労働組合内の対立にも着目するようになる（Horkheimer［1943］2016; 森田 2000: 139-41）。

　学派第三世代にあたるホネットのホルクハイマーらへの評価を確認すると，ホルクハイマーらの学際的唯物論研究は，「権威と家族」に代表されるように，必ずしも労働者階級が革命に至る主体として位置づけられるわけではないこと，また労働者階級の「権威主義」について，明らかにしたといえる（Honneth 2015=2021: 67-8）。

　このようなホルクハイマーとプロレタリアートとの微妙な距離感を念頭に置いたうえで，彼の「伝統的理論と批判的理論」（1937年）を検討する。同論文は，1930年代後半に示された，批判理論の綱領的論文として知られている。

　ホルクハイマーは，「プロレタリアートの置かれた状況にしても，この社会のなかでは，正しい認識ができるという保証にはならない」（Horkheimer 1937=1998: 196）と述べる。批判理論研究者であるアブロマイト曰く，ホルクハイマーはプロレタリアートの利益が社会全体の利益であると想定することはもはやできないと考える。批判理論は，必要に応じてプロレタリアートによる政治を批判することもある。ホルクハイマーはプロレタリアートに対して，哲学や想像力の相対的な自律性を維持することの重要性も提起する（Abromeit 2011: 8章）。

　なぜ上記のように，ホルクハイマーはプロレタリアートと距離を取ったのか。木前は，西欧マルクス主義者の思考の特徴として，「全体性」の認識のもとで，社会変革を達成する特権的主体を想定する幻想（木前 1994: 56）に囚われやすいことを挙げている。全体性とは，ルカーチ『歴史と階級意識』（1923年）の重要な概念である。ルカーチが「ブルジョア科学」と措定する個別の専門科学の営みだけでは把握できない「より包括的な認識」を求めて，全体性概念が導入される（木前 1994: 54）。ル

カーチにとってはプロレタリアートの出現こそが，全体性の認識，すなわち社会全体を見渡せる視点を用意するのである（木前 1994: 56）。このような西欧マルクス主義に特徴的なルカーチの思考が存在する一方で，ホルクハイマーは上記の全体性認識と距離を取ろうとしている。なぜか。

木前曰く，ホルクハイマーは，確かに社会全体の認識を求めて「学際的唯物論」を構想していた側面もあるが，一方で先述の通りプロレタリアートが「全体を正しく認識するといういかなる保証もない」と認識していた（木前 1994: 56）。さらに，ホルクハイマーは社会批判の主体をあえて同定しておらず，歴史や社会のその都度の状況において，批判の主体が変転することを自覚していた（木前 1994: 60）[3]。

このように，1930 年代におけるホルクハイマーにとっての「労働者」には，社会の現状を批判するにしても，社会の展望を示すにしても，いささか消極的な位置づけが与えられている。このような認識があったからこそ，ホルクハイマーは「権威と家族」（1936 年）にて，下部構造だけでなく，下部構造と上部構造の狭間にある労働者の心的構造が，いかに社会において，「文化」（家族，教育，教会といった文化制度）を通して統合されるのか，検討しようとしたのである（Horkheimer 1936=1994; 上野 1995; Honneth［1985］1989=1992; 馬渡 2017）。

3 「文化産業」における労働批判の可能性：アドルノ

1930 年代後半のホルクハイマーは，下部構造と上部構造双方を見据えた学際的唯物論構想のなかで，労働者の心的構造が文化制度によって社会統合される機制に着目したといえる。

他方，1940 年代の典型的な文化論として，アドルノの有名な「文化産業」論がある。現在では，フランクフルト学派の文化論といえば，カルチュラル・スタディーズの影響もあり，主に大衆文化に対するイデオロギー批判に基づく文化産業論が想定されるだろう（Kellner 1995: 28-31）。本節では，フランクフルト学派の文化産業論に関しての一般的理解を確認したうえで，大衆文化批判に留まらない文化産業論の近年の研究動向を，「労働」との関係から一瞥したい。

---

3) 柚木は，ホルクハイマーがヘーゲル的全体性でなく，全体性が依拠する「弁証法的ダイナミズム」を重視していたと述べる（柚木 2004: 80）。また，上野はプロレタリアートを社会批判の担い手としてみなすことのできない結果として，自然支配の手段としての労働や「理性」が限界をもつという認識がもたらされると述べる（上野 2014）。

　M. ジェイはアドルノ思想の概説で、「大衆の意識が、ホルクハイマーとアドルノの言う「文化産業」によって操作されゆがめられ、批判的思考は絶滅の脅威さえ感じるようになる」(Jay 1984=1992: 50) と述べる。管理社会における「批判」の喪失に、文化産業が一役買っている、というわけである。文化産業の生産物は、そもそも芸術作品として生まれ、売られるというわけではなく、最初から市場で交換可能なものとして売るために、意図的に生産されるという点が大きな特徴である (Jay 1984=1992: 192-3)。

　このような文化産業への評価について、細見は、アドルノの文化産業論が大衆文化批判に留まらない射程を有することを指摘する。すなわち「自律性」を保持するとみなされる市民社会の芸術でさえ、実際は「社会的支配」に依拠した他律的存在であることを、文化産業論は剔抉（てっけつ）するのである (細見 1996: 171) [4]。また、藤野が指摘するように、文化産業論の射程は、そもそも「文化」をありがたがる人びとに対する痛烈な批判意識にまで至る (藤野 2003: 83)。藤野、ジェイらは、アドルノが文化そのものに「野蛮」を見出していることを見据えている。片上もまた、今では凡庸とされる、ある種の大衆社会批判的な文化産業批判としての文化論でなく、さらにはアドルノの芸術文化論でもない文化の可能性を、ホルクハイマーとアドルノの共著『啓蒙の弁証法』に見出そうとしている (娯楽の知性化、娯楽と芸術の融合等) (片上 2018)。

　文化産業をめぐる既往研究は、大衆文化批判的な理解に対して、その理解と距離を取りながらアドルノの文化批判の射程を見定めている。他方、アドルノ／ホルクハイマーの文化論あるいは文化産業論といった場合、既往研究に基づくならば、「労働」との関係、「労働者」との関係を読み込むことは、一見すると困難なように思える。ここで紹介した議論に基づく限り、アドルノ／ホルクハイマーの文化産業論では、文化産業を支える労働行為と労働者の実際に対する眼差しは乏しい。

　もちろん、『啓蒙の弁証法』の文化産業章では、「娯楽とは、後期資本主義下における労働の延長である」と述べられている (Horkheimer & Adorno 1947=[1990]2007: 282)。文化産業は、「娯楽」を媒介として、「消費者を操縦」する (Horkheimer & Adorno 1947=[1990]2007: 281)。機械化された労働に耐えるために、労働者は「娯楽」を楽しもうとするかもしれないが、実際のところ、その娯楽そのものが機械化された「労働行程そのものの模造」でしかない (Horkheimer & Adorno 1947=[1990]2007:

---

4)「芸術はその成立に際して精神労働と肉体労働の分離を決定的にともなっていた」(細見 1996: 171) というまとめは、「文化と労働」の関係の一つのあり方を示しており、興味深いが、ここで触れておくだけに留める。

282)。後期資本主義下における労働の気晴らしとして位置する娯楽（特にここでは映画）の「機械化」やナンセンスさ（大量生産・大量消費）をアドルノらはある種戯画的に示す。しかし，このような労働への言及だけでは，文化産業の大量生産がどのように成り立っているのかみえてこない。

　近年のアドルノ研究を参照するなら，アドルノの意外な側面がみえてくる。実はアドルノは文化産業の内部から文化産業を変えようと試みていたと指摘される。アドルノやベンヤミン等のドイツ思想を専門とする竹峰は「実際の映画制作の現場で遂行可能なさまざまな方策を柔軟に組み合わせていくことによって，文化産業の硬直したシステムにたいする「密輸入」と「ゲリラ戦」を粘り強く遂行していく」，アドルノの「行動主義」的側面があったことを指摘する（竹峰 2007: 195）。竹峰は，アドルノが『映画のための作曲』（1943-44 年）のなかで，自身の亡命者としての立場を，ハリウッドの映画作曲家に重ねあわせていたと推察する（竹峰 2007: 196）。他方で，本章の視角からすれば，アドルノはこの「映画作曲家」の存在を「文化労働者」として明確に措定し，産業を内側から変容させていく役割をより自覚する道もあったように思われる。

　その点は，アドルノの実質的な弟子であるクルーゲが受け継いでいるともいえる。同じくアドルノの弟子・ネークトとの共著『公共圏と経験』（1993 年）のなかで，クルーゲは「プロレタリア公共圏」の展望を示した（竹峰 2016）。そこでの認識は，「労働者運動」「学生運動」を頼りにすることでは不十分だというものであった。さらに必要なものは何か。「「意識産業」が駆使する諸々のテクノロジー・メディアによって囲い込まれた大衆の「知覚」を，同じテクノロジー・メディアを戦略的に活用することで主体としての大衆のもとに奪還するべき」とするプロレタリア公共圏の構想には，「対抗生産物」（批判的テレビドキュメンタリー等）を流通させること，「既存の生産機構を「対抗生産」に向けて戦略的に機能転換させていくこと」が必要とクルーゲは主張する（竹峰 2016: 338）。

　「文化産業内での労働者による文化産業への抵抗」は確かに批判理論の構想としてはクルーゲの世代に至るまで結実しなかったかもしれない。それはなぜか，と考える際，ここでは学際的唯物論・批判理論の基盤を整え，アドルノと共に緊密に研究を重ねていたホルクハイマーの 1930 年代の所論——批判理論にとっての「労働」や「プロレタリアート」との微妙な距離感——が尾を引いているように思われる。付言すれば，30 年代後半と 40 年代前半において，学派が取り上げる「文化」のニュアンスが，「文化制度」から「文化産業」へと変容しているようにも思われる。

4 ワイマール労働者調査における労働者文化の実態：フロム

　本節では，フロムとヒルデ・ヴァイスらが手がけた「1929 年のドイツ労働者調査」（以下，「ワイマール労働調査」）に着目し，「文化と労働」の関係を考えたい。特に「労働者にとっての文化の実態」を考える契機としたい。『自由からの逃走』（1941年）で知られるフロムは，1930 年から 39 年にかけてフランクフルト社会研究所に所属していた。1929 年から 31 年にかけて，フロムはラザースフェルドらとの協力のもと，次のような調査を実施した。

　　〔…〕641 の関連質問からなる質問票を作成し，3000 近い労働者に配付した。1100 近くの完全票が返ってきたが，その多くは 1933 年に研究所がアメリカ合衆国に移った時に失われている。1934 年に残っていたのはわずか 584 だった。この調査は，一定の明確に規定された社会階層に対する，批判理論の初めての実際的適用として企画された。同じ質問票は，研究所がその後おこなった共同研究，『権威と家族の研究』でも使われている。（Knapp 1989=1994: 56-7）

　同調査は，比較的大規模な質問紙調査に基づいていた。しかしこの調査は，亡命にともなう調査票の紛失やフロムの研究所離脱などの事情から，フロム没後の 1980年に至るまで公にはならなかった。刊行に際して，解説論文を書いたボンスによれば，この調査の目的はブルーカラー労働者とホワイトカラー労働者の心的構造の解明にあり，調査の意義としては，ワイマールの労働者が現実を「主観的にどのように知覚し処理しているか」を精神分析の理論も借りつつ把握しようとした点にある。また，初期批判理論の「学際的唯物論」構想に基づく，経験的な社会調査が試みられたという点でも意義があるとされる（Fromm 1980=1991: 1-3，以下 AuA: ページ数）。さらにこの調査は，社会調査史の文脈で言及されることがある（村上 2005; Schad 1972=1987）。

　他方，「労働者にとっての文化の実態」という観点から，この調査はどのように評価できるだろうか。本節はこの点を掘り下げたい。1930 年代後半のホルクハイマーの「文化制度」論とも，40 年代以降のアドルノ／ホルクハイマーの「文化産業」論とも異なり，労働者にとっての個別具体的な文化の実態を捉えることを可能にしたフロムの試みが，この調査から垣間見える。

　ワイマール労働調査は「労働者とホワイトカラーの意見，生活様式，そして態度

についてのデータを調べること」を目的としていた（AuA: 60）。調査の知見については，1931 年に至るまでのドイツの左派政党の支持という政治的態度と，「回答者の本質的なパーソナリティ特性」が，合致しない傾向にあるという点に求められる。たとえば，「労働者政党の支持者の 20％が，思想においても感情においても，明らかな権威主義的傾向を表明した」（AuA: 318）とされる。

　他方，この調査は，パーソナリティ構造と政治的態度のズレに関する議論だけでなく，「労働者にとっての文化の実態」を当時のフランクフルト学派がどのように認識しえたかについて考える手がかりになると本章では考える。広範な調査の知見は，労働者の政治的態度とパーソナリティのズレ（労働者がなぜ革命に至らないのか）のみに限ることではなく，労働者がいかに現実を，特に本章の関心からすれば，文化を認識していたのか検討できる点にも求めることができよう。

　当座，「文化的，審美的基準」という項目を手がかりに考察を進める。特に「政治的，社会的，文化的態度」を整理している章が，上記の目的に合致する。まず，質問の分類のみ記載すると，「(a) 政治テーマに関する質問」「(b) 世界観と生活態度」「(c) 文化的，審美的基準」「(d) 妻と子供に対する態度」「(e) 社会的個人的立場」に分かれている。

　「(c) 文化的，審美的基準」では，「住まい」「絵や写真」「愛読書」「芝居・映画」「ジャズ」「女性ファッション」についての質問項目に対する回答が整理されている。回答者の属性の分類としては，労働者の分類と，支持政党の分類に分けることができる。

　たとえば，ホワイトカラーの文化生活は，基本的には教養市民層の典型的なそれが示されている。「あなたは住まいをどのように装飾していますか」という質問（AuA: 179）に対して，ホワイトカラーは熟練労働者・非熟練労働者よりも，回答頻度が有意に高いとされる（AuA: 181）。また，より具体的には，「中流階級」にとっては，「住まい」は「財産」として，「家庭生活のとりで」として，「大きな意味」が与えられている（AuA: 181）。さらに，住まいに飾る「小物類」を回答するホワイトカラーはブルーカラーよりも多い。このことをして，「間接的にではあるが，この室内装飾のやり方と下層中流階級に特有な性格典型との結びつきが見られる」とフロムは述べる（AuA: 181）。装飾のための小物類の収集は，ホワイトカラーにとっての「所有の喜び」に基づいているのである（AuA: 181-2）。

　さらに，ホワイトカラーの回答傾向をみると，住まいの装飾だけでなく，好きな本や芝居といった「教養」に関する質問でも，ホワイトカラーは一般的にブルーカラーよりも強い興味をもつとされる（AuA: 187）。

　一方，ブルーカラーの文化生活は，そもそも回答頻度をみるに，関心そのものが高いといえず，ブルーカラーは「より栄養価の高い食事」に支出をまわさねばならないという事情もあった（AuA: 187）。

　フロムは，ホワイトカラーとブルーカラーの収入差はあまりないとみなしており，そのうえで，双方の労働者カテゴリーにとって，何が重視されているのかの解釈を示している（ブルーカラーであれば，肉体的疲労の回復のための「食事」に出費を割り，ホワイトカラーは「教養」を求めて出費を割く，という風に）。

　愛読書に関する質問についても，基本的にホワイトカラーの方がブルーカラーよりも，「教養」的書籍に関心があり，そのなかでも学校教育によってもたらされる「類型」的教養（例：ゲーテ）だけでなく，独自の関心に基づく「個性的」教養書（例：ニーチェ）に，関心を示していた（AuA: 190-2）。

　以上の議論が，どのような意味をもつのか。基本的に回答は自由記述であり，回答をフロムらが解釈し，分類するという手順を採用している。先述のホワイトカラー／ブルーカラーにとっての「教養」という観点からみると，最初に特定の選択項目を設定し，回答者に設問を答えてもらったわけではないから，「ブルーカラーにとっての文化」をフロムらがそもそも想定していなかったのではないか，と評価するのであれば，その評価はいささか的外れなものとなるかもしれない（ただし，回答者の内33％が無回答であったため，フロムらが「質問は，表現の選択という点では，まことに不適切であり……」と自己批判している点は，そのとおりだといえよう）。「労働者にとっての文化」は，この調査では，「ホワイトカラーにとっての教養」を一つの準拠点にせざるをえない形で，解釈が進められているといえる。ワイマール・ドイツのホワイトカラーにとっての「教養」や「文化」が，家庭においてどのように機能したのか，ホワイトカラーの消費文化の黎明期を照らし出すだけでなく，権威主義的な社会体制を支える家庭内の「教養」や「文化」を明るみにしたともいえるだろう。その意味では，この調査が「権威と家族」プロジェクトの前哨戦であり，ホルクハイマーの学際的唯物論を支えたともいえよう。

　この調査がもつ意義は，『自由からの逃走』のあのフロムの知られざる側面が存在するという，フロム学説研究内での発見として，位置づけられるのかもしれない。さらに，フロムらは，調査結果の記述や解釈に終始しているようにみえ，この調査結果からいかなる含意を見出すのか，パーソナリティ構造と政治的態度のズレ以外の含意を，フランクフルト学派との関連から示すことは一見難しい。社会に内属し，市民社会の矛盾を照らし出す理論の性質にこだわっていたホルクハイマーと比べて，

フロムの記述や解釈からは上記のような「批判理論」の理論的性質へのこだわりは，ホルクハイマーほどは見受けられない（むろん，この調査と後年の「伝統的理論と批判的理論」の刊行のタイムラグには留意する必要がある）。一方で，フロムは「社会に内属する調査」という実践（そして精神分析的な解釈）をもとに，ホワイトカラー／ブルーカラーの置かれた政治的葛藤や「労働者の具体性」——特に文化の実態——に迫ろうとしていたとも考えられる。

5　肯定的文化と労働国家，および感覚と身体化による抵抗：マルクーゼ[5]

　フロムが経験的調査を通して「労働者にとっての文化の実態」を描き出すことになった一方で，マルクーゼはホルクハイマー，フロムら「権威と家族」に触発されながら，自身の「文化と労働」論を著していた。彼はホルクハイマーが着目した「文化制度」論とも，1940 年代以降の「文化産業」論ともいささか異なる，独自の「肯定的文化」批判を提起する。本節は同論文の内容を紹介し，市民社会における文化と労働（者）の密接な関係をマルクーゼが批判的に検討していたことを示す。
　「文化の肯定的性格について」（Marcuse 1937=1969，以下 ÜdaC: ページ数）でマルクーゼは，文化がもたらす「仮象」を通して人びとが労働に服してしまうこと，そしてこの服従のメカニズムを内包した「労働国家」が総動員体制として成立することを批判した。
　市民社会における「文化」（特に芸術）をどう捉えるかは，当時のマルクーゼの問題関心の一つであった。マルクーゼは市民社会の文化を「肯定的文化」と定義する。
　マルクーゼ曰く，古代ギリシャでの「真・善・美」の追求は一部の特権階級のためのものであり，それ以外の階級は労働によって必需品を生産し，自らの存在を消耗しなければならなかった。しかし，市民社会では，すべての人びとが直接，「真・善・美」と向き合うようになった（ÜdaC: 59=92-3）。つまり，価値の平等化が進んだのである。「真・善・美」とは，いわばカント的な理性的主体が担い，市民社会を支えるための理念である。これが肯定文化の端緒となる。
　市民社会では，身分に関わりなく「真・善・美」が個々人に内面化され，文化的な価値となっていく。これは「抽象的平等」の進展となる。同時に，文化のなかには「現存在の敵対的諸関係を和らげなだめるための見かけの一体性」が生み出さ

5）この節は，筆者の既発表論文（馬渡 2017）を下敷きにしている。

れる（ÜdaC: 59-60=95-6）。市民社会の生産力上昇による階級対立を融和する機能を
「肯定的文化」は有する。

　市民社会では一見，「真・善・美」の文化的価値の平等化が起こったようにみえる。
同時に，生産力が向上した市民社会では，封建制度から解放された諸個人が，個々
人の欲求の充足を求めて，資本主義的生産活動に従事するようになる。マルクーゼ
はこのことをして，「新しい幸福の可能性」が開かれたと述べる（ÜdaC: 61-2=97）。
古代ギリシャにおいては，生産力の低さ故に，モノの生産が幸福をもたらすとは考
えられていなかったのである。

　文化的価値の「抽象的平等」と，資本主義的生産の「具体的平等」が一見すると
生じたようにみえる。しかし，結果としては，身分に囚われない文化的価値の抽象
的平等が，社会階級間の「具体的不平等」を皮肉にも実現させてしまった（ÜdaC:
62=97）。すなわち市民社会の自由や平等といった価値は，身分の間を乗り越える平
等を表すようにみえるが，実際には資本主義社会における階級間の実質的な不平等
を支えることになったにすぎない。

　その理由は，資本主義社会における購買力の不平等にある。市民階級は元々，欲
求充足のための諸条件を有しており，「抽象的平等」が実現さえすればそれでよかっ
た。加えて，具体的平等の実現は市民階級の支配を覆す可能性をもつ。市民階級は，
「都市と農村における貧困層の相対的に増大するみじめさ」を解決する手立てを打
ち出すことなく，「抽象的平等」を訴えるだけだった（ÜdaC: 62=98）。この市民階級
によるごまかしの帰結が「肯定的文化」なのである。肯定的文化は，肯定的文化を
支える原理である抽象的な平等によって市民社会における労働者階級の貧困を隠蔽
し，市民階級の支配を正当化する。

　次に，「労働」が「肯定的文化」によってどのように管理されていくのか検討する。
マルクーゼは「心」が「大衆支配の技術」（die Technik der Massenbeherrschung）に組
み込まれた（ÜdaC: 76=120）と述べる。マルクーゼ，そしてホルクハイマーは，「文
化による心的構造の社会統合」という視座を共有する。この視座は肯定的文化がも
たらす労働者の資本主義社会への統合といかに関係するのか。マルクーゼは，肯定
的文化と資本主義社会の関係を次のように述べる。

　　肯定的文化は，心とともに，物象化に抵抗するが，けっきょくそのなかに呑み込まれ
　　てしまう。心だけがただひとつ，社会的労働過程に組み込まれない生活領域として残
　　される。（ÜdaC: 71=112-3）

　資本主義社会における分業や市場における商品交換は人間の物象化を促進させる。しかし,「心」だけは交換価値をもたず,商品にならない。だからこそ,心は市民社会における「真・善・美」の理想を保ち続ける。他方,その理想が現実に対する効果をもたないがゆえに,「諦念を美化する」ことにもなる (ÜdaC: 72=113)。つまり,「心の自由は,肉体の貧困・犠牲・隷属を弁護する」ことに用いられ,現存在を「資本主義経済に引き渡す」のである (ÜdaC: 72=114)。一見,資本主義社会における物象化の防波堤となりうる「肯定的文化」や「心」(魂) の領域でさえも,結果としては社会統合に寄与することになる。

　このような肯定的文化の担い手は「人格」(Persönlichkeit) と定められており,「心的構造の社会統合」を支える重要な概念である。人格とはマルクーゼによれば元々ルネサンス期の「普遍人」のような「個人の市民的解放のためのイデオロギー」(ÜdaC: 83=132) である。人格を通して人間は自然を支配できる。人格は外的自然を支配することで人間の解放を目指す。その人格が働きかけ加工した自然が人間の「生の条件」となるにつれ,その生の条件に付き従うことが「義務」(ÜdaC: 84=133) となる。人格によって手を加えられた外的自然は市民社会の秩序,すなわち第2の自然となり,この秩序に従う義務が発生する。この義務の発生によって,人間の内的自然(心)を支配するための人格が生じる。市民社会の秩序を支える義務は労働規律の強化をもたらす。この一連の過程によって,自然と人間の関係は互いが互いを支配し合う関係となり,対象(=自然)と戯れる余地はない。

　外的自然に対する労働は人間を貧しくするだけだが,なぜその貧困の秩序に人間は諦め服従するのか。それは肯定的文化という心の豊かさを求める文化の存在によって,仮象の幸福がもたらされるからである。肯定的文化が叶える幸福は仮象 (Schein) であるにもかかわらず,人間はその仮象の幸福のなかに心の安寧を求めながら日々の労働に従事するのである。

　マルクーゼの肯定的文化批判は,同時代の保守派知識人であるエルンスト・ユンガーへの批判にもつながる。マルクーゼは,いわばユンガー的な「肯定的文化の英雄的形態」(以下「英雄文化」と呼ぶ) が肯定的文化に内在する論理とその文化を支える社会秩序の延長に位置することを見出した (ÜdaC: 85=135)。肯定的文化は労働の苦痛や苦悩を麻痺させる性質をもつわけだから,ユンガーの英雄文化もまた同様の性質を有する。他方,英雄文化独自の性質も存在する。英雄文化は,市民文化に依拠しつつ,市民文化を否定するというねじれを抱えている。さらに,労働の苦痛や苦悩を麻痺させるという機能は変わらないものの,市民文化の芸術がもたらす幸福

の仮象ではなく，民族や国家に奉仕する労働者の偉大さを喚起させることによって，労働が統制されていく。

　マルクーゼが見出した「英雄的な労働界」では，市民社会の文化への関与は「時間の浪費」だとみなされ，肯定的文化は掘り崩され，すべての行為が労働に還元される（ÜdaC: 87=139）。マルクーゼが理解した限りでのユンガーの労働国家論に基づくならば，個人の（かりそめの）幸福を満たすための肯定的文化の「文化的高揚」は，「民族の偉大さ」へと回収される（ÜdaC: 88=140）。

　それではマルクーゼは労働国家に抵抗するためにいかなる論点を提起したのだろうか。まず，マルクーゼは人格の自発的服従の力点を「幸福と快楽の断念」に置いている。肯定的文化は，芸術における美を媒介にして，人間が幸福に関与することを許す（ÜdaC: 76-7=121）。美や美に伴う幸福・快楽は現存の秩序を脅かす力をもつ危険なものとして規制され，芸術の内にのみ，その実現が許される（ÜdaC: 77=121-2）。規制されることのない「美」は感覚的な幸福を直接示すことができる（ÜdaC: 77=121）。ヒュームやニーチェを参照しつつ，このような美の本質は快楽（Lust）にあるとマルクーゼは述べる（ÜdaC: 77=122）。

　幸福や快楽の断念に基づく労働者の服従を克服する鍵を，マルクーゼは身体の物化に求める。マルクーゼ曰く，市民社会において芸術の内に規制された美から感覚的な美を解放できるならば，「身体は美しい物体」となり，身体が経済活動としての労働のみに関わり，利潤を産み出すための道具となるような物象化を克服する。物象化を克服した身体は「軽やかさ」「屈託のなさ」をもつことができる。その軽やかさは，いわば労働の「合理化」や「ピューリタン的罪悪感」からの解放でもある（ÜdaC: 78=124）。

　身体の完全な物化が資本主義社会での物化を克服した先に，新しい文化が登場するとマルクーゼは考える。市民社会では身体を「享楽の手段」とする意味での物化は禁止される。一方，利潤を得るための「工場での労働者の物化」は道徳的義務と化す（ÜdaC: 77-8=123）。マルクーゼは前者の物化を擁護し，サーカスやヴァリエテ，レヴューを引き合いに出す。これらは身体パフォーマンスを伴った大衆演芸である。つまりマルクーゼは身体が労働のみに関わり拘束される状況を批判し，身体の関わる文化を重視する。

　さらに彼は肯定的文化における「現状肯定」という性質を骨抜きにし，文化における美の幸福を現実化させることを目指す。つまりマルクーゼは文化がもたらす仮象に服従し労働に従事するのではなく，美の仮象を身体化（Verkörperung）するべきであると考える（ÜdaC: 90=143）。

　なお,「美の仮象の身体化」がいかにして可能となるか,その鍵は「偶然性」に求めることができる。マルクーゼにとって「偶然性」とは「幸福との出会い」そのものでもある。さらに,ここでの幸福とは,対象と戯れることに没頭することを指す (Marcuse 1938: 63=1969: 199)。マルクーゼは「個人とこの世の何ものかとの,罪のない,軽やかでひびきのよい出会いのうちに,享受がある」と述べる (Marcuse 1938: 63=1969: 199)。禁欲の罪業から解き放たれた対象との戯れが,身体的快楽に基づく幸福の契機となる。「真の幸福」は,理性や個人の自律性によってコントロールされることのない,「偶然性」によって生じる。偶然性に基づく対象との出会いのなかに真の幸福が存在する。幸福は,「感覚」を通して成就する。感覚の対象への「ひたむきな没頭」が,幸福の源泉となる。

　古代ギリシャ以来,このような「感覚」は卑しいものとして,「ひたむきな没頭」は「みさかいのない享楽者」としてみなされてきた (Marcuse 1938: 63=1969: 199; 86=236-7)。マルクーゼは,理性による世界内の対象の認識を是としてきた哲学の系譜を辿り,再考することで,哲学史のなかで,同時に社会のなかで貶められてきた「感覚」(Sinnlichkeit) の復権を試みたのである。

　「禁欲」を強制してきた社会においては欲求を充足させることが不可能であるというよりも,むしろ,そのような社会では充足させるべき欲求そのものがその都度の社会構造に規定されている。それでは,「欲求」を解放させるにはどうすればいいか。解放の手がかりは,自然や他者,ひいては世界といった対象との戯れに求めることができるとマルクーゼは考えたのであった。

6　結　　論

　下部構造と上部構造を把握し,労働者の心的構造の文化制度による社会統合を分析するための 1930 年代の学際的唯物論の視角が,1940 年代前半に文化産業論にシフトしていく状況があり,現状ではフランクフルト学派の文化論は文化産業論が一般的なものとみなされている。さらに 30 年代後半にホルクハイマーがプロレタリアートと距離を取る言説を示したことから,フランクフルト学派第一世代にとっての労働論は,労働研究のなかで存在感を薄くさせてしまったように思われる。

---

6)　鶴見俊輔の限界芸術論は,純粋芸術とも大衆芸術とも異なり,「遊び」を根源としている芸術を強調している点で,参考になるだろう (鶴見 1999)。

　このような経緯を踏まえ，本章は，文化産業論と異なる形での，労働と文化の問題認識に基づく社会批判の可能性が存在することを提起したい。(1) まず，改めて学際的唯物論の視角に基づく「文化制度」（家族，教育，教会等）と労働者の社会統合を分析する研究の意義を見直すことが重要になるだろう（ホルクハイマー）。(2) 労働者にとっての文化の実態を個別具体的に描き出す試みがあったこと（フロム）を踏まえるならば，ワイマール労働調査や「権威と家族」のような学際的唯物論の試みは，クリシェとなった文化産業論（大衆操作・管理社会・イデオロギー批判）とは異なる形で，1940 年代以降，より労働者の実態に即した社会批判を展開できたのではないか。(3) 労働者の実態に即した社会批判は，文化産業内での「労働者」の役割，特に文化産業内での抵抗に目を向けることによっても可能となるだろう（アドルノ，クルーゲ）。(4) マルクーゼの議論からは，文化産業や大衆文化の隆盛以前に芸術的市民文化が労働者を統制し，労働国家や戦時下の総動員体制を切り開くことになった状況，そしてそのような状況を批判するために「感覚」を重視する身体文化の復活が試みられていたことを導き出した。この議論には，労働者の身体・肉体をいかに捉えるかという点が示唆されている。当時の労働者の身体表象の強調（田野 (2007) を参照）とは異なる身体文化の可能性が，当時の産業社会の労働と文化のあり方を克服する手がかりとして予示されていたといえよう。この点については，果たして現代史のなかでどのような実践が試みられてきたのか，別途検討する必要があるだろう。今後の課題としたい[6]。

【引用・参考文献】

井上俊ほか編, 1995,『岩波講座 現代社会学 20 仕事と遊びの社会学』岩波書店.

上野成利, 1995, 「ホルクハイマー──批判的社会理論の射程」藤原保信・飯島昇蔵編『西洋政治思想史 II』新評論, pp.181-98.

上野成利, 2014,「フランクフルト学派──唯物論のアクチュアリティ」齋藤純一編『岩波講座 政治哲学 5 理性の両義性』岩波書店, pp.3-27.

片上平二郎, 2018,「愉しいアドルノ──「文化産業論」における「娯楽」と「技術」の可能性」『応用社会学研究』60: 123-33.

木前利秋, 1994,「批判理論と知の可能性──ホルクハイマーと全体性の放棄」新田義弘ほか編『岩波講座 現代思想 8 批判理論』岩波書店, pp.43-76.

竹峰義和, 2007,『アドルノ, 複製技術へのまなざし──「知覚」のアクチュアリティ』青弓社.

竹峰義和, 2016,『〈救済〉のメーディウム──ベンヤミン, アドルノ, クルーゲ』東京大学出版会.

田野大輔, 2007,『魅惑する帝国──政治の美学化とナチズム』名古屋大学出版会.

鶴見俊輔, 1999,『限界芸術論』筑摩書房.

出口剛司, 2002,『エーリッヒ・フロム──希望なき時代の希望』新曜社.

藤野寛, 2003,『アウシュヴィッツ以後, 詩を書くことだけが野蛮なのか──アドルノと「文化と野蛮の弁証法」』平凡社.

細見和之, 1996, 『アドルノ——非同一性の哲学』講談社.

細見和之, 2014, 『フランクフルト学派——ホルクハイマー，アドルノから 21 世紀の「批判理論」へ』中央公論新社.

馬渡玲欧, 2017, 「H・マルクーゼの文化論にみる管理社会論の契機——文化と労働の問題圏に着目して」『社会学史研究』39: 61-79.

村上文司, 2005, 『近代ドイツ社会調査史研究——経験の社会学の生成と脈動』ミネルヴァ書房.

森田数実, 2000, 『ホルクハイマーの批判的理論』恒星社厚生閣.

柚木寛幸, 2004, 「1930 年代のホルクハイマーの批判理論の要請——ヘーゲル弁証法的パースペクティブの受容の仕方をめぐってのルカーチ・マルクス主義，フライヤー社会学との比較」『一橋論叢』132(2): 75-100.

Abromeit, J., 2011, *Max Horkheimer and the foundations of the Frankfurt School*, New York: Cambridge University Press.

Best, B., W. Bonefeld, & C. O'Kane, 2018, *The SAGE handbook of Frankfurt School critical theory*, Los Angeles: SAGE Publications.

Fromm, E., 1980, *Arbeiter und Angestellte am Vorabend des Dritten Reiches. Eine sozialpsychologische Untersuchung*, Stuttgart: Deutsche Verlags-Anstalt.（佐野哲郎・佐野五郎, 1991, 『ワイマールからヒトラーへ——第二次大戦前のドイツの労働者とホワイトカラー』紀伊國屋書店.）

Hoff, J., 2018, "Marx, Marxism, critical theory," B. Best, W. Bonefeld, & C. O'Kane eds., *The SAGE handbook of Frankfurt School critical theory*, Los Angeles: SAGE Publications, pp.1145-59.

Honneth, A., [1985]1989, *Kritik der Macht: Reflexionsstufen einer kritischen Gesellschaftstheorie*, Frankfurt am Main: Suhrkamp.（河上倫逸監訳, 1992, 『権力の批判——批判的社会理論の新たな地平』法政大学出版局.）

Honneth, A., 2015, *Die Idee des Sozialismus. Versuch einer Aktualisierung, Erweiterte Ausgabe*, Berlin: Suhrkamp.（日暮雅夫・三崎和志訳, 2021, 『社会主義の理念——現代化の試み』法政大学出版局.）

Horkheimer, M., 1936, "Allgemeiner Teil," *Studien über Autorität und Familie*, Paris: F. Alcan.（森田数実編訳, 1994, 「権威と家族」『批判的社会理論——市民社会の人間学』恒星社厚生閣, pp.1-91.）

Horkheimer, M., 1937, "Traditionelle und kritische Theorie," *Zeitschrift für Sozialforschung*, 6(2): 245-94.（角忍・森田数実訳, 1998, 「伝統的理論と批判的理論」『批判的理論の論理学——非完結的弁証法の探求』恒星社厚生閣.）

Horkheimer, M., [1943]2016, On the sociology of class relations, *NONSITE.ORG* 〈https://nonsite. org/max-horkheimer-and-the-sociology-of-class-relations/#（最終確認日：2022 年 7 月 28 日）〉.

Horkheimer, M., & T. W. Adorno, 1947, *Dialektik der Aufklärung*, Amsterdam: Querido Verlag.（徳永恂訳, [1990]2007, 『啓蒙の弁証法——哲学的断想』岩波書店.）

Jay, M., 1984, *Adorno*, Cambridge: Harvard University Press.（木田元・村岡晋一訳, 1992, 『アドルノ』岩波書店.）

Kellner, D., 1995, *Media culture: Cultural studies, identity and politics between the modern and the postmodern*, London & New York: Routledge.

Knapp. G. P., 1989, *The art of living: Erich Fromm's life and works*, New York: Peter Lang.（滝沢正樹・木下一哉訳, 1994, 『評伝エーリッヒ・フロム』新評論.）

Marcuse, H., 1937, "Über den affirmativen Charakter der Kultur," *Zeitschrift für Sozialforschung*, 6(1): 54-94.（田窪清秀ほか訳, 1969, 「文化の現状肯定的性格について」『文化と社会（上）』せりか書房, pp.83-146.）

Marcuse, H., 1938, "Zur Kritik des Hedonismus," *Zeitschrift für Sozialforschung*, 7(1-2): 55-89.（田窪清秀ほか訳, 1969, 「快楽説批判」『文化と社会（上）』せりか書房, pp.185-238.）

Schad-Somers, S. P., 1972, *Empirical social research in Weimar-Germany*, Paris: Mouton.（川合隆男・大淵英雄監訳, 1987, 『ドイツ・ワイマール期の社会調査』慶應通信.）

終　章

『消費と労働の文化社会学』の達成と広がり

松永　伸太朗

1 本書の要約と到達点

　本書では，3部にわたって複数の論考を取りまとめつつ，消費と労働が切り離しがたく存在する対象への文化社会学的なアプローチを多角的に検討してきた。最後に，本書が全体としてどのような達成を遂げたのかについて整理し，さらに個別の論考のなかでは言及できなかった国際的な議論との接続について見通しを与えたい。

　第1部「消費社会と労働者社会」では，結びつきを強めていることが強調される消費と労働の関係について，実際にどのような結びつきのバリエーションが存在するのかを，理論と事例の両側面から把握した。第2部「現代社会における生活とマネジメント」では，消費文化に関わるとされる労働に従事する労働者が，どのように自らの生活を組み立てているのかについて議論した。第3部「個人化した労働と「批判」」では，消費文化と関わる労働に対して向けられる批判が画一化していることへの問題意識から，いわゆる使用者に支配される存在として労働者を描くような典型的な労働者性に依拠しない労働批判のあり方を模索した。

　本書の各論考は，消費と労働の結びつきがいかなるものであるのかを経験的に見通すことを可能にし，既存の議論に対してより多角的な分析あるいは批判の道筋を開くものであったといえる。消費あるいは文化研究の観点からそこに関わる労働をみたとき，そこでなされている労働はそれが産み出す文化的・経済的価値に比してきわめて劣悪なものであるようにみえる。一方で，労働研究の側から消費文化における労働をみたときには，社会全体に広がる様々な仕事のなかでは非典型的なものに映り，それ以上の位置づけを与えることが難しい。

　こうした限界を乗り越えるうえでの難しさとして，やはり消費や労働に関する現象を扱う研究領域が，それぞれ独自に発展を遂げてきた部分があり，研究者も自らが足場を置く領域を意識して研究してきたことがあるだろう。たとえば消費社会論は一つの厚みのある議論として蓄積してきたが，それと労働現場への実証的な調査を重視する労働研究の相互交流は乏しかった。消費と労働の結びつきに自覚的な部分の大きいカルチュラル・スタディーズも，ポストフォーディズムへの理論的な批判の構築に大いに貢献してきた一方で，消費文化に関わる労働者の具体的な生活の実相や，労働をめぐる批判にバリエーションをもたせることについてはあまり関心を払ってこなかったように思われる。本書の著者陣も，研究者として何らかの領域を足場としているが，その境界を越えた議論を提供することを意識して各論考を執筆してきた。そうしたなかで消費と労働の結びつきのバリエーションを多層的に描いてみせたことが，本書全体として強調したい到達点である。

　序章で言及された「〈やりがい〉の搾取」をはじめとして，本書の論考は基本的には日本における産業動向や言説を意識しながらまとめられている。しかし，国際的な労働社会学やカルチュラル・スタディーズの議論とも接続する知見を本書は有している。体系的な議論を行うことが難しいが，管見の限りそれぞれの分野における主要な論者の議論との接続を示すことで，本書を締めくくることとしたい。

2　労働社会学との接続

　労働社会学は，主に賃労働において生じる労働問題に注目する傾向があったことから公的領域としての企業や職場への実証的な調査を重視してきた。その限りで，消費という問題に焦点が当てられることは少なかった。しかし，フェミニズムの影響を受けて，労働社会学においても私的領域との関連の考察が求められるように近年はなっている。そうした議論を牽引する論者の一人としてイギリスの労働社会学者であるミリアム・グラックスマンがいる。

　グラックスマンは，労働の社会的配置の変化を論じるための枠組みとして，「分業」「労働の全社会的組織化」「労働の経済社会的過程」を区別して論じる枠組みを提示している（Glucksmann 2009）。「分業」は，公的領域としての職場における仕事の配置を指す。「労働の全社会的組織化」は，たとえば女性の労働市場への進出に伴って労働とみなされていなかった家事が労働として商品化されるなどの，労働として扱われるものとそうでないものの区別を規定する社会的な配置を指す。「労働

の経済社会的過程」は生産・配分・交換・消費といった，商品をめぐる経済的過程の配置を指す。これらの概念は，伝統的な労働社会学が生産の場における労働としての「分業」の問題に終始していることを批判し，労働の外延自体の検討や生産以外の領域に目を向けることの重要性を示すために提唱されたものである。

　消費文化との関連では，「労働の経済社会的過程」が重要になる。グラックスマンは，この水準を経験的に議論するために，家庭ゴミの処理をめぐる歴史的変化についてオーラルヒストリーを用いた研究を行っている（Wheeler & Glucksmann 2015）。家庭ゴミの処理は，従来的には家庭内で行われていた。しかし，それが行政サービスの一つとして位置づけられると，指定された袋にゴミを詰めたり，分別したりするなどのそれまで必要とされていなかった作業が生じた。グラックスマンはこのように消費領域における活動を支える労働を，文字通り「消費労働」（consumption work）と定式化し，その広がりと変化について議論している。

　この消費労働という概念の導入は，生産の場に焦点化する労働社会学を批判し，広く経済過程のなかに存在している労働を捉えるという方向性を示したものであると位置づけられる。「労働の経済社会的過程」という視点についても，生産（労働）と消費の結びつきを問題化しようとする本書の方針とも通じる部分がある。しかし，グラックスマンの関心は経済過程のなかにおける労働の位置づけの歴史的変化に寄せられており，そもそも生産や消費の概念をどのように理論的に把握できるかであったり，当事者レベルの実践において日々どのように両者が区別されているのかなど，第1部・第2部で論じられたような問題にまでは及んでいないように思われる。本書は，グラックスマンと方向性を一定程度共有しつつ，消費と労働が混在する現象をより多層的に記述していく方向性を示したものであったといえるだろう。

3 カルチュラル・スタディーズとの接続

　カルチュラル・スタディーズの立場から消費と労働について体系的な議論を展開している論者の一人として，アンジェラ・マクロビーがいる。マクロビーは，文化産業で働く女性，とくにファッションモデルなどに着目しつつ，女性たちが自己責任を引き受けつつ不安定に労働に引き込まれていくプロセスを，消費の問題との関連で議論している。いわゆる消費文化における労働への批判として新自由主義がもたらす自己責任化が持ち出されることは一つの定型的な批判となっており，別様の批判をどのように構築するかは本書にとっても重要な課題の一つであった。

　マクロビーは，第二波フェミニズムの成果として促進された女性の社会参加と，クリエイティブ経済におけるファッションや美容産業における女性の低賃金労働への囲い込みについて議論している [1]（McRobbie 2016a=2020）。ここでは，社会参加のなかで女性がキャリアを求めることと，ポストフォーディズムのもとでコミュニケーションなどを操る情動労働に適した労働者として女性が位置づけられることが共振し，女性たちが労働条件としては恵まれないような「やりがいのある仕事」（passionate work）に巻きこまれていくことが指摘されている。このような議論は，女性の「やりがいのある仕事」が自己責任とともに引き受けられざるをえないことへの批判を含んでいるものとして理解してよいだろう。

　しかしマクロビーは，同時に女性のクリエイティブ労働への従事がもつ可能性についても議論している。マクロビーは，リチャード・セネットのクラフツマンシップに関する議論を女性の仕事に適用することによって，際限のない自己投資が伴うバーンアウトや不安感が伴う例外的な仕事として扱われる女性のクリエイティブ労働に対して，「ラディカルな格下げにつながる別様の可能性」（McRobbie 2016b: 149）をもたらすことができるのではないかと指摘する。つまり，一方的に女性が仕事にかける情熱を加熱していくのではなく，より現実を見据えた労働の可能性を考察するうえで，セネットの議論が重要だというのである。マクロビーは，都市における自営業者の店主同士が道ばたで行っている雑談などの非経済的行為や，見方によっては単純化した疎外労働として扱われるものの人間のニーズを満たすことにつながる手作業などについてのセネットの議論に着目している。こうした日常的な活動に注目することによって，創造性や起業家精神などを強調するのとは異なる仕方で文化産業のあり方を考察したり，コミュニティ形成において何が重要なのかについて議論していくことができると主張している。

　この一連の議論は，文化産業のもとで働く労働者の生活に着目した第2部と方向性を同一にするものであり，それと同時に定型的な批判とは異なる可能性を見出す第3部ともつながるものである。一方マクロビーは，バーミンガム学派の代表的な論者として，イギリスにおけるクリエイティブ産業の隆盛の文脈のもとで自らの議論を構成しているとも思われる。それに対して本書は，マクロビーと同じ方向性をもちつつも，マクロビーが着目しなかったフランクフルト学派や社会運動ユニオニズムなど，ドイツやアメリカにルーツをもつ議論や，日本的な雇用労働の文脈のなかで立ち上がってきた批判など，より多様なローカリティを背景にもった批判のあ

1）同論文の原著が収録されているマクロビーの著書 *Be Creative* は，近日中に邦訳が刊行予定である。

り方を示した点に特徴があるといえるだろう。本書がこのような議論を展開したことによって，改めてマクロビーの議論についてもこれまでとは異なる広がりのもとで位置づけを再考していくことを本書は可能にしたのである。

4　個別性に即して消費と労働の結びつきを記述する

　グラックスマンとマクロビーの議論は，労働社会学とカルチュラル・スタディーズの双方の立場から消費と労働の結びつきを模索しようとする点において，本書の議論と軌を一にしている。どちらも，消費と労働の相互浸透によって新たな消費と労働の形式が生まれていることを示していることに特徴があるといえるだろう。

　こうした議論との関連で，本書を締めくくるにあたってあらためて強調したいのは，消費と労働の結びつきは一様なものではなく，その個別性に定位して記述することが重要だということである。グラックスマンとマクロビーの議論は興味深いが，家庭でのゴミ処理とクリエイティブ産業では起こっている現象が異なっている。こうした現象の差異を覆い隠すことなく，特徴を個別に記述していくことを積み重ねていくことが，本書が全体として試みてきたことであった。最終的に消費と労働の関係を理論的に把握しようとするとしても，立脚点としてこうした個別性に即した記述が必要になるのである。

　本書は，消費と労働が関わる現象に関心をもちつつも，学問的立場としては一様ではない著者が多様な議論を提供することによって，消費と労働の結びつきの個別性のバリエーションを示してきた。このような作業は今後も続けられる必要があるし，そのなかで本章で紹介したような国際的な議論との関連についてもより内実を伴った形で議論することが可能になってくるだろう。

【引用・参考文献】

Glucksmann, M. A., 2009, "Formations, connections and divisions of labour," *Sociology*, 43(5): 878–95.

McRobbie, A., 2016a, "The gender of Post-Fordism: 'Passionate work', 'risk class' and 'a life of one's own'," *Be creative: Making a living in the new cultural industries*, Cambridge: Polity Press, chapter 4. (中條千晴訳, 2020,「ポストフォーディズムのジェンダー──「やりがいがある仕事」,「リスク階級」と「自分自身の人生」」『現代思想』48(4): 184–208)

McRobbie, A., 2016b, "A good job well done?: Richard Sennett and the new work regime," *Be creative: Making a living in the new cultural industries*, Cambridge: Polity Press, chapter 6.

Wheeler, K., & M. Glucksmann, 2015, *Household recycling and consumption work: Social and moral economies*, Basingstoke: Palgrave Macmillan.

事項索引

ASUC 職業　*3, 103*
『BIG tomorrow』（Bt）
　71, 74
IT　*76*
N 次創作　*53, 63*
SNS　*148, 177*
　──上での関係ワー
　　ク　*177*
T 型フォード　*25*
Twitter　*175*

アートプロジェクト
　108
アート・ワールド　*157*
挨拶　*155, 156*
アイデンティティ　*225*
　音楽家としての──
　　232
　労働者としての──
　　224, 231, 232
アイドル　*14, 141, 144,*
　156
　──の 1 日　*146*
　──の感情労働　*143*
　──の研究　*142*
　──の仕事／お仕事
　　141, 147
　──の職能　*143*
　──の多様さ　*144*
　──の労働　*142, 145*
　──の労働環境　*143*
　地下──　*145*
　ライブ──　*144, 145*
アイドル文化　*144*
アイドル・ワールド
　146
曖昧性　*197*
空き家　*202*
アクター　*94, 150*
アニメーター　*245*
新たな連帯条件　*239*
アルバイト　*148, 172,*
　188
〈癒し〉としての消費
　55, 56
意欲　*87-89*

──の管理　*88, 89*
いること　*191*
インセンティブ　*169*
インフォーマル　*252*
　──なコミュニケー
　　ション　*252*
裏方　*148, 152, 153*
英雄文化　*268*
演奏行為　*233, 234*
　──の解釈　*235*
円本　*67*
大きな物語／大きな非
　物語　*59, 60*
オーディエンス　*124*
オタク／おたく　*53, 57*
「音」　*215*
音楽家　*224, 232*
　──としてのアイデ
　　ンティティ　*232*
　──の労働者性　*229,*
　　231
音楽家ユニオン　*14*

会社化　*219*
階層非構造化仮説　*30*
外的報酬　*153*
開発　*28, 29*
外部の人　*187, 188*
快楽　*269*
カウンセラー　*189*
科学技術社会論（STS）
　33
科学の公衆的理解
　（PUS）　*33*
掛け持ち　*108, 109*
仮象の幸福　*268*
家族の戦後体制　*65*
学校における専門職
　182
活動形態の集団性　*127,*
　128
家庭人　*88*
カテゴリー　*10*
　──の凝集性　*225*
　──の労働（者）性
　　225

カルチュラル・スタデ
　ィーズ　*274, 275, 277*
感覚の復権　*270*
「関係に基づく説明」
　118
関係パッケージ
　161-163, 176
関係ワーク　*161-163,*
　172, 177, 178
　SNS 上での──　*177*
　ナイトクラブでの──
　　163
　メイドカフェでの──
　　163
看護職　*193*
感情管理　*154*
感情規則　*244*
感情労働　*8, 154, 244,*
　245
　アイドルの──　*143*
管理（→マネジメント）
　──的ワーク　*180*
　意欲の──　*88, 89*
　芸術実践の──　*118*
　人事労務──　*83, 96,*
　　247
　能力主義──　*13, 86,*
　　87, 89-93, 96, 97
管理職（→マネージャ
　ー）　*251*
管理統制　*244, 246*
規格化　*22*
企業別組合　*253*
企業を離れた労働　*5*
ギグワーカー　*226*
記号的な消費　*20, 56*
気候変動　*19*
記号論的差異　*21, 31*
記号論マーケティング
　20, 21
規制緩和　*36*
規則　*157*
期待　*154*
キッチュ　*22, 30*
技能　*107*
　──を用いた労働

　112
規範　*85*
キャラ　*167, 168,*
　175-177, 192, 194
キャラクターの消費
　51
嗅覚　*214*
休日　*217*
業者化　*219, 220*
強制された自発性　*4,*
　15, 242, 249, 250
協調性　*250*
協働　*143, 144, 220*
協働者　*220*
教養主義　*67, 78, 79*
　──の衰退　*73*
教養文化　*3*
規律性　*250*
金銭的余裕　*133*
近代的主体　*25*
金の卵　*1*
勤労青年　*2*
具体的平等　*267*
具体的不平等　*267*
クラフツマンシップ
　108
クリエイティビティ
　202
ケア　*179, 181*
　心の──　*181*
ケアワーカー　*180*
経済合理性　*4, 91, 92*
経済産業省（旧通商産
　業省）　*28, 29*
経済的なもの　*43*
経済人類学　*26*
芸術家　*104, 107, 225*
　──の運動　*224*
芸術活動　*13, 118*
芸術実践　*118*
　──の管理　*118*
芸術性と労働性　*223*
芸術によるアクティヴ
　ィズム　*224*
血縁・地縁ネットワー
　ク　*204, 210*

健康保険 217
顕示的な消費 26
建築 14
建築家 110
建築（系）職人 201, 203, 205
現場 214
原発 29
原発事故／福島第一原発事故 32, 33
権利者 63
高級芸術 105
高級文化 65
公共圏 159
広告 30
　——クリエイター 30
工作人 107
肯定的文化 266-269
　——批判 266
合理性 10, 129
効率 90, 98
5月革命（1968年） 21, 28, 41
顧客評価 245
国際音楽家連盟（FIM） 227
心の教室相談員 14, 180, 182, 188, 193, 195
　——の外部性 183, 186, 188, 194
　——の限定性 183, 184, 191, 192-194, 196
　——の仕事 186
　——の専門性 181, 182
　——のマネジメント 196
心のケア 181
個人化 249
個人加盟ユニオン 226, 227
個人事業主 230
個人的な親しみ 160
個性 25, 27, 108, 109, 184, 192-194, 196, 211, 215, 265
個性的教養 265
国家問題 43
コミュニティ 220
固有性 184, 189, 190,

193
雇用的自営 10
娯楽 261
コンセプトカフェ 165

サービス 8
差異化 21, 27, 30, 37, 56, 57, 80, 118, 144
財界四団体 82
作業着 215
搾取 5
　やりがい—— 4, 8, 15, 39, 99, 108, 119, 180, 242, 243, 274
サラリーマン 13, 65-67
サラリーマン層 65
産業システム 40
産業社会論 28
自営的な雇用 10
時間
　——の融通 132, 133
　拘束—— 157
「仕切られた競争」 28
自己コントロール 77
自己サポート 157
自己実現 81
自己実現系ワーカホリック 4, 5, 99, 242, 243
自己実現人 96
自己責任 13, 136, 138
仕事 105-107, 141, 142, 146, 148, 156
　——を通した自己実現 82, 85, 99
　アイドルの—— 141, 147
　心の教室相談員の—— 186
　メイドの—— 171
　やりがいのある—— 276
自己モニタリング 77
実演家の働き方 228
「失敗」 188, 196
自発性
　——の引き出し 244, 246
　労働者の—— 241
　強制された—— 4,

15, 242, 249, 250
シミュラークル 23, 60
事務所 146, 156
社員 172
社会運動ユニオニズム 225
社会学 27
社会人演劇実践者 123
社会人俳優 109
社会的なもの 43
社会批判の主体 260
社会変動 21, 24, 25
　第一の—— 23
　第二の—— 26, 27, 29
収益物件 210, 211
週刊誌 67, 68
　——の機能 67
　——の教養 70
　——の購買動機 68
従業員 88
柔構造 248, 249
自由出演契約 234
住宅産業 201, 205
集団圧力系ワーカホリック 4
自由放任主義 43
主体
　近代的—— 25
　社会批判の—— 260
　トリックの—— 5
出産 175, 176
趣味 54, 63, 127
趣味活動 54
趣味性 243
受容の限界 12
小劇場俳優 109
情熱 155-157
消費 1, 42, 49, 58, 62, 63
　——と文化 24
　——と労働 25
　——論争 30
　〈癒し〉としての—— 55, 56
　記号的な—— 20, 56
　キャラクターの—— 51
　顕示的—— 26
　相関図—— 50, 51
　データベース——

50
　日本文化の—— 55
　文化の—— 20, 21
　物語—— 50, 51, 58
　物語定位的な—— 51
　倫理的—— 20
消費記号論 20
消費者 8, 33, 34, 39, 44, 59, 60, 62
　——概念 45
　——主権 36-39, 41, 42, 44-47
　——問題 32, 33
　——の権利 45
　——の選択の権利 43
　——の選択の自由 37
　能動的—— 32
消費社会 19, 21, 22, 26, 31-33, 39, 40
　——的自我（エゴ・コンスマンス） 27
消費社会論 13, 19-21, 26, 27, 30, 40, 274
消費文化 22, 23, 27, 273
　——と関わる労働 9
　——における批判 11
消費労働 275
消費論 19, 30
　物語—— 57, 59, 61
常連客 166
「職業に基づく説明」 118
職人 205
職能資格制度 248
職場のトリック 4, 242
職務給 83
職務遂行能力 87, 88, 248, 249, 251
処世術 72-74, 76
ジョブ・ローテーション 248
シリアス・レジャー 54
人格 268
人口増加曲線 27
新自由主義 13, 27,

35-37, 39, 41, 43, 44, 275
新自由主義概念 37
人事労務管理 83, 96, 247
新人類 30, 57
身体 269
新中間層 23, 31, 65, 69
新中間大衆 28-30
新丁場 206
人的ネットワーク 207
親密圏 159, 221
親密性 160, 213, 220
──の購入 161
──のネットワーク 214
──のマネジメント 168, 171, 173, 177
──の労働 159, 160, 176
心理主義 73, 79
心理主義化 181
心理職 193
──の実践 182
スクールカウンセラー（SC） 180
──の専門性 182
スケジュール調整 134
スタンダード・パッケージ 23, 30
素 189, 191
生活指導 250, 251
生活者 29, 33
生活態度 250
生活文化 105
生活モデル化 179
正規雇用 10
生権力 25
製作者 58, 59, 61, 62
生産活動 54
生産社会 40
正社員 125
──選択 130, 132, 137
夢追い── 123
正当化 97, 98
セイの法則 43
セーフティネット 206, 221
──の脆弱性 216
責任性 250

接客サービス 244
積極性 250
戦後成長 24, 27-29
戦後の大衆教養主義 69
全体主義（ファシズム） 24
──的心性 24
全体性 259, 260
相関図消費 50, 51
総合雑誌 66, 67
──の教養 70
総消費者化 60, 61
総力戦 23
組織化 235, 236
組織体・技術 46, 47
組織の持続可能性 221
外キャラ 175

第一の社会変動 23
大工 201, 204, 205
──のキャリアモデル 216
対抗生産物 262
大衆文化 65, 260
第二の社会変動 26, 27
第二波フェミニズム 276
タイムマネジメント 164
大量消費社会 19
脱業者化 210
脱産業化／脱工業化 27, 40
他人指向型 26
タレント 152
地域コミュニティ 210
小さな物語 60
地位非一貫仮説 31
チーム援助 194
チェキ撮影 165
地下アイドル 145
中間文化 65
中間文化論 67
抽象的平等 266, 267
中流 29-31
長期雇用 247
長期雇用慣行 247
賃金 83, 154
年功── 247
通俗心理学 79

データベース消費 50
適応指導教室 186
テクストのエスノメソドロジー 84, 85
店長 171
伝統芸能 105
伝統指向型 26
伝統文化 22
店舗外での労働 177
同業者評価 245
当事者の論理 10
同心・円モデル 105
同人界の論理 53, 54
土建国家 29
トリックの主体 5
取引メディア 162, 172, 176, 177

内的報酬 153
ナイトクラブでの関係ワーク 163
内部指向型 25, 26
ナチ党 24
生配信 148
肉体的な持続可能性 216
二次創作 13, 49, 52, 57, 60, 63
──を好む人々 52
──を作る人々 52
日常的な活動 276
日本音楽家ユニオン（MUJ） 226
日本経営者団体連盟 82
人間 94, 95
人間くささ 69
人間尊重 91-93, 95-97
人間の物象化 268
認知資本主義 7
ネットワーク
──型フリーランサー 220
血縁・地縁── 204, 210
人的── 207
親密性の── 214
友人── 213
能動的消費者 32
能力 87, 88
──の公式 87, 90

──の三つの特徴 88
──を構成する六つの要素 87
能力主義管理 13, 86, 87, 89-93, 96, 97
能力主義管理研究会 83
ノンエリート青年 204

バーミンガム学派 276
バーンアウト 179
バイアス 131
バイク便ライダー 119
廃材の利用 202
働きすぎ 248
版権者 63
バンドマン 14, 109, 121
──の生活 139
夢追い── 124
ヒエラルキカルな関係性 188
ビジネススキル 78, 79
非正規雇用 9
ビックリマン・チョコレート 57
一人親方 205, 206, 217
美の仮象の身体化 270
批判 12, 19, 273-276
──の正当性 36
批判的労働研究 37
批判理論 15, 259, 262
非標準的な労働編成 9, 11
評価
──の不安定性 10
顧客── 245
同業者── 245
労働者── 243
労働者の能力── 247
表象 63
ファシズム的心性 24
ファッションモデル 245, 246
フェビアン協会 41
フェビアン主義 41
フォーディズム 6, 7, 25
福祉国家 37, 38

福祉国家体制　41
複製技術　24
浮動する規範　10, 246
フラットな関係性　221
フランクフルト学派　22, 27, 257, 258
フリーター　122
　　──選択　130, 137
　　──の長所　134
　　夢追い──　121-123
　　夢追究型──　103
フリーランサー　11, 244
　　ネットワーク型──　220
フリーランス　7, 8, 209, 213, 225, 226
　　──職人　203
　　──のトレーナー　244
　　──労働　9
ブルーカラー　264, 265
プレカット工法　206
プレカリアート　9
フレキシビリティ　6, 13
フレキシブルな労働　39
『プレジデント』　71, 75, 76
プロ　232
プロテスタンティズム　24, 25
プロレタリアート　259, 260
プロレタリア公共圏　262
文化　1, 260, 261
　　──の消費　20, 21
　　アイドル──　144
　　英雄──　268
　　教養──　3
　　　高級──　65
　　肯定的──　266-269
　　消費──　22, 23, 27, 273
　　生活──　105
　　大衆──　65, 260
　　中間──　65
　　伝統──　22
文化・芸術活動と労働

　　の関係　124, 127
文化芸術　105
文化産業　22, 261
文化産業論　22, 260, 261, 270
文化的な規範　2
文化的な実存　1, 2
分業　274
包括政党　29
奉仕性　197
報酬　148, 153
報酬制度　243
保護複合体　183, 194
ポストフォーディズム　6, 7, 25, 28, 276
没入労働　54
ホワイトカラー　264, 265

町場　206
マネージャー（→管理職）　180
マネー情報　75
マネジメント（→管理）　180
　　心の教室相談員の──　196
　　親密性の──　168, 171, 173, 177
　　タイム──　164
マルクス主義　24, 29, 31, 43, 259, 260
民主党政権　29
無能力　251
メイド　163, 164, 166
　　──の仕事　171
メイドカフェ（喫茶）　14, 160, 163–165
　　──での関係ワーク　163
メイド名　165
メディア芸術　105
物語　57
物語消費　50, 51, 58
物語消費論　57, 59, 61
物語定位的な消費　51
物語労働　52
モラトリアム型　121
モルタル　216
モンペルラン協会　42

やむを得ず型　121
やりがい搾取（〈〈やりがい〉〉の搾取）　4, 8, 15, 39, 99, 108, 119, 180, 242, 243, 274
やりがいのある仕事　276
やりたいこと　103-105, 107
友人ネットワーク　213
遊歩者（フラヌール）　22
豊かな労働者　228
夢追い型　3
夢追い正社員　123
夢追いバンドマン　124
夢追いフリーター　121-123
　　夢を追う──　123
　　夢を追わない──　122
夢追究型　121, 122
　　──フリーター　103
欲求段階説　94, 95

ライブアイドル　144, 145
ライブイベント　149
リノベーション　202, 203, 212
倫理的消費（エシカル消費）　20
類型的教養　265
連合赤軍事件　28
連帯　11
労働　1, 63, 273
　　──との距離　223, 224
　　──の経済社会的過程　274, 275
　　──の個人化　225
　　──の全社会的組織化　274
　　アイドルの──　142, 145
　　企業を離れた──　5
　　技能を用いた──　112
　　消費と──　25
　　消費文化と関わる──　9

親密性の──　159, 160, 176
　　店舗外での──　177
　　フリーランス──　9
　　フレキシブルな──　39
労働運動　45, 83, 223
労働組合へのアレルギー　238
労働効率　86, 87
労働国家　269
労働者　8, 39, 83, 223, 229, 232
　　──概念　45
　　──としてのアイデンティティ　224, 231, 232
　　──の権利　45
　　──の自発性　241
　　──の生活　12, 13
　　──の能力評価　247
　　──の判断能力　6
　　──の連帯　12
　　──評価　243
労働社会学　99, 274, 275, 277
労働者性　229, 230
　　音楽家の──　229, 231
労働者文化の喪失　46
労働問題　35
　　──への批判　241
ロールモデル　131

ワーカホリック
　　自己実現系──　4, 5, 242, 243
　　集団圧力系──　4
ワーク・ライフ・バランス　138
ワイマール労働調査　263
若者文化の内部構造　127

人名索引

Colman, F. *21*
Frith, S. *124*
Gamble, J. *245*
Garland, D. *38, 40*
Harvey, G. *244*
Hoff, J. *259*
Kenney, M. *6*
Kinmonth, E. H. *66*
Knapp, G. P. *263*
McLuhan, M. *79*
Menger, P.-M. *108*
Olsen, N. *41*
Schad, S. P. *263*
Stebbins, A. R. *54*
Thirsk, J. *23*
Toynbee, J. *124*
Tremblay, M. D. *42*
Trentmann, F. *38*
Vallas, S. P. *7*
Wheeler, K. *275*
Williams, R. H. *43*

アージリス, C. *97*
浅岡隆裕 *70*
東 園子 *50-52*
東 浩紀 *49-52, 55,*
 59-62
アドルノ（Adorno, T.*
 W.） 22-24, 31, 63,
 257, 258, 260-263, 271
アブロマイト
 （Abromeit, J.） *259*
阿部真大 *4, 5, 39, 99,*
 119, 179, 180, 242, 243
天野正子 *33*
荒川 葉 *3, 103*
アレント（Arendt, H.）
 105, 107-109
猪飼周平 *179*
池田太臣 *164*
石井純哉 *143*
石川洋行 *20*
石隈利紀 *182*
石田博英 *98*
石田光男 *84, 85, 87,*
 98, 99

市野川容孝 *39, 45*
糸井重里 *30*
稲上 毅 *247*
稲葉振一郎 *41, 44*
稲増龍夫 *142*
井上 俊 *258*
伊原亮司 *99*
ヴァイス, H. *263*
ウィリス, P. *2*
ヴェーバー（Weber,*
 M.） 25, 155
植田康夫 *71, 73*
上野成利 *260*
上原健太郎 *204*
ヴェブレン, T. *20, 26*
内田隆三 *25, 30*
梅崎 修 *84*
扇谷正造 *69*
大木亜希子 *143*
大澤真幸 *27*
太田省一 *142*
大谷能生 *154*
大塚英志 *13, 30, 49-52,*
 55-63
岡沢 亮 *84, 85*
岡島紳士 *145*
岡田康宏 *145*
岡原正幸 *154, 155*
岡橋 健 *53, 63*
小川博司 *142*
奥むめお *43*
小沢一郎 *29*
小沢雅子 *30*
落合恵美子 *65, 159*
尾松 亮 *33*

ガーバー（Gerber, A.）
 118
カールバーグ
 （Kalleberg, A. L.）
 9
賀川豊彦 *43*
加島 卓 *30*
片上平二郎 *63, 261*
ガタリ, F. *21*
香月孝史 *143, 178*

加藤秀俊 *65, 67, 68*
金沢侑佑 *31*
上岡磨奈 *141, 142,*
 145, 147
上地安昭 *181*
苅谷剛彦 *121*
ガルブレイス
 （Galbraith, P. W.）
 163
川上資人 *229*
川北 稔 *23*
川崎 徹 *30*
河西宏祐 *10*
河村祐樹 *181*
カント, I. *266*
神林 龍 *10*
菊島勝也 *182*
北田暁大 *30, 51, 52, 99*
木前利秋 *259, 260*
木村智哉 *223*
木本玲一 *124*
喜安 朗 *23*
京谷栄二 *225*
熊坂賢太 *63*
熊沢誠 *4, 242, 243,*
 247-254
クラーク, C. *25*
グラックスマン
 （Glucksman, M.）
 274, 275, 277
倉持由香 *143*
クルーゲ, A. *262, 271*
黒田兼一 *82*
ケイヴス（Caves, R.）
 10, 241
小池和男 *248*
厚東洋輔 *40*
河野真太郎 *7*
小杉礼子 *122, 123, 138*
小松史朗 *6*
権上康夫 *42, 43*
今野晴貴 *37, 46*

斎藤精一 *71*
酒井泰斗 *85, 86*
酒井隆史 *44*

坂田真穂 *182, 183*
佐藤栄作 *99*
さやわか *142*
椎名 恒 *206*
ジェイ（Jay, M.） *261*
塩澤実信 *71, 75, 76*
ジッド, C. *43*
篠田直子 *182*
柴田徹平 *205, 206*
渋谷 望 *38, 40, 46*
下村英雄 *122*
神野由紀 *54*
杉山昂平 *54*
鈴木和雄 *244*
ステビンス（Stebbins,*
 R.） 54
数土直紀 *31*
スミス（Smith, A.）
 42
スロスビー（Throsby,*
 D.） 105
関沢俊彦 *30*
セネット（Sennett, R.）
 105, 107, 108, 276
ゼリザー（Zelizer, V. A.*
 R.） 160-162
芹沢一也 *41*

髙橋かおり *104, 109,*
 111, 123
高橋康二 *247*
高橋正樹 *66*
高橋美恵子 *138*
高山智樹 *204*
竹内 洋 *67, 69*
竹田恵子 *124, 142,*
 143, 145
竹峰義和 *22, 262*
田島悠来 *142*
田中恒行 *84*
田中秀臣 *142*
田沼 肇 *69*
田野大輔 *271*
田村公人 *109*
津田敏秀 *33*
津田眞澂 *247*

筒井清忠　67
粒来　香　121
鶴見俊輔　270
出口剛司　258
土井隆義　175, 176
トゥレーヌ, A.　27, 28
富永健一　31
ドンズロ（Donzelot,
　J.）　43, 44, 183, 195

中川初子　182
永田大輔　12, 63, 109
中根多惠　15, 225, 235,
　253
永野秀雄　229
永嶺重敏　67
中村香住　165
中村艶子　138
永山則夫　1
生井達也　122
新倉貴仁　6
ニーチェ, F.　269
西阪　仰　85
西村　真　71, 73
仁田道夫　10
仁平典宏　86, 225
ネークト, O.　262
野村　駿　109, 127, 134

ハーヴェイ（Harvey,
　D.）　36, 37, 41, 42
バーガー, S.　29
バーク（Burke, N. B.）
　160
パーソンズ（Parsons,
　T.）　184
ハーバーマス, J.　27,
　28, 257
ハイエク（Hayek, F.
　A.）　41, 42
バウマン（Bauman, Z.）
　39, 40
橋本　努　31
間　宏　82, 242
ハット（Hutt, W. H.）
　41, 42
花房真理子　63

濱口桂一郎　36
濱野智史　52, 53, 142
林　凌　43-45
早野龍五　33
原沢直樹　41
パレーニャス
　（Parreñas, R. S.）
　159, 160
七邊信重　53
日野行介　33
姫乃たま　143
ヒューム, D.　269
平澤克彦　138
平松絹子　124
フーコー（Foucault,
　M.）　25, 37
福間良明　2, 3
藤岡和賀夫　30
藤野　寛　261
藤村博之　82, 86, 90, 96
舩橋晴俊　29
フリードソン
　（Freidson, E.）　184
古田猛志　181
ブルデュー（Bourdieu,
　P.）　53
フロイト, S.　25, 257
フロム（Fromm, E.）
　24, 25, 257, 258,
　263-266, 271
フロリダ（Florida, R.
　L.）　6, 224
ベッカー（Becker, H.
　S.）　144, 145, 152,
　157
ベル（Bell, D.）　27,
　28, 40, 41
ベンヤミン, W.　22-24,
　31, 257, 262
ボードリヤール
　（Baudrillard, J.）
　20, 21, 23, 26, 27, 31,
　40, 41, 44, 46, 60
ボードレール, C.　22
星野克美　21
細見和之　257, 258, 261
ホックシールド

（Hochschild, A. R.）
　8, 154, 244
ホッブズ, T.　26
ホネット（Honneth,
　A.）　15, 257, 259,
　260
ポラニー, K.　26
ボリス（Boris, E.）
　159, 160
堀有喜衣　138
ホルクハイマー
　（Horkheimer, M.）
　22, 24, 257-263,
　265-267, 270-271
本位田祥男　43
ボンス, W.　263
本田由紀　4-6, 8, 15, 36,
　37, 39, 97, 99, 123,
　179, 180, 197, 242,
　243, 247

前田泰樹　85
牧野智和　8, 66, 70, 77,
　79
マグレガー, D.　97
マクロビー（McRobbie,
　A.）　6, 108, 275-277
松井　剛　20, 30
マッコール, M.　157
松永伸太朗　12, 63, 109,
　161, 180, 245
松村　淳　110
間々田孝夫　20, 21
マルクーゼ（Marcuse,
　H.）　257, 258,
　266-271
マルクス, K.　257, 259
丸山和昭　186
馬渡玲欧　260, 266
ミアーズ（Mears, A.）
　10, 162, 163, 245, 246
三浦　展　31
見田宗介　1, 2
三井さよ　179, 183,
　184, 188, 193
宮入恭平　54, 124
宮崎　真　33

宮本みち子　123
向井鹿松　43
村上文司　263
村上泰亮　28-31
毛利嘉孝　154
モース, M.　26
モラン, E.　21
森　功次　119
森　真一　73, 181
モリス, W.　224
森田数実　259

八代充史　82
保田直美　181, 182, 195
山崎正和　30
山下　剛　95
山田真紀　182
山田美里　182
山田陽子　154, 181
山根一眞　30
山根清宏　10, 205
山本泰三　7
柚木寛幸　260
ユンガー, E.　268, 269
吉澤弥生　108, 119,
　155, 225
吉田　豪　143
吉見俊哉　30

ラザースフェルド, P.
　263
リースマン（Riesman,
　D.）　13, 21, 25-27,
　31
リッカート, R.　97
リンド, D.　24
ルカーチ, G.　259, 260
ルソー, J.-J.　26
レプケ（Röpke, W.）
　41, 42
ローズ（Rose, N.）　38

執筆者紹介 (執筆順，＊は編著者)

永田大輔＊（ながた だいすけ）
所　　属：明星大学等非常勤講師
担　　当：序章，第 3 章
主要著作：「ビデオをめぐるメディア経験の多層性──「コレクション」とオタクのカテゴリー運用をめぐって」（『ソシオロゴス』*42*: 84-100, 2018 年）

石川洋行（いしかわ ひろゆき）
所　　属：八洲学園大学非常勤講師
担　　当：第 1 章
主要著作：「原発事故・戦争・広告支配──ポール・ヴィリリオと《消費社会の帝国》」（『メディウム』*3*: 163-185, 2022 年）

林　凌（はやし りょう）
所　　属：日本学術振興会特別研究員（PD）
担　　当：第 2 章
主要著作：「人々が「消費者」を名乗るとき──近代日本における消費組合運動の所在」（『年報社会学論集』*32*: 143-154, 2019 年）

谷原　吏（たにはら つかさ）
所　　属：神田外語大学専任講師，国際大学 GLOCOM 客員研究員
担　　当：第 4 章
主要著作：The bias of Twitter as an agenda-setter on COVID-19: An empirical research using log data and survey data in Japan.（*Communication and the Public, 7*(2): 67-83, 2022 年）

井島大介（いじま だいすけ）
所　　属：東京大学大学院学際情報学府博士課程
担　　当：第 5 章
主要著作：「1990 年代日本における雇用多様化をめぐる概念分析──『新時代の「日本的経営」』を事例に」（東京大学大学院学際情報学府修士論文，2020 年），「なぜ〈人間〉は産業社会学の問題になるのか①──尾高邦雄による「人間遡及的」の起源」（第 95 回日本社会学会大会（学会報告），2022 年，共著）

髙橋かおり（たかはし かおり）
所　　属：立教大学社会情報教育研究センター助教
担　　当：第 6 章
主要著作：「仕事と遊びを読み替える芸術家の社会的役割──変化に応答する活動軌跡とその語りの分析から」（『新社会学研究』*7*: 171-190, 2022 年）

野村　駿（のむら はやお）
所　　属：秋田大学教職課程・キャリア支援センター助教
担　　当：第 7 章
主要著作：「夢を諦める契機──標準的ライフコースから離反するバンドマンの経験に着目して」（『教育社会学研究』*110*: 237-258, 2022 年）

上岡磨奈（かみおか まな）
所　　属：慶應義塾大学大学院社会学研究科後期博士課程
担　　当：第8章
主要著作：『アイドルについて葛藤しながら考えてみた──ジェンダー／パーソナリティ／「推し」』（青弓社，
　　　　　2022年，共編著）

中村香住 *（なかむら かすみ）
所　　属：慶應義塾大学文学部・同大学院社会学研究科非常勤講師
担　　当：第9章
主要著作：「メイドカフェ店員のSNSブランディング──アイデンティティの維持管理という時間外労働」（田中
　　　　　東子［編］『ガールズ・メディア・スタディーズ』北樹出版：pp.46-63，2021年，共著収録論文）

鈴木優子（すずき ゆうこ）
所　　属：筑波大学大学院人文社会科学研究科博士後期課程単位取得退学
担　　当：第10章
主要著作：「「Being for me」（自分のためにいてくれる人）を求める子どもたち──中学生のメール依存とメディ
　　　　　ア特性」（『青少年問題』62: 46-51，2015年）

松村　淳（まつむら じゅん）
所　　属：関西学院大学社会学部准教授
担　　当：第11章
主要著作：『建築家として生きる──職業としての建築家の社会学』（晃洋書房，2021年）

中根多惠（なかね たえ）
所　　属：愛知県立芸術大学音楽学部（教養教育等）准教授
担　　当：第12章
主要著作：『多国籍ユニオニズムの動員構造と戦略分析』（東信堂，2018年）

松永伸太朗 *（まつなが しんたろう）
所　　属：長野大学企業情報学部准教授
担　　当：第13章，終章
主要著作：『アニメーターはどう働いているのか──集まって働くフリーランサーたちの労働社会学』（ナカニ
　　　　　シヤ出版，2020年）

馬渡玲欧（まわたり れお）
所　　属：名古屋市立大学大学院人間文化研究科専任講師
担　　当：第14章
主要著作：「H・マルクーゼの文化論にみる管理社会論の契機──文化と労働の問題圏に着目して」（『社会学史
　　　　　研究』39: 61-79，2017年）

消費と労働の文化社会学
やりがい搾取以降の「批判」を考える

2023 年 1 月 31 日　　初版第 1 刷発行
2023 年 12 月 31 日　　初版第 2 刷発行

編著者　永田大輔
　　　　松永伸太朗
　　　　中村香住
発行者　中西　良
発行所　株式会社ナカニシヤ出版
〶 606-8161　京都市左京区一乗寺木ノ本町 15 番地
　　　　　　　Telephone　　075-723-0111
　　　　　　　Facsimile　　075-723-0095
　　Website　http://www.nakanishiya.co.jp/
　　Email　　iihon-ippai@nakanishiya.co.jp
　　　　　　　郵便振替　01030-0-13128

印刷・製本＝ファインワークス／装幀＝白沢　正
Copyright © 2023 by D. Nagata, S. Matsunaga, & K. Nakamura
Printed in Japan.
ISBN978-4-7795-1690-0

本書のコピー，スキャン，デジタル化等の無断複製は著作権法上の例外を除き禁じられています。本書を代行業者等の第三
者に依頼してスキャンやデジタル化することはたとえ個人や家庭内での利用であっても著作権法上認められていません。